Mali und westlicher Sahel

W0058692

Wegweiser zur Geschichte

Begründet vom
Militärgeschichtlichen Forschungsamt

Herausgegeben vom
Zentrum für Militärgeschichte und
Sozialwissenschaften der Bundeswehr

Wegweiser zur Geschichte

Mali und westlicher Sahel

Im Auftrag des
Zentrums für Militärgeschichte und
Sozialwissenschaften der Bundeswehr
herausgegeben von

Julius Heß und Karl-Heinz Lutz

unter Mitarbeit von

Torsten Konopka

BRILL | Ferdinand Schöningh

Bibliografische Information der Deutschen Nationalbibliothek
Die Deutsche Nationalbibliothek verzeichnet diese Publikation in der
Deutschen Nationalbibliografie; detaillierte bibliografische Daten sind
im Internet über http://dnb.d-nb.de abrufbar.

© 2021 Verlag Ferdinand Schöningh, ein Imprint der Brill-Gruppe
    (Koninklijke Brill NV, Leiden, Niederlande; Brill USA Inc., Boston
    MA, USA; Brill Asia Pte Ltd, Singapore; Brill Deutschland GmbH,
    Paderborn, Deutschland)

    Internet: www.schoeningh.de

Redaktion und Projektkoordination:
ZMSBw, Fachbereich Publikationen (0894-01)
    Koordination, Lektorat, Bildrechte: Michael Thomae
    Satz und Layout: Carola Klinke
    Karten und Grafiken: Daniela Heinicke, Leon Hoffmann (Werder/
    Havel), Bernd Nogli

Druck und Bindung: Druckerei Weidner GmbH, Rostock

Printed in Germany

ISBN 978-3-506-76059-3 (paperback)

Inhalt

II. Strukturen und Lebenswelten

Karten und Übersichten

Infokästen

Vorwort

Afrika ist ein faszinierender Kontinent, der uns mit seiner Tier- und Pflanzenwelt immer wieder in den Bann zieht. Afrika ist aber auch ein Kontinent, auf den wir Europäer oftmals sorgenvoll blicken, da die Lage dort sich nicht zu beruhigen scheint: Kriege, Katastrophen, Korruption und unsagbare menschliche Not, Bilder von verzweifelten Menschen, die alles aufgegeben haben und über das Mittelmeer versuchen, ihrem Leid zu entkommen, begegnen uns in der täglichen Berichterstattung.

Die deutsche Afrikapolitik wie jene der Europäischen Union sind geprägt von dem Leitgedanken der Hilfeleistung vor Ort. Die Entwicklungshilfe alter Art hat ausgedient. Die Bundesregierung ersetzte ihr Afrikakonzept von 2011 im Mai 2014 durch die afrikapolitischen Leitlinien mit neuen Grundsätzen, Rahmenbedingungen und Schwerpunkten. Sie wurden zuletzt am 27. März 2019 aktualisiert und fortgeschrieben. Im Kern geht es dabei um eine partnerschaftliche Zusammenarbeit. Damit folgt die Bundesregierung der EU-Afrikastrategie. Mit einem Gipfeltreffen im Oktober 2020 sollten die partnerschaftlichen Beziehungen zwischen der EU und der Afrikanischen Union untermauert werden; wegen der Corona-Pandemie musste der Gipfel ausfallen. Dennoch hält die EU an dem eingeschlagenen Weg fest und verfolgt weiter den Aufbau und die Verstetigung der Beziehungen zur Afrikanischen Union.

Die Bundesrepublik Deutschland und die Bundeswehr haben schon sehr früh in ihrer Geschichte afrikanischen Staaten Beistand geleistet. Im Jahr 1959 wurden erstmals Soldaten auf dem afrikanischen Kontinent eingesetzt: In Marokko versorgten Bundeswehrsoldaten Opfer einer Ölvergiftung mit Medikamenten. Zu einem weiteren Einsatz kam es 1960 in Agadir nach dem schweren Erdbeben am 29. Februar. Bereits ab dem 3. März errichteten Sanitäter der 3. Kompanie des Sanitätsbataillons 5 in der völlig zerstörten Stadt einen Hauptverbandsplatz, um gemeinsam mit französischen und amerikanischen Soldaten den Opfern der Naturkatastrophe zu helfen.

Nach der Deutschen Einheit im Jahr 1990 hat sich das Einsatzprofil der deutschen Streitkräfte gewandelt. Auf der Grundlage von Beschlüssen des Deutschen Bundestages beteiligten sich Bundeswehreinheiten seit Mitte der 1990er Jahre an humanitären Hilfs- und Ausbildungsmissionen, aber auch an Kampfeinsätzen in Rest-Jugoslawien und ab Ende 2001 in Afghanistan.

Derzeit ist die Bundeswehr an zwei sich ergänzenden Missionen in Mali beteiligt; eine wird von der Europäischen Union, eine von den Vereinten Nationen geführt. Bei der European Union Training Mission (EUTM) Mali handelt es sich um eine Ausbildungsmission für die malischen Streitkräfte, die im Hauptquartier in Bamako, im Koulikoro Training Centre (KTC), aber auch in der Fläche ausgebildet werden. Neben malischen Soldaten werden auch Soldaten der gemeinsamen Einsatztruppe der G5-Sahelstaaten (Mauretanien, Mali, Burkina Faso, Niger und Tschad) ausgebildet.

Bei der Stabilisierungsmission der Vereinten Nationen in Mali (Mission multidimensionnelle intégrée des Nations Unies pour la stabilisation au Mali, MINUSMA) ist der Großteil der deutschen Soldatinnen und Soldaten im Camp Castor in Gao stationiert. Weitere Teile des deutschen Einsatzkontingents betreiben in Niamey, der Hauptstadt des Niger, einen Lufttransportstützpunkt.

Das Bundestagsmandat vom Mai 2020 hat eine personelle Obergrenze bei EUTM Mali von 450 und bei MINUSMA von 1100 Soldatinnen und Soldaten festgeschrieben. Der Einsatz der Bundeswehr in dieser westafrikanischen Krisenregion unterstreicht die sicherheitspolitische Dimension der Afrikapolitik der Bundesrepublik Deutschland.

Die seit 2005 veröffentlichten »Wegweiser zur Geschichte« des Zentrums für Militärgeschichte und Sozialwissenschaften der Bundeswehr – bislang liegen insgesamt 17 Bände vor, teilweise in mehreren Auflagen – sollen die in den Einsatz entsandten Soldatinnen und Soldaten über geschichtliche, kulturelle und politische Hintergründe des Einsatzlandes informieren. Die Wegweiser sind mithin ein wichtiger Bestandteil der Einsatzvorbereitung für die Bundeswehrkontingente. Ich nehme aber auch mehr und mehr zur Kenntnis, dass die Wegweiser von einer interessierten Öffentlichkeit genutzt werden.

Zu dem vorliegenden Band haben wieder Autorinnen und Autoren von Universitäten und Forschungsinstituten des In- und Auslandes beigetragen. Die wissenschaftliche Expertise wird durch Texte von Erfahrungsträgern ergänzt, die aus ihrem an der Praxis orientierten Fachwissen schöpfen. Nach Wegweisern zur Demokratischen Republik Kongo, zum Horn von Afrika, zum Zentralen Afrika, zum Sudan und Südsudan, zu Nordafrika und Mali ist dieser Band nunmehr der achte zum afrikanischen Kontinent. Ich danke den Herausgebern Dr. Julius Heß und Oberstleutnant a.D. Dr. Karl-Heinz Lutz, die von Hauptmann Torsten Konopka unterstützt wurden, für die Realisierung dieses Bandes, der ein vielschichtiges Bild der Einsatzregion zeichnet. Mein ganz besonderer Dank gilt aber den Autorinnen und Autoren, denen es gelungen ist, komplexe Probleme leicht verständlich darzustellen.

Dem Fachbereich Publikation unter Leitung von Herrn Dr. Christian Adam danke ich für die professionelle Umsetzung dieses Bandes, namentlich Herrn Magister Michael Thomae für sein sorgfältiges Lektorat und die Gesamtkoordination und Frau Carola Klinke für Satz und Layout. Für die Grafiken und Karten zeichnen Frau Daniela Heinicke und Herr Dipl. Ing. Bernd Nogli verantwortlich.

Dem Wegweiser Mali und westlicher Sahel wünsche ich eine große Verbreitung in den Einsatzkontingenten und bei allen interessierten Leserinnen und Lesern.

Dr. Jörg Hillmann
Kapitän zur See und Kommandeur
des Zentrums für Militärgeschichte und
Sozialwissenschaften der Bundeswehr

Einleitung

Noch vor nicht allzu langer Zeit wussten die meisten Deutschen kaum etwas über Mali und die Länder im westlichen Sahel. Und kaum jemand war vorbereitet auf den Kollaps Malis und die Destabilisierung der gesamten Region. Mit Mali und dem Sahel waren zuvor Bilder von der endlosen Sahara und den Bewohnern der Wüste, den Tuareg in ihren blauen Gewändern, verbunden. Manchen sind vielleicht noch die Hungersnöte der 1970er und 1980er Jahre in Erinnerung. Sportbegeisterte haben die Rallye Paris–Dakar vor Augen, kulturell Interessierte die einzigartingen Lehmmoscheen von Djenné oder Timbuktu. Musikbegeisterte schwärmen vom legendären Mali-Blues oder vom Festival au Désert, bei dem sich Musiker aus der ganzen Sahara trafen, mitten in der Wüste. Kennern der politischen Entwicklungen galt Mali seit Anfang der 1990er Jahre als »Vorzeigedemokratie« in Afrika.

Anfang 2012 rebellierten Tuareg-Gruppen in Malis Norden, in der Hauptstadt Bamako putschte das Militär, die Herrschaft von Präsident Amadou Toumani Touré ging nach zehn Jahren zu Ende. Malis Norden fiel in die Hände der Aufständischen, die Rebellen riefen den unabhängigen Staat »Azawad« (berberisch für »Savanne«) aus. Die Kontrolle übernahmen jedoch bald Dschihadisten, die in den vorangegangenen Jahren ins Land gekommen waren. Die säkularen Rebellen, mit deren Aufstand alles begonnen hatte, wurden verdrängt. Mit einem Schlag war Mali zum politisch-militärischen Brennpunkt geworden.

Die internationale Gemeinschaft sah sich genötigt, auf den Staatszerfall zu reagieren. Zur Rückeroberung des Territoriums, zur Stabilisierung des Landes und zur Eindämmung der Gewalt folgte nun Einsatz auf Einsatz – seitens französischer Truppen, afrikanischer Truppen, seitens europäischer Ausbilder und Berater (European Union Training Mission, EUTM Mali) und der MINUSMA (Mission multidimensionelle intégrée des Nations Unies pour la Stabilisation au Mali) unter Führung der Vereinten Nationen. Zunächst schienen die Maßnahmen zu greifen. Stadt um Stadt wurde den Dschihadisten genommen und unter Kontrolle der malischen und internationalen Truppen gestellt. Mit mehreren Rebellengruppen wurde 2015 der »Vertrag für Frieden und Versöhnung in Mali« geschlossen.

Aber Mali kam nicht zur Ruhe. Die staatliche Kontrolle des gesamten Landes erwies sich als Illusion. In weiten Teilen Malis ist nicht die Regierung der bestimmende Machtfaktor, sondern bewaffnete Gruppen, lokale Machthaber, Kriminelle, Schmuggler oder Schleuser. Islamistische Extremisten operieren im Land und verüben Anschläge. Konflikte zwischen ethnischen Gruppen flammen immer wieder auf. Im Weltfriedensindex (Global Peace Index) von 2019 rangiert Mali auf Platz 145 und ist damit nicht weit vom Schlusslicht Afghanistan auf Rang 163 entfernt.

Auch wenn Mali lange Zeit im Brennpunkt der Destabilisierung des westlichen Sahel lag – viele Probleme wie organisierte Gewalt, Extremismus und Kriminalität überschreiten Grenzen, haben auf andere Länder der Region ausgegriffen und verbinden sich mit dort bereits vorhandenen Konfliktdynamiken. Dies gilt vor allem für Burkina Faso und Niger. Beide haben mit erheblichen Sicherheitsproblemen zu kämpfen. Dazu kommen – wie in allen Ländern des Sahel – Armut, Perspektivlosigkeit einer rasant wachsenden Bevölkerung und allgegenwärtige Korruption. Ein anderer Staat der Region – der Tschad – war bereits in der Vergangenheit extrem instabil. Über Jahrzehnte verwüsteten Bürgerkriege und Konflikte mit Nachbarstaaten das Land. Instabilität, Gewalt und Kriminalität müssen im westlichen Sahel als überregionale Herausforderungen gesehen werden, nicht als Probleme, die an den Grenzen eines Landes haltmachen.

Aber nicht nur die Herausforderungen betreffen die gesamte Region, zunehmend gilt dies auch für Lösungsansätze. Die Afrikanische Union (AU) und die Westafrikanische Wirtschaftsgemeinschaft (Economic Community of West African States, ECOWAS) waren an den ersten Reaktionen auf die malische Krise beteiligt – wenn auch mit überschaubarem Erfolg. Im Februar 2014 schufen die westafrikanischen Staaten Mauretanien, Mali, Burkina Faso, Niger und Tschad dann eine völlig neue Struktur, das Staatenbündnis G5-Sahel (G5 du Sahel, G5S) mit Sitz in Mauretanien. Neben Aufgaben in den Bereichen Armutsbekämpfung, Ausbau der Infrastruktur und Landwirtschaft steht vor allem die Koordination im Sicherheitssektor im Zentrum dieser Initiative. Auf einem Gipfel im Februar 2017 beschlossen die G5-Staaten den Aufbau einer Eingreiftruppe (Force Conjointe du G5 Sahel, FC-G5S), der unter einem gemeinsamen Oberkommando 5000 Soldaten und Polizisten angehören. Die Truppe absolvierte bereits einige Operationen, ist aber auf Unterstützung, vor allem durch MINUSMA, angewiesen. Zur besseren Koordinierung der internationalen Sicherheitszusammenarbeit im Sahel haben Frankreich und die G5-Staaten Anfang 2020 die »Koalition für den Sahel« gegründet. Die Koalition ergänzt die G5-Strukturen sowie MINUSMA und soll die Sicherheit in der Region durch den koordinierten Aufbau der nationalen Sicherheitskräfte stärken.

Das sicherheitspolitische Engagement Deutschlands und die Einsätze der Bundeswehr spiegeln diese Entwicklung hin zu einem regional ausgeweiteten Ansatz wider. Im Februar 2013 mandatierte der Deutsche Bundestag einerseits die Unterstützung der von AU und ECOWAS konzipierten Mission AFISMA (African-led International Support Mission to Mali), die bald von der MINUSMA der Vereinten Nationen abgelöst wurde. Andererseits beschloss das Parlament die Beteiligung an der Ausbildungsmission EUTM Mali. Seitdem sind Bundeswehrsoldaten in Mali im Einsatz: Zu Spitzenzeiten waren es über 200 bei EUTM Mali und über 1000 bei MINUSMA. Mit der Mandatsverlängerung des Deutschen Bundestages vom Mai 2020 können bei beiden Missionen bis zu 1550 deutsche Soldaten eingesetzt werden – und damit mehr als derzeit in Afghanistan.

Zunehmend geht Deutschlands sicherheitspolitisches Engagement über Mali hinaus: Die Bundesrepublik unterstützt im Rahmen der EU die G5-Sahel: finanziell, militärisch als auch durch Beteiligung an Entwicklungsprojekten. Beim 19. deutsch-französischen Ministerrat im Juli 2017 schlossen Deutschland, Frankreich und die EU die »Sahelallianz« mit dem Fokus auf die G5-Sahelstaaten. Seitdem haben sich zahlreiche Länder und internationale Organisationen der Initiative angeschlossen. Zur Unterstützung der Sahelstaaten verständigte sich Deutschland mit seinen Partnern zudem auf die Missionen EUCAP Sahel Niger (EU Capacity Building Mission), EUCAP Sahel Mali sowie auf eine Ausweitung der gemeinsamen spanisch-französischen

Ermittlungsgruppe in Niger (Equipes Conjointes d'Investigation, ECI) auf den Tschad und weitere Länder. Ebenfalls in Niger betreibt die Bundeswehr einen Lufttransportstützpunkt zur logistischen Unterstützung der deutschen Soldaten in Mali. Hinzu kommen Berater und Ausbilder der Bundeswehr in verschiedenen Verwendungen und Ländern der Region. Nach einer anfänglichen Konzentration auf das namensgebende Land, hat nun auch EUTM Mali alle G5-Sahelstaaten im Blick. Auch die Gründung der »Koalition für den Sahel« durch Frankreich und die G5-Staaten ging maßgeblich auf die deutsch-französische Initiative zur Partnerschaft für Stabilität und Sicherheit im Sahel zurück.

Das Zentrum für Militärgeschichte und Sozialwissenschaften der Bundeswehr (ZMSBw) hat die Einsätze in Mali von Anfang an begleitet: In dieser Buchreihe erschien bereits 2013 der erste »Wegweiser zur Geschichte. Mali«. 2016 folgte eine zweite, aktualisierte Auflage. Bei der Konzeptionierung einer dritten Auflage wurde jedoch bald klar, dass aufgrund der Entwicklung im westlichen Sahel die alleinige Betrachtung von Mali den Gegebenheiten vor Ort nicht mehr gerecht werden kann. Zwar ist Mali nach wie vor Brennpunkt regionaler Probleme sowie Schwerpunkt des deutschen Engagements, allerdings ist die Regionalisierung von Herausforderungen und Lösungsansätzen mittlerweile so weit fortgeschritten, dass die Themen dieses Bandes nur in einer umfassenderen Perspektive mit Konzentration auf die G5-Sahelstaaten sinnvoll darzustellen sind.

Der Begriff »Sahel« kommt aus dem Arabischen (ساحل/Sāḥil) und bedeutet so viel wie Ufer oder Küste. Er beschreibt den Eindruck der Araber nach ihrer Durchquerung der Sahara von der nun einsetzenden, wenn auch spärlichen Vegetation. Der Sahel erstreckt sich südlich der großen Trockenwüste vom Atlantik im Westen bis zum Roten Meer und Indischen Ozean im Osten und ist zwischen 150 und 800 km breit. Von West nach Ost gesehen zählen Teile des Senegals, Gambias, Mauretaniens, Malis, Burkina Fasos, Nigers, Nigerias, des Tschad, des Sudans, Äthiopiens sowie Eritreas zum Gebiet des Sahel. Im westlichen Bereich handelt sich dabei mehrheitlich um Staaten, die zum französischen Einflussbereich gehörten und damit von der Kolonialzeit bis zur Unabhängigkeit 1960 eine ähnliche Geschichte sowie bis heute ähnliche politische und kulturelle Prägungen aufweisen.

Den im Osten liegenden Sahelstaaten wurden bereits die Wegweiser »Horn von Afrika« und »Sudan« bzw. »Sudan und Südsudan« gewidmet. Der vorliegende Band konzentriert sich daher auf den westlichen Sahel. Die politische und finanzielle Unterstützung der G5-Sahelgruppe sowie die militärische Kooperation mit den Streitkräften dieser Länder hat das ZMSBw bewogen, den Fokus auf diejenigen fünf Länder des westlichen Sahel zu legen, die sich zur G5-Sahelgruppe zusammengeschlossen haben. Von West nach Ost sind dies Mauretanien, Mali, Burkina Faso, Niger und Tschad. Wann immer in diesem Band vom westlichen Sahel die Rede ist, sind diese fünf Länder gemeint.

Eine regionale Perspektive, die Ländergrenzen überschreitet, ist auch deshalb sinnvoll, weil die heutigen Grenzen der Länder des westlichen Sahel auf recht willkürliche Verwaltungsakte der Kolonialherrscher zurückgehen. Sie sind nicht – wie in Westeuropa – Resultat eines jahrhundertelangen Staatsbildungsprozesses. Wie in vielen Teilen Afrikas nehmen die Grenzen kaum Rücksicht auf Siedlungsgebiete ansässiger Gruppen. Für das Leben der Menschen, für Identität und Zugehörigkeit ist der Staat aus diesen und anderen Gründen von viel geringerer Bedeutung als etwa in Europa.

Dies alles heißt nicht, dass die Region ein geschichtsloser Ort ist – im Gegenteil. Im westlichen Sahel der vorkolonialen Zeit herrschten mächtige, glanzvolle Reiche, Schlachten wurden geschlagen, bedeutende Zentren der Gelehrsamkeit und Religiosität bildeten sich heraus, Handel wurde weit über die Grenzen der Region hinaus betrieben. Die Region blickt auf eine lange, wechselvolle Geschichte zurück, nur lässt sich diese nicht immer nach den heutigen nationalstaatlichen Grenzen ordnen.

Die Staaten der Region haben viel gemeinsam, etwa den französischen Einfluss während und nach der kolonialen Periode, den Islam als vorherrschende Glaubensrichtung, ähnliche klimatische Bedingungen, Armut oder politische Instabilität. Dazu kommen grenzüberschreitende Phänomene wie Migration, ethnische Konflikte oder Extremismus. Die meisten Beiträge entsprechen daher dieser übergreifenden, regionalen Perspektive. Viele Themen dieses Bandes sind damit bereits benannt.

Die Buchreihe »Wegweiser zur Geschichte« stellt eine Handreichung für Soldatinnen und Soldaten aller Dienstgradgrup-

pen, Teilstreitkräfte und Organisationsbereiche dar, die in den
Auslandseinsatz gehen. Das Themenspektrum eines jeden Bandes reicht von alter zu jüngster Geschichte, es umfasst die regionalen geographischen und klimatischen Bedingungen sowie
Wirtschaft und Handel, Sicherheit, Innen- und Außenpolitik, Religion, Ethnizität und Migration. Die Texte dienen der grundlegenden Orientierung. Sie sollen Verständnis schaffen und einen
Beitrag zur Stärkung der Interkulturellen Kompetenz leisten. Sie
sind auf wissenschaftlicher Basis von Experten verfasst, folgen
aber einem allgemeinverständlichen Stil. Die Wegweiser können, neben Bundeswehrangehörigen, ebenso von allen anderen
in der Region wirkenden Personen genutzt werden, von Diplomaten über NGO-Mitarbeiter bis hin zu Polizisten. Darüber hinaus bieten diese Bücher der interessierten Öffentlichkeit einen
kompakten, aber fundierten Überblick über eine Region, deren
Bedeutung für Europa und die Welt stetig wächst.

Der vorliegende Band folgt der bewährten Struktur der Buchreihe. Historische Beiträge im ersten Teil zeichnen die Entwicklungslinien vom Altertum bis in die Gegenwart nach, im zweiten
Teil werden unterschiedliche aktuelle Lebenswelten beleuchtet.
Weiterführende Hinweise im Anhang, etwa die Literatur- und
Filmtipps, sollen zum Selbststudium anregen.

Bei geographischen Namen und Namen von Personen sowie
Organisationen aus dem Arabischen wird eine international
geläufige Umschrift angewandt. Ausnahmen von dieser Regel
sind Namen, die im Deutschen allgemein gebräuchlich sind, beispielsweise Timbuktu. Auf eine geschlechterspezifische Schreibweise wurde in dem Band zumeist verzichtet.

Wir danken allen, die am Zustandekommen dieses Bandes
beteiligt waren, allen voran aber Torsten Konopka, ohne dessen
Rat und Expertise das vorliegende Werk nicht möglich gewesen
wäre.

Julius Heß
Karl-Heinz Lutz

Der Sahel erstreckt sich über tausende Kilometer vom Atlantik im Westen bis zum Roten Meer im Osten. Die geographische Übergangszone vom saharischen Wüstengebiet zu den südlich gelegenen Trocken- und Feuchtsavannen bezeichnet man historisch-geographisch als »Sudan«. Zehn verschiedene Staaten – Senegal, Gambia, Mauretanien, Mali, Burkina Faso, Niger, Nigeria, Tschad, Sudan und Eritrea – haben an ihm Anteil. Historisch gesehen sind diese Staaten sehr jung. Der heutige Staat Sudan erreichte seine formelle politische Unabhängigkeit 1956, Gambia 1965, Eritrea 1993, die übrigen 1960. Die postkolonialen Staaten Afrikas waren ihrerseits die Erben einer Form von Staatlichkeit, die erst durch die imperiale Landnahme der europäischen Großmächte am Ende des 19. Jahrhunderts in Afrika eingeführt wurde, als diese Kolonien einrichteten. Die eurozentrische Gleichsetzung von (moderner) Staatlichkeit mit Historizität hat die rassistische Vorstellung genährt, Afrika hätte keine relevante Vergangenheit. Dem widerspricht allein schon das oben gezeigte Bildnis des malischen Herrschers Mansa Musa im »Katalanischen Atlas« Karls V. von Frankreich aus dem Jahr 1375.

Der westliche Sahel in vorkolonialen Zeiten

Anfänge der Landwirtschaft lassen sich im östlichen geographischen Sudan bereits um 10 000 v.Chr. nachweisen. Zwischen 8000 und 5000 v.Chr. gelang die vollständige Kultivierung pflanzlicher Nahrungsmittel. Die Sahara war damals feucht. Menschen siedelten entlang der Flüsse und Seen und kombinierten Fischfang mit Jagd auf Antilopen, Zebras und Büffel. Aufgrund der zunehmenden Austrocknung des Sahara-Raums verringerte sich jedoch die Zahl derjenigen, die diese »aquatische«, am Wasser orientierte Lebensweise pflegen konnten. Die Landwirtschaft hingegen expandierte. Zwischenzeitlich war auch das Rind lokal domestiziert worden, um 7000 v.Chr. wurden Schafe und Ziegen eingeführt. Sie vermehrten die Basisressourcen und ermöglichten einen Bevölkerungsanstieg. Ab dem 7. und 6. vorchristlichen Jahrtausend zeichnet sich immer deutlicher eine neuartige »sudanische« Zivilisation ab. Es entstanden dauerhafte, saisonal oder permanent genutzte Niederlassungen.

Die alte Geschichte des historisch-geographischen Sudan ist eng mit anderen Regionen verflochten. Die Sahara war ein Kontakt- und Interaktionsraum mit sowohl trennendem als auch verbindendem Potenzial, abhängig von Trockenheits- und Feuchtphasen. Über die frühen Hirten- und Bauernkulturen verraten Felsgravuren und Felsmalereien in den Bergmassiven der Sahara einiges. Die ältesten vorhandenen Felszeugnisse sind auf etwa 4000 v.Chr., maximal aber 6000 v.Chr. zu datieren. Sie zeigen den ausgestorbenen Riesenbüffel Bubalus antiquus, Nashörner, Elefanten, Flusspferde, Giraffen, Straußen, Löwen und Antilopen sowie die Nutztiere Rind und Schaf. Die hier abgebildeten Menschen tragen Keulen, Grabstöcke, Äxte und Bögen. Zwischen 4000 und 2500 v.Chr. werden dann Schafe, Ziegen und Hunde, Bögen, Wurfhölzer, Schilde und Speere, Keramik, Hütten und Betten, vor allem aber Rinderherden und Hirten und nicht zuletzt das Dromedar abgebildet. Gleichzeitig weisen die nun seltener werdenden Zeichnungen dieser Periode erkennbar auf die Verschlechterung der Umwelt- und Lebensbedingungen im Sahara-Raum seit dem dritten vorchristlichen Jahrtausend hin.

Die anhaltende Dürre und fortschreitende Wüstenbildung der Sahara zwangen viele Bewohner zur Migration. Manche zogen sich in die verbliebenen Oasen zurück, andere wurden Nomaden. Um die Oasenbewirtschaftung herum entstand ein eigenes Sozialsystem.

Um eine gerechte Verteilung des wertvollen Wassers zu gewährleisten, ordneten sich die Oasenbauern mehr und mehr kommunalen Autoritäten unter. Zur Ernährungssicherung wurden unterirdische Bewässerungskanäle angelegt, die massive Arbeitsleistungen erforderten. Die Knechtung zahlreicher Menschen – die Sklaverei – spielte wohl in diesem Zusammenhang seit dem zweiten vorchristlichen Jahrtausend eine immer stärkere Rolle. Das anfänglich symbiotische Verhältnis zwischen Hirten und Bauern kippte infolge der flexiblen und intensiven Nutzung des Dromedars, das den Bewegungsradius der Hirten

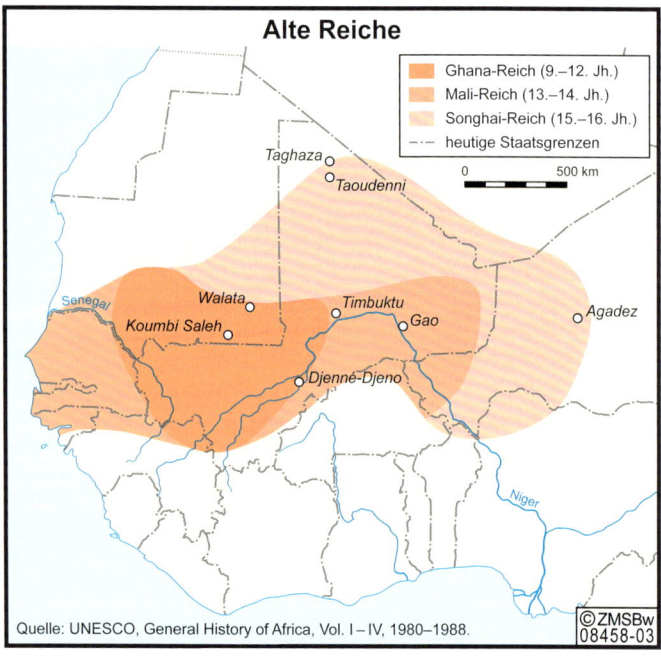

Alte Reiche

Ghana-Reich (9.–12. Jh.)
Mali-Reich (13.–14. Jh.)
Songhai-Reich (15.–16. Jh.)
– · – · heutige Staatsgrenzen

0   500 km

Taghaza
Taoudenni
Senegal
Walata
Koumbi Saleh
Timbuktu
Gao
Agadez
Djenné-Djeno
Niger

Quelle: UNESCO, General History of Africa, Vol. I – IV, 1980–1988.

©ZMSBw
08458-03

wesentlich erweiterte und sie den Oasenbewohnern militärisch
überlegen machte. Um den nun drohenden Plünderungen zu
entgehen, fingen viele Oasenbauern in den ersten nachchristlichen Jahrhunderten damit an, sich den »Schutz« einer bestimmten Nomadengruppe zu »erkaufen«. Soziale Ungleichheit und
gesellschaftliche Schichtung nahmen dadurch weiter zu. Für Ungleichheit sorgte auch die Einführung von Pferden im westlichen
Sahel. Die erhöhte Mobilität und die Züchtung der Araberpfer-
de ermöglichten es vor allem seit dem 14. Jahrhundert n.Chr.,
mittels Kavallerie selbst über weite Distanzen hinweg Herrschaft
auszuüben. Die Nutzung des Dromedars hatte bereits in den
ersten nachchristlichen Jahrhunderten zu intensivierten transsaharischen Karawanenverbindungen und zum Aufbau von Fern-
handelsbeziehungen geführt.

Der Aufstieg Ghanas

In den Savannen, zwischen Wüste und Waldländern, verdich-
tete sich die Bevölkerung; alte Städte wie Djenné-Djeno legen
davon Zeugnis ab. Aus einigen der Siedlungen wurden seit dem
4. Jahrhundert n.Chr. hierarchisch gegliederte Staatswesen, die
um die Figur eines Herrschers und um eine königliche Familie
kreisten. Auf dem Gebiet des heutigen Südmauretaniens bildete sich zu dieser Zeit der Kern des alten Ghana, in der kulturellen Interaktions- und Begegnungszone zwischen Sahara und
Sudan, zwischen pastoralen und agrarischen Gesellschaften,
zwischen Nomaden und sesshaften Dorfbewohnern. Schon seit
dem zweiten nachchristlichen Jahrhundert scheinen erste Handelsbeziehungen aufgenommen worden zu sein, die den Raum
durch die Sahara vom alten Ghana über Gao am Nigerbogen bis
nach Ägypten überbrückten, während ab dem 8. Jahrhundert
neue Routen nach Nordafrika führten. Der Ausbau des Trans-
saharahandels war unmittelbar mit der arabisch-islamischen
Expansion in Nordafrika verbunden; Afrika südlich der Sahara
wurde damals zur äußeren Randzone einer riesigen islamischen
Ökumene und einheitlichen Wirtschaftszone. Mitte des 8. Jahrhunderts gelangte in Ghana eine neue Dynastie an die Macht:
Angehörige der Soninke bauten den Staat in der Folge zu einem

bedeutenden Reich aus, das seine Hegemonie bis ins 13. Jahrhundert aufrechterhalten konnte.

Die Landbevölkerung war gegenüber den Herrschenden tributpflichtig und ernährte den Hofstaat durch ihre Naturalabgaben. Im Gegenzug funktionierte die lokale Verwaltung autonom, ohne zentralistische Eingriffe vonseiten Ghanas. Dessen Führung beanspruchte jedoch ein Handelsmonopol auf Gold, Salz und Sklaven. Innerhalb des Herrschaftsbereichs von Ghana existierten eine Reihe von Vasallenstaaten, die in Zeiten der Stärke der Zentralmacht über tributäre Beziehungen ins Reich integriert waren, in Zeiten der Schwäche jedoch von diesem abzufallen drohten. Die frühen Herrscher Ghanas waren keine Muslime, doch standen sie durch den lukrativen Fernhandel in regelmäßigem Kontakt mit dem islamischen Nordafrika. Ghana vermochte den Goldhandel bis zum Wüstenrand unter seine Kontrolle zu bringen, von wo ihn Berbergruppen weiter nach Norden betrieben. Neben dem Goldhandel mit dem Maghreb kontrollierte Ghana auch den wichtigen Salzhandel. Damit wurde es zur dominanten Hegemonialmacht im Westen der historisch-geographischen Region Sudan. Infolge der marokkanisch-berberischen Dschihadbewegung der Almoraviden gewann der Islam nach 1076 an Einfluss am Hofe Ghanas.

Ab dem späten 11. Jahrhundert sorgten abtrünnige Vasallenstaaten und rivalisierende Fürstentümer für einen Zerfall der Reichseinheit. Bis ins frühe 13. Jahrhundert vermochte Ghana seine Rivalen um die Vormachtstellung noch in Schach zu halten, doch dann übernahm eine neue Kraft, das weiter östlich gelegene Mali, die Hegemonie in der Großregion.

Der Aufstieg Malis

Das alte Mali wurde durch Sundjata Keïta um 1235 als Großmacht begründet. Unter seinen Nachfolgern gelangte der höfische Islam zur Blüte und die territoriale Ausdehnung schritt rasch voran. Mansa Uli eroberte die Städte Walata, Timbuktu und Gao am Niger, und er knüpfte enge Handels- und Kulturbeziehungen in den Maghreb. Er war auch der erste in einer

Reihe von Herrschern Malis, die die Hadsch, die Pilgerfahrt nach Mekka, unternahmen.

Zentral für die Wirtschaft war Malis Kontrolle der reichen Goldgründe von Bouré. Unter Mansa Musa, der auf seiner Pilgerreise 1324/25 Kairo mit Goldgeschenken überhäufte und damit die Finanzwelt des gesamten Mittelmeerraums ordentlich durcheinanderwirbelte, prosperierte Mali. Die Verbindung zum mediterranen Wirtschaftsraum war nun besonders intensiv. Zur Zeit seiner größten Ausdehnung reichte Mali im Westen bis zum Atlantik, im Osten bis Gao, im Norden endete es bei Aoudaghost und Walata (heute Mauretanien) und im Süden bei Niani (Gambia). Auch die wichtige Handelsstadt Djenné am Niger und die Wüstenstadt Tadmakkat (heute Es-Souk) unterstanden malischer Verwaltungshoheit. Der Handel war durch islamische Rechtsformen geregelt, während in allen anderen Lebensbereichen die lokalen Gewohnheitsrechte angewendet wurden. Mit der islamischen Gelehrsamkeit kamen in der höfischen Gesellschaft Astronomie und die Schrift in Gebrauch. Muslime wurden in die Verwaltung integriert, sie dienten in beratender Funktion und als Lehrer. Der malische Hof übernahm islamische Kleidung, das Freitagsgebet wurde öffentlich abgehalten und man beging islamische Feiertage, zugleich aber existierten traditionelle Verhaltensregeln und Festivitäten weiter.

Seit dem späten 14. Jahrhundert ging Mali allmählich an seiner territorialen Überdehnung zugrunde. Im Westen lösten sich die Wolof und Serer aus ihrer Abhängigkeit von Mali und reorganisierten sich in mehreren kleineren Staaten. Den Fulani (Peul/Fulbe) gelang es im 15. Jahrhundert, mit Futa Toro einen ebenfalls unabhängigen Staat zu etablieren. Damals erstarkten auch die Berber und Tuareg im Norden; so übernahmen sie 1433 die Kontrolle in Timbuktu. Malis Zusammenhalt fiel so weit auseinander, dass 1545/46 seine Hauptstadt Niani von den Songhai geplündert wurde, die seit einem halben Jahrhundert dabei waren, zur neuen dominanten Kraft in der Großregion zu werden.

Timbuktu, Afrikas Wüstenperle

Auch wegen der pittoresken Architektur der Sankoré-, der Djinger-ber- sowie der Sidi-Yahia-Moschee, alle drei 1988 zum UNESCO-Welt-kulturerbe erhoben, trägt Westafrikas Wüstenstadt Timbuktu den Bei-namen »Perle der Wüste«. Die Sakralbauten, die auf einem Holzgerüst stehen und von Lehmwänden umschlossen sind, verjüngen sich mit ihren Minaretten markant nach oben. Sie verkörpern nur die augen-fällige Seite einer seit dem frühen Mittelalter existierenden, islamisch geprägten Hochkultur. Zu ihr zählen ferner 16 Mausoleen in landes-typischer Bauform. Auch als «Stadt der 333 Heiligen» bekannt, liegt Timbuktu, einst ein geistiges Zentrum des Islam, mehr als 700 Kilo-meter nordöstlich von Malis Hauptstadt Bamako entfernt am Rande der Sahara.

Die Geschichte der Wüstenmetropole beginnt im 9. Jahrhundert n.Chr., als vermutlich Songhai am Südrand der Sahara an einer Was-serstelle sesshaft wurden. Zwischen dem 11. und 12. Jahrhundert bemächtigten sich nomadisierende Tuareg-Gruppen der Region. Sie gründeten eine Oasenstadt, die sich bald zu einem bedeutenden Han-delsort entwickelte, an dem sich die Karawanenrouten zwischen den nordafrikanischen Ländern und dem westafrikanischen Reich Ghana kreuzten.

Während ihrer Blütezeit im 15. und 16. Jahrhundert wurde die Oa-senstadt zu einem geistigen Zentrum für Mathematik, Pflanzenmedi-zin, islamisches Recht, Musik und Poesie, nachdem sie bereits in den Jahrhunderten zuvor eine renommierte Koranschule beherbergt hatte. Sichtbares Zeichen dieser jahrhundertealten geistigen Tradition sind Tausende von alten Handschriften, die zuletzt in der Bibliothek des Instituts Ahmed Baba aufbewahrt wurden. Die Zahl dieser Manu-skripte, die teilweise bis auf das 12. und 13. Jahrhundert zurückgehen, liegt bei mehreren 10 000 Exemplaren.

Während des separatistischen Bürgerkriegs im Norden Malis zer-störten Mitglieder der Islamistengruppe »Ansar Dine« zwischen Juni 2012 und März 2013 Teile der zuvor vom UNESCO-Welterbekomitee als gefährdet erklärten Kulturgüter. In dieser Zeit verwüsteten fana-tische Aufständische auch elf Mausoleen, darunter das Grab des su-fistischen Heiligen Sidi Mahmut. Ihren Höhepunkt erreichte die Zer-störungswelle, als islamistische Eiferer im Januar 2013 auf der Flucht vor französischen und malischen Truppen das Ahmed-Baba-Zentrum niederbrannten und rund 4000 alte Manuskripte vernichteten.

Während die Mausoleen unter anderem durch Hilfe der UNESCO und der Europäischen Union wiederaufgebaut werden konnten, engagieren sich das Auswärtige Amt und die deutsche Gerda-Henkel-Stiftung an der Sicherung, Digitalisierung und Restauration der geretteten Manuskripte. In einer gemeinsamen Feierstunde des Hamburger Senats mit der Botschafterin von Mali, Oumou Sall Seck, fand das Kulturerhaltungsprogramm des Auswärtigen Amtes im November 2018 seinen Abschluss. Trotz der schwierigen Sicherheitslage in der Region Timbuktu, in der religiöse Extremisten und die organisierte Kriminalität weiterhin aktiv sind, finanziert die Deutsche Forschungsgemeinschaft seit 2019 die Fortsetzung der wissenschaftlichen Manuskriptaufarbeitung für die kommenden zwölf Jahre.

VS

Das Songhai-Reich

Die Herrschaft der Songhai basierte zunächst auf der Kontrolle der Stadt Gao, die sie sich um 1009 gesichert hatten. Das lebendige Handelszentrum im östlichen Nigerraum verknüpfte den Handel am Niger mit jenem in die südöstlichen Waldlandzonen und mit dem Saharahandel. Über die Transsahararoute wurden Pferde und Waffen eingehandelt, aber auch textile Stoffe, Glas und Perlen. Wie weiter westlich wurden auch von hier Gold und Sklaven besonders nachgefragt und in den Karawanenhandel eingespeist. Das Salz der Wüste war eines der wichtigsten Güter, das von Gao aus nach Süden weitergetragen und verkauft wurde; im Gegenzug versorgte Gao den Norden und angrenzenden Osten mit den Produkten der Waldlandzone, etwa der Kolanuss. Der Aufstieg Songhais zu einer Großmacht begann unter Sonni Ali, der von 1464/65 bis 1492 regierte. Er löste es gänzlich aus der Oberherrschaft Malis und unterwarf neue Territorien: So fielen 1468 Timbuktu und 1473 Djenné.

Seinem plötzlichen Tod folgten Rivalitäten um die Nachfolge, aus denen der Heerführer Mohammed Touré als Sieger hervorging. Er begründete 1493 die Askia-Dynastie, der eine Dauer

picture alliance/Mary Evans Picture Library

Ein Dorf der Songhai aus europäischer Sicht, etwa 1850.

von knapp einhundert Jahren beschieden war und den Songhai ihre größte territoriale Ausdehnung verschaffte. Touré regierte als Mohammed Askia bis 1528. Er scharte Islamgelehrte als Berater und Hofbeamte um sich, reorganisierte sein Heer, bildete eine stehende Armee, bestehend aus Reiterei, Fußtruppen und Bogenschützen, und unterhielt eine Nigerflotte. Mohammed Askia war bestrebt, sein Reich zu reformieren und dadurch zu stabilisieren. Tribute der peripheren Vasallenstaaten trugen zum Staatseinkommen bei, dessen Basis die Kontrolle der Salzminen und der goldproduzierenden Regionen sowie der damit einhergehende lukrative Handel bildeten. Sklaven bearbeiteten eigene königliche Ländereien; ihre festgelegten Produktionsquoten an landwirtschaftlichen Erzeugnissen und handgefertigten Gegenständen sollten die stehende Armee des Askia ernähren und ausrüsten.

Die Hegemonie Songhais blieb während des 16. Jahrhunderts bestehen. Die Handelskontakte nach Nordafrika florierten, und die Askias nahmen sogar permanente diplomatische Beziehungen mit dem Osmanischen Reich auf. Ein Konflikt um den Salz- und Goldhandel mit dem marokkanischen Sultan Ahmad al-Mansur leitete schließlich den Zerfall Songhais ein. Al-Mansur schickte ein mit Artilleriegeschützen ausgerüstetes Heer durch die Wüste. 1591 fiel Gao – und damit das Großreich Songhai – dieser marokkanischen Invasion zum Opfer. Die Herrscher Songhais zogen sich in ihr altes, weit südlich gelegenes Kerngebiet am Niger zurück, und die Macht in den Handelsstädten am Niger wurde zum Gegenstand von Aushandlungsprozessen zwischen lokalen städtischen Eliten und den militarisierten Invasoren. Deren Nachfolger, die Arma, verloren rasch jeden Bezug zu Marokko und agierten autonom. Es war aber niemand mehr in der Lage, eine neue Reichshegemonie im westafrikanischen Savannenland zu schaffen, die zumindest in kommerzieller Hinsicht eine Phase der Ordnung und Prosperität garantierte, wie sie Ghana, Mali und Songhai etabliert hatten. Kleinstaaterei wurde im westlichen Sahel für die kommenden Jahrhunderte zur vorherrschenden politischen Realität. Islamische Reformbewegungen und Aufstände gegen die Herrschenden, die den ökonomisch ausgebeuteten und politisch marginalisierten Menschen (Hirten und Bauern ebenso wie Handwerkern und Sklaven) eine Stimme zu geben versprachen, änderten die Situation der politischen Zersplitterung nicht grundsätzlich; auch setzten sie den starken sozialen Hierarchien und Ungleichheiten innerhalb der Gesellschaft kein Ende. Das trifft auch noch auf die Gründung des Massina-Reichs um 1818/19 zu (siehe den Infokasten auf S. 32 f.). Erst der Dschihad im Hausaland führte zur Etablierung einer neuen, stabilen imperialen Größe in Gestalt des Kalifats von Sokoto, das über die ersten Jahrzehnte des 19. Jahrhunderts hinweg in alle vier Himmelsrichtungen expandierte (siehe den Beitrag von Michael Pesek). Doch auch dessen Autonomie war nur von kurzer Dauer. Es hielt dem Ansturm britischer Truppen nicht stand, die das Kalifat, ähnlich wie weiter im Westen die Franzosen, ihrer Kolonialherrschaft unterwarfen (siehe den Beitrag von Martin Rink).

Arno Sonderegger

Afrikas Herrscher waren im 18. und 19. Jahrhundert auch Geschäfts-
leute. Darin unterschieden sie sich nicht von europäischen Regenten:
Handel diente der Festigung von Herrschaft, und Herrschaft sollte wiederum Handel fördern. Ihr besonderes Problem aber war, dass nur wenige
über einen starken Staat verfügten, der diese Politik umsetzen konnte.
Während in Europa aus kleinen Fürstentümern machtvolle Zentralstaa-
ten wurden, war im westlichen Sahel des ausgehenden 18. Jahrhunderts
die Zeit der großen Zentralreiche wie Mali (Blüte im 14. Jahrhundert) und
Songhai (im 16. Jahrhundert) längst vorbei. Kleine Königreiche kämpften
um die Vorherrschaft in der Region und oft genug auch um ihre innere
Stabilität. In dieser Zeit der Unsicherheit waren es vor allem informelle
Netzwerke von islamischen Gelehrten und Händlern, die Handelspolitik
betrieben – nicht selten mit Sklaven, wie auf der Illustration von 1880 zu
sehen ist, die eine Sklavenkarawane auf dem Weg vom Inneren Afrikas
nach Marokko zeigt. Die Geschichte des Sahel im 19. Jahrhunderts war
in ihrem Kern eine Auseinandersetzung zwischen den Herrschern auf
der einen sowie den Händlern und Gelehrten auf der anderen Seite.

Islam, Herrschaft und Handel: Der westliche Sahel im 19. Jahrhundert

Das 19. Jahrhundert war für Afrika eine turbulente Zeit. Um 1800 deutete wenig darauf hin, dass am Ende des Jahrhunderts die meisten afrikanischen Gesellschaften ihre politische und ökonomische Unabhängigkeit verlieren und die neuen Herren Europäer sein würden. Das 19. Jahrhundert in Afrika war zunächst stark islamisch geprägt, gerade im westlichen Sahel. Hier erschütterte in der ersten Hälfte des Jahrhunderts eine Welle von islamischen Revolutionen die etablierte politische und soziale Ordnung. Die Macht der Europäer wiederum gründete vor allem in der zunehmenden Kontrolle des Außenhandels auf dem Kontinent. Das betraf vor allem zwei der wichtigsten Handelsgüter: Sklaven für den Export und Waffen für den Import. Das eine war ohne das andere nicht möglich: Sklaven waren die bevorzugte Währung für Waffen und Waffen ein wichtiges Mittel, um Sklaven zu fangen, zu halten und auch in die Verschiffungshäfen zu bringen.

Islam und Dschihad im westlichen Sahel

Der Islam hat eine lange Tradition in der Region. Fuß gefasst hatte er in Mali und Songhai (siehe den Beitrag von Arno Sonderegger). Im 17. Jahrhundert zerfiel das Songhai-Reich. Es machte Platz für kleinere Königreiche, deren Herrscher sich nur selten auf den Islam beriefen. Dennoch war der Islam ein wichtiger Bestandteil des Lebens im westlichen Sahel, vor allem im Handel. Die Händler hofften mit der Verbreitung des Islam auch den Handel sicherer und effektiver zu machen. Wer den Koran las, konnte auch Verträge lesen und auf ihn schwören. Karawanen führten meist Geistliche mit sich, die sich auf der Pilgerfahrt nach Mekka befanden oder ihre Lehren in die Welt tragen wollten.

Im unruhigen 18. Jahrhundert, als im westlichen Sahel und im Hausaland um die Vormachtstellung gekämpft wurde, sorgten diese Handelsnetzwerke für ein Mindestmaß an Stabilität und Sicherheit. Die muslimischen Händler schlossen Allianzen mit den Tuareg, die berüchtigt für ihre Überfälle auf Karawanen waren. Sie bauten Schulen und versuchten trotz aller Anarchie und Unsicherheit den Islam weiter im Leben der Menschen zu verankern.

Muslimische Händler und Geistliche waren gern gesehene Gäste an den Höfen der Herrscher. Ihre Schriftkundigkeit und Gelehrsamkeit war für die Höfe ebenso wertvoll die das Salz, die Stoffe und die Gewehre, die sie verkauften. Schrift bedeutete eine effizientere Verwaltung und war unverzichtbar in der Diplomatie mit benachbarten Königreichen oder den mächtigen Osmanen in Nordafrika. Dennoch wahrten die muslimischen Geistlichen Distanz zu den Herrschenden. Am Ende des 18. Jahrunderts war der Islam vor allem in den Städten präsent, aber er hatte sich den lokalen Kulturen angepasst. Die Regierenden bekannten sich nominell zum Islam, mussten aber auf die religiösen Sensibilitäten eines Großteils ihrer Vasallen und Untertanen Rücksicht nehmen, die ihren eigenen Glaubensvorstellungen folgten.

Für die Torodbe, muslimische Gelehrte der nomadischen Fulani (Peul/Fulbe), war diese Vermischung von Islam und anderen Religionen ein Gräuel; für sie hatte das wenig mit den Lehren des Islam zu tun. Viele Muslime in Afrika und in der Welt sahen ihre Religion in der Krise. 1798 war Napoleon in Ägypten einmarschiert, sprich: erstmals seit hunderten Jahren waren die Europäer in ein Kernland des Islam vorgedrungen. In den einst großen muslimischen Reichen Indiens griffen die Briten nach der Macht.

Auf diese äußeren Ereignisse reagierten die Muslime des Sahel mit dem Versuch, den Islam zu seinen Ursprüngen zurückzuführen und ihn tiefer im Leben ihrer Gesellschaften zu verankern. Im Dschihad sahen viele muslimische Gelehrte den Weg zu einer neuen Gesellschaft. Der Dschihad war kein neues Konzept in der Region. Bereits im 11. Jahrhundert hatte die Berberdynastie der Almoraviden zum »Heiligen Krieg« aufgerufen. 600 Jahre später, am Ende des 18. Jahrhunderts, erschütterte eine Welle von Dschihads den westlichen Sahel. Die militante Vision der Reformation muslimischer Gesellschaften war mit neuer Kraft erwacht.

Sklaverei, Machtverfall und Reichsbildung

Die militanten Reformer profitierten von einer Krise der Gesellschaften im westlichen Sahel und im Hausaland. Im 18. Jahrhundert war das Königreich Gobir im Hausaland zu einem regionalen Hegemon aufgestiegen, doch am Ende des Jahrhunderts zeichneten sich deutliche Krisenerscheinungen ab. Kriege mit den benachbarten Königreichen hatten das Reich geschwächt. Die Könige hielten sich nur kurze Zeit auf dem Thron: entweder starben sie auf dem Schlachtfeld oder infolge höfischer Intrigen. Die Herrscher Gobirs hatten es nicht vermocht, ihre Untertanen unter ihrem Banner zu vereinen. Die Beziehungen zu den Fürsten ihres Reiches waren wenig gefestigt und bestanden in der Zahlung des jährlichen Tributs an Sklaven und der Gestellung von Soldaten für Kriegszüge. Wie in vielen anderen Gesellschaften der Region basierten große Bereiche der Wirtschaft und Politik Gobirs auf Sklaverei. Sklaven arbeiteten auf den Plantagen, dienten in den Karawanen der Händler und stellten einen nicht unbeträchtlichen Teil der Soldaten. Die Sklavenarmeen »produzierten« immer mehr Sklaven, um neue Raubzüge zu organisieren.

Der Handel mit Sklaven war eine wichtige Einnahmequelle für die Herrscher von Gobir, wie auch für die meisten anderen Herrscher im Sahel. Im 18. Jahrhundert wurde ein großer Teil der Sklaven an die Atlantikküste verbracht, doch mit dem Beginn des 19. Jahrhunderts blockierten britische Schiffe die westafrikanischen Häfen, um den Sklavenhandel zu unterbinden. Das britische Weltreich war zuvor der größte Logistiker des Sklavenhandels gewesen. Um 1800 überquerte jeder zweite Sklave den Atlantik auf einem britischen Schiff. Die nun einsetzende britische Blockade beendete aber nicht den Sklavenhandel. Im Gegenteil, die Herrscher an der westafrikanischen Küste kompensierten ihre Verluste, indem sie die Sklaven auf Palmölplantagen arbeiten ließen. In anderer Richtung taten sich den Herrschern im Sahel mit den nordafrikanischen Häfen von Tripolis und Alexandria neue Absatzmärkte auf. Mehr als eine Million Sklaven verließ im 19. Jahrhundert den Kontinent über die Häfen am Mittelmeer und im Toten Meer. Hauptabnehmer waren das Osmanische Reich und der Herrscher von Ägypten,

Das Massina-Reich

Die Fulani (Peul/Fulbe), die auf dem Gebiet des heutigen Mali lebten, waren um Weidegründe in Clans organisiert, die wiederum eine
lockere Konföderation verband. Viehwirtschaft bildete ihre Lebensgrundlage, entsprechend zentral war die Sicherung von Weidegrün-
den und Wasserstellen für ihre Rinder. Daraus ergaben sich Konflikte
mit sesshaften Bauern und konkurrierenden Viehhaltern, aber auch
mit politischen Machthabern, die Tribute forderten und versuchten,
die Autonomie der Fulani einzugrenzen. Um 1790 waren die Bambara von Ségou nach Massina vorgestoßen und hatten es ihrem Reich
einverleibt. Der Druck der staatlichen Kontrolle nahm zu und damit
die Unzufriedenheit der Fulani. Den Spuren der Fulani, die sich mit
ihren Herden über den westlichen Sahel ausgebreitet hatten, waren im
Lauf der Zeit auch muslimische Gelehrte gefolgt. Sie sprachen dieselbe
Sprache und waren ihnen verwandtschaftlich verbunden. Als durch
Händler und Gelehrtennetzwerke die Kunde erfolgreicher Dschihads
in Futa Toro (1775/76, im heutigen Senegal) und später im Hausaland
(seit 1804) nach Massina gelangten, war dort der Boden für eine Volks-
erhebung unter islamischer Führung vorbereitet.

Seku Ahmadu bin Ahmadu Lobbo (1773−1845), der nahe der Handelsstadt Djenné lebte, begann die lockeren städtischen Sitten und die
Beteiligung der berberischen Rechtsgelehrten am Handel öffentlich zu
kritisieren; indirekt wurden damit auch die Bambara-Herrscher, die
dies zuließen, zur Zielscheibe seiner Kritik. Die Lage spitzte sich um
1816 soweit zu, dass er der Stadt verwiesen wurde. Er zog sich in die
Sébéra-Region zurück, vollzog damit die klassische Hedschra Moham-
meds, die Flucht (wörtlich: Auszug) von Mekka nach Medina, nach
und legitimierte dadurch die Ausrufung des Dschihads. Zunächst
sicherte er sich die Herrschaft über die Fulani-Konföderation. Dann
eroberte er Massina, dem Djenné und einige Jahre darauf auch Timbuktu folgten. 1843/44 gelang es ihm und seiner Gefolgschaft sogar,
den Bambara-Staat Kaarta in einer offenen Feldschlacht zu schlagen.

Inzwischen ging es mit der Konsolidierung der Herrschaft im Innern
voran. Ahmadu Lobbo verstand sein Reich als Laamu Diina, als einen
»Staat der Religion«. Hauptstadt wurde das neugegründete Hamdul-
lahi. Koran, Sunna und malikitische Rechtsauslegung wurden grundlegend für die staatliche Verwaltung. In der Diina herrschte ein striktes

Reglement: Musik und Tanz, Gesang und Spiel waren verboten; ebenso war es untersagt, gefärbte Kleidung zu tragen und Tabak zu rauchen; die Teilnahme am Freitagsgebet war obligatorisch, und die vorgeschriebene Wehrpflicht erlaubte eine autokratische Kontrolle. Der Staat sorgte für die Alten, Kranken, Waisen, Witwen und Pilger. Auf dem Land wurden kleine befestigte Dörfer als Islamzentren angelegt, um den Nomaden nahezukommen und sie zu bilden. Mit der Verbreitung des Lesens – der Voraussetzung, für das wörtliche Vollziehen der göttlichen Gesetze – wurde langsam auch dort, wo bislang Geburt und Tradition die einzigen legitimitätsverleihenden Kriterien waren, Gelehrsamkeit zur Quelle politischer Autorität.

Die Kontrolle des Handelns und die Vieh- und Weidewirtschaft bildeten wichtige wirtschaftliche Grundlagen des Massina-Reichs. Seine Einkünfte zog der Staat aus dem Ackerbau durch Sklavenarbeit, aus Beutezügen gegen Nicht-Muslime, aus Konfiszierungen und Bußgeldern, aus Steuern, Zöllen und Tributzahlungen. Materiell gesehen war die Diina jedoch arm. Der Handel ächzte unter dem Joch strikter Preiskontrollen sowie dem Tabakverbot.

Unter Ahmadu Lobbos Enkel Ahmadu Ahmadu III. (1853–1862) wuchs die Unzufriedenheit: Fulani-Hirtenführer waren unzufrieden, weil sie als politische Entscheidungsträger gegenüber den Rechtsgelehrten ins Hintertreffen geraten waren; die Händler waren unzufrieden aufgrund der strikten Kontrolle des Fernhandels; und islamische Rechtsgelehrte waren unzufrieden mit dem jungen Herrscher, der ihnen religiös suspekt erschien.

Die im Innern geschwächte Diina wurde 1862 von al-Haddsch Umar Tall erobert, dem Begründer einer neuen islamischen Bruderschaft, der Tidschaniya, die auch von einigen Rechtsgelehrten aus Massina unterstützt wurde. Ahmadu III. wurde mitsamt seiner Familie hingerichtet, und das Massina-Reich endete, wie es begonnen hatte – blutig.

AS

der mithilfe von Sklaven eine neue Armee aufbauen und in den globalen Baumwollmarkt einsteigen wollte.

Für die Herrscher des Sahel war dies eine unwiderstehliche Möglichkeit, schnell zu Reichtum zu gelangen. Zuvor hatten sie sich auf die Versklavung von Nicht-Muslimen beschränkt.

In ihrer Gier begannen sie nun, auch Muslime und sogar die eigenen Untertanen zu versklaven. Muslimische Gelehrte kritisierten diese Praxis als Verletzung der Gesetze des Koran. Und dies war nur ein Punkt in der langen Liste an Missständen, die die Geistlichen anprangerten. Als 1795 der Gelehrte Usman dan Fodio (1754–1817) diese Kritik an die Herrscher von Gobir richtete, war das der Beginn einer der bedeutendsten Bewegungen in der Geschichte Westafrikas. Die Herrscher von Gobir attackierten Usman und seine Anhänger und trieben ihn ins Exil. Sklaven und die Außenseiter der Gesellschaft, vor allem die Fulani, folgten seinem Ruf nach einer islamischen Revolution. Innerhalb weniger Jahre zog sein auf Tausende aufgewachsenes Heer durch das Hausaland und eroberte ein Königreich nach dem anderen. 1804 fiel Gobir. Sechs Jahre später kontrollierten die Dschihadisten nahezu ganz Hausaland. 1812 begannen die Armeen Usmans mit Attacken auf die umliegenden Reiche.

In Sokoto errichtete Usman dan Fodio die Hauptstadt seines Kalifats, das bald zu den größten Reichen Afrikas im 19. Jahrhundert werden sollte. Die Dschihadisten erwarben sich große Verdienste in der Verbreitung islamischer Bildung und Gelehrsamkeit, sie errichteten Schulen und Bibliotheken auch in den entlegeneren Landesteilen. Trotz der vielen Kriege erlebte das Hausaland einen wirtschaftlichen Aufschwung. Vor allem die Hausahändler profitieren vom Dschihad, sie konnten ihre dominierende Stellung in der Region und auch darüber hinaus ausbauen. Erstmals in der Geschichte des Hausalandes vereinte ein Reich die Bevölkerung unter der Scharia. Das schuf eine gemeinsame Identität als Hausa, die bis heute das Selbstverständnis der Menschen im Gebiet des nördlichen Nigeria und Kameruns sowie des westlichen Tschad prägt. Kein Wunder, dass die Dschihadisten des 21. Jahrhunderts, »Boko Haram«, sich immer wieder auf Usman dan Fodio berufen.

Der Sklavenhandel hatte maßgeblich die sozialen Missstände geschaffen, die den Dschihad in weiten Teilen der Bevölkerung populär machten. Doch der Dschihad brachte den Sklaven Westafrikas keine Befreiung. Die militärische Expansion Sokotos produzierte vielmehr weitere Millionen von Sklaven. Vor allem die Menschen aus den Grenzregionen des Hausalandes wurden in die Sklaverei getrieben und mussten auf den Feldern im

Handelsrouten in vorkolonialer Zeit

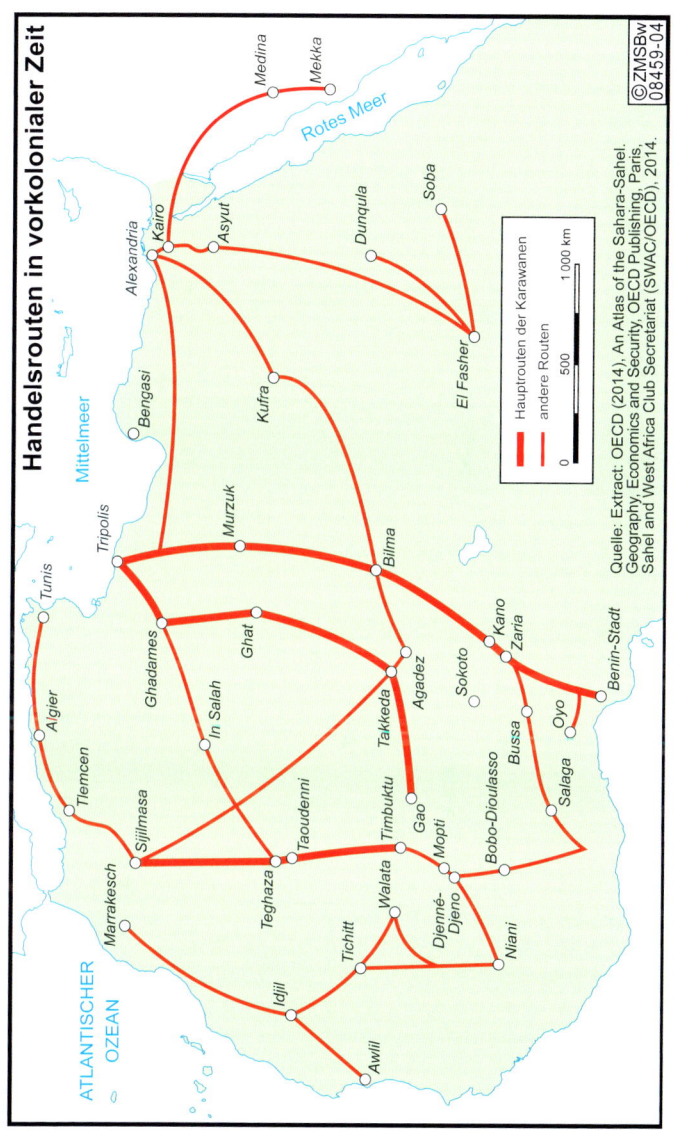

Legende:
Hauptrouten der Karawanen
andere Routen

0   500   1 000 km

© ZMSBw
08459-04

Quelle: Extract: OECD (2014), An Atlas of the Sahara-Sahel. Geography, Economics and Security, OECD Publishing, Paris. Sahel and West Africa Club Secretariat (SWAC/OECD), 2014.

Beschriftungen auf der Karte:

Mittelmeer, Rotes Meer, ATLANTISCHER OZEAN

Medina, Mekka, Alexandria, Kairo, Asyut, Dunqula, Soba, Bengasi, Kufra, El Fasher, Tripolis, Murzuk, Bilma, Tunis, Ghadames, Ghat, Agadez, Kano, Zaria, Sokoto, Benin-Stadt, Algier, In Salah, Takkeda, Bussa, Oyo, Tlemcen, Sijilmasa, Taoudenni, Timbuktu, Gao, Bobo-Dioulasso, Salaga, Marrakesch, Teghaza, Mopti, Djenné-Djeno, Niani, Idjil, Tichitt, Walata, Awili

35

Kernland des Kalifats arbeiten. Soziale Revolutionäre waren die Dschihadisten nicht. Der Dschihad Usman dan Fodios ersetzte nur die alten Eliten der Hausastaaten durch Fulani. Mit dem Rückzug Usmans von seinen Ämtern im Jahre 1811 gewannen die Militärs die Oberhand. Aus den Gotteskriegern wurden Warlords, die den Islam als Rechtfertigung für die Expansion ihrer Herrschaftsgebiete nutzten.

Feuerwaffen und die soziale Revolution im Militär

Ein wichtiger Faktor für die Erfolge der Anhänger Usman dan Fodios war die Verfügbarkeit von Feuerwaffen, die seit dem Beginn des 19. Jahrhunderts die Region überschwemmten. Verkauft wurden die Musketen meist von Händlern an der Atlantikküste. Einige englische und belgische Firmen produzierten diese Waffen speziell für den afrikanischen Markt. Im Laufe des 19. Jahrhunderts erreichten vor allem ausgemusterte Gewehre aus den Beständen europäischer Armeen im Austausch gegen Sklaven die afrikanischen Märkte.

Die Kampfkraft afrikanischer Krieger erhöhte sich durch die Feuerwaffen nur bedingt. Viele Musketen waren von minderer Qualität und oft mehr eine Gefahr für den Schützen als den Feind. Erst in der zweiten Hälfte des 19. Jahrhunderts erreichten auch modernere Hinterlader die afrikanischen Märkte. Folgenreicher war die Rolle der Feuerwaffen für die politische und militärische Organisation der Staaten im Sahel. Die modernen Waffen gaben den Herrschern eine Möglichkeit, ihre Macht zu festigen, indem sie den Handel mit ihnen kontrollierten. Gewehre waren ein wichtiges Mittel für die Zentralisierung von Herrschaft. Anders als Pfeil und Bogen, die von jedem hergestellt und benutzt werden konnten, blieben Feuerwaffen und Schießpulver Importprodukte. Wer immer den Handel mit diesen Waren kontrollierte, konnte sich damit die Loyalität seiner Krieger erkaufen.

Im Sahel führten Feuerwaffen zu einer sozialen Revolution im Militär. Ein Vorbote waren die militärischen Erfolge der Dschihad-Milizen Usman dan Fodios, die aus Viehhirten, Bauern und Sklaven bestanden. Viele von ihnen besaßen Ge-

wehre. Diese Infanterie wendete äußerst erfolgreich Guerilla-
taktiken gegen die Kavallerie der Hausa-Herrscher an. Seit der
Einführung von Pferden im 14. Jahrhundert war die Kavallerie
die mächtigste Waffe im Arsenal der Sahelherrscher. Allerdings
brachte sie sie in die Abhängigkeit der Aristokratie. Nur Aristo-
kraten konnten sich den Kauf und Unterhalt von Pferden leisten.

Viele Herrscher versuchten seit dem 18. Jahrhundert diese
Abhängigkeit zu reduzieren, indem sie Sklavenarmeen aufstell-
ten. Erstmals in der Geschichte der Region hatten sie mit den
professionellen, stehenden Heeren ein wirksames Machtinstru-
ment gegen ihre inneren und äußeren Feinde zur Hand. Die im-
portierten Feuerwaffen spielten dabei eine wichtige Rolle. Die
Abhängigkeit von Sklaven als Machtstützen barg aber auch ein
Risiko, wie der Herrscher des Oyo-Reiches lernen musste. 1817
rebellierte der oberste Heerführer, ein Sklave namens Afonja,
und riss die Macht im Norden an sich. Diese Rebellion bedeutete
das Ende des einst so mächtigen Reiches.

Gewaltökonomien im westlichen Sahel

Sklaven- und Waffenhandel veränderten die Politik und die
Gesellschaften des westlichen Sahel nachhaltig. Die schwachen
Staaten des 19. Jahrhunderts waren nie wirklich in der Lage,
ihre Sklavenbevölkerung zu kontrollieren. Ebenso wenig konnten sie unterbinden, dass Gewehre in die Hände ihrer inneren
und äußeren Feinde gelangten. So waren Sklaven und Gewehre
zwar ein wichtiges Instrument der Zentralisierung von Macht,
sie wurden aber oft genug zum Mittel ambitionierter Männer,
die Macht an sich zu reißen und damit etablierte Reiche auszu-
löschen. In den sogenannten Heiligen Kriegen des 19. Jahrhunderts nutzten religiöse Reformer den leichten Zugang zu Feuerwaffen, um Anhänger um sich zu scharen.

Der Grat zwischen Revolutionär und Warlord war schmal.
Einer der letzten islamischen Reformer, der im 19. Jahrhundert
in der Region zu den Waffen griff, um einen Gottesstaat zu er-
richten, war Samory Touré (um 1830–1900). Er hatte nur noch
wenig mit den gebildeten Reformern der ersten Generation um
Usman dan Fodio zu tun. Er kam aus einer Händlerfamilie der

SZ Photo/Rue des Archives/Tallandier

Samory Touré, bedeutender muslimischer Militärführer aus der Ethnie der Malinke.

Mande Dioula im Westen des heutigen Mali, war wenig gebildet und erst spät in seinem Leben zum Islam konvertiert. Der florierende Handel mit den Europäern an der Küste hatte die Dioula reich gemacht, doch die Herrscher in der Region sahen sie oft nur als unwillkommene Außenseiter. Der Erfolg der Dschihadisten im Osten ermutigte die Dioula mithilfe eines Dschihads einen Staat zu schaffen, der ihren Idealvorstellungen entsprach: eine islamische Theokratie, die den westlichen Sahel in einem Staat einte und den Handel zur obersten Staatsräson erhob. Samory Touré war ein begnadeter Militär und Politiker. Anders als die Dschihadisten der ersten Generation verfügte er über modernste Gewehre, und seine Truppen waren diszipliniert und gut ausgebildet. In der 1860ern eroberte er so innerhalb weniger Jahre große Gebiete, die heute den Süden Malis und den Norden Guineas, der Elfenbeinküste (Côte d'Ivoire) und Ghanas bilden. Erst in den Briten und Franzosen fand er ebenbürtige Gegner. Fünfzehn Jahre leistete er ihnen Widerstand, bis er 1898 in französische Gefangenschaft geriet.

Warlordismus war ein weit verbreitetes Phänomen in der Geschichte Afrikas im 19. Jahrhundert. Er war nicht zuletzt das Resultat einer zunehmenden Verknüpfung Afrikas mit den Weltmärkten. Die Herstellung von Gütern in Afrika und mithin die Exporte basierten auf Gewalt: Sklaven wurden mit Gewalt aus ihren Familien gerissen und an die Küste oder zu den Plantagen gebracht. Die Gewinnung von Palmöl, das in der Mitte des 19. Jahrhundert den Handel mit Sklaven in den Hintergrund drängte, basierte auf Sklavenarbeit. Musketen und Gewehre, mit die wichtigsten Importgüter nach Afrika, waren Investitionen in diese Gewaltökonomien. Sie halfen nicht nur, die Eroberungszüge durchzuführen, deren Ziel meist nicht Land, sondern Sklaven waren, sondern sie waren auch wichtig für einen weiteren Exportschlager Afrikas: Elfenbein. Die Jagd nach dem »Weißen Gold« bedeutete nicht nur Gewalt gegen Tiere, sondern in der Folge wiederum auch gegen Menschen. Aus dem Warlordismus eine Rechtfertigung für Europas Intervention in Afrika am Ende des 19. Jahrhunderts abzuleiten, ist allerdings wenig hilfreich. Denn die Europäer setzten im Kolonialismus genau diese Gewaltökonomie über Jahrzehnte fort – mit Fortschritt und Religion als Legitimation und mit modernen Waffen als Machtmittel. Das war nicht allzu weit entfernt von einem Usman dan Fodio oder Samory Touré.

Michael Pesek

Vom späten 19. Jahrhundert bis 1960, dem »Afrikanischen Jahr«, als 18 Kolonien Afrikas ihre Unabhängigkeit erlangten, war der westliche Sahel Teil des französischen Kolonialreiches. Seit 1895 waren die heutigen Staaten Senegal, Mauretanien, Mali und Niger zusammen mit Guinea, Burkina Faso, der Elfenbeinküste (Côte d'Ivoire) und Benin in der kolonialen »Föderation« Französisch-Westafrika zusammengefasst. Die heutige westafrikanische Metropole Dakar am Cap Vert war ab 1857 französischer Stützpunkt. Von hier aus erfolgte seit den 1880er Jahren die weitere Durchdringung des westlichen Sahelgebietes. So besetzten französische Kolonialtruppen Anfang 1894 Timbuktu gegen den erbitterten Widerstand der Tuareg und schlugen es zu Französisch-Westafrika. Die Abbildung aus dem »Petit Journal« vom 12. Februar 1894 zeigt in idealisierter Form das Hissen der französischen Nationalflagge vor den Toren der Stadt. Nach dem Ersten Weltkrieg gehörte auch das aus deutschem Kolonialbesitz abgetretene Mandatsgebiet Togo zur »Föderation«.

Vom Senegal bis fast zum Nil: Französisch-Westafrika vom 19. Jahrhundert bis 1940

Seit der Frühen Neuzeit existierten europäische Handelsstützpunkte und Forts an der westafrikanischen Küste. Auf der Suche nach dem noch unbekannten Verlauf des Niger und der sagenumwobenen Stadt Timbuktu reisten seit Anfang des 19. Jahrhunderts Europäer in den westlichen Sahel. Doch blieb das Innere Westafrikas den Europäern lange verschlossen. Die von Algerien und vom Senegal aus in das Innere des Kontinents vordringenden französischen Militärexpeditionen trafen im westlichen Sahel auf gut organisierte Staaten, auch in militärischer Hinsicht. Sie wurden durch die französische Expansion erst in den 1880er Jahren zurückgedrängt und im folgenden Jahrzehnt völlig zerschlagen. Erst im Jahr 1900 erreichte eine französische Expedition den Tschadsee. Kurz vorher war der Versuch, sich das Gebiet am Nil im heutigen Sudan bzw. Südsudan anzueignen, an Großbritannien gescheitert.

Die eigentliche französische Kolonialherrschaft im westlichen Sahel dauerte meist nur zwischen 50 und 80 Jahre. Erst 1908 wurde beispielsweise der Tschad Französisch-Äquatorialafrika (Afrique-Équatoriale Française), der anderen großen kolonialen »Föderation«, einverleibt. Auch hier blieb die europäische Kolonialherrschaft lückenhaft. So vermitteln die im 20. Jahrhundert gängigen Karten Afrikas mit dem dort in Flächenfarbe ausgewiesenen Kolonialbesitz einen irreführenden Eindruck: Die europäische Herrschaft blieb über weite Gebiete meist prekär und stets auf afrikanische Unterstützungstruppen angewiesen.

Die koloniale »Föderation« Französisch-Westafrika

Mächtige afrikanische Reiche verhinderten bis in die 1880er Jahre die gewaltsame »Erschließung« Westafrikas. Erst seit Mitte des 19. Jahrhunderts verließen die Europäer ihre wenigen Küstenstützpunkte. Seit 1659 bestand an der Mündung des Senegalstroms der französische Handelsstützpunkt St. Louis. Diese

Ansiedlung war lange Zeit Hauptstadt Französisch-Westafrikas. Ebenfalls seit dem 17. Jahrhundert befand sich die Insel Gorée vor dem Cap Vert an der Westspitze Afrikas in französischem Besitz. Von hier aus beteiligte sich das gesamte 18. Jahrhundert auch Frankreich am transatlantischen Sklavenhandel. Zu dessen organisatorischem Zentrum wurde Nantes, auch wenn die Sklaven Frankreich selbst nie erreichten. Die zunächst beschränkte Macht der Europäer bezeugen die Pachtzahlungen, die Frankreich bis 1854 für diese Stützpunkte an die örtlichen afrikanischen Herrscher entrichtete.

Am Cap Vert wurden Dakar sowie zwei nahegelegene Inseln ab 1857 französisch. Mit St. Louis bildeten sie die »quatre communes«, die vier Gemeinden, deren Einwohner ab 1880 im Gegensatz zu den anderen subsaharischen Afrikanern im Kolonialgebiet die vollen französischen Bürgerrechte erhielten. Das an der Mündung des Senegalflusses gelegene St. Louis wurde zum Ausgangspunkt der französischen Eroberungen im heutigen Senegal. Von hier aus erfolgte ab den 1880er Jahren die Expansion weiter ostwärts. Von 1895 an bildeten die heutigen Sahelstaaten Senegal, Mauretanien, Mali (damals Französisch-Sudan) und Niger zusammen mit Guinea, Burkina Faso (damals Obervolta), der Elfenbeinküste (Côte d'Ivoire) und Benin (damals Dahomey) die koloniale »Föderation« Französisch-Westafrika (Afrique Occidentale Française). Im Jahr 1902 wurde Dakar zur Hauptstadt der Föderation.

Die französische Expansion ins Innere Westafrikas

Den Auftakt für das spätere Ausgreifen in die Zentralsahara bildete die französische Eroberung Algeriens seit 1830. Erheblichen Einfluss übten in Nord- und Westafrika bis Anfang des 20. Jahrhunderts aber auch das Osmanische Reich und Marokko aus. Marokko war bis 1833 (informell noch länger) mit Timbuktu verbunden und erhob historische Ansprüche auf die Oasen im dazwischen liegenden Saharagebiet. Der Sultan in Konstantinopel herrschte über das heutige Libyen ab 1835 wieder direkt und beanspruchte das Hinterland weiter südlich. Auch das formal zum

Osmanischen Reich gehörige Ägypten betrieb einen Sub-Imperialismus nilaufwärts, bis es 1881 selbst britisch besetzt wurde.

Die Landung der französischen Armee am 4. Juli 1830 bei Algier eröffnete einen jahrzehntelangen Kampf um das Küstenland des heutigen Algerien. Auf die gewaltsame »Befriedung« der Gebiete bis zum Atlasgebirge folgte seit den 1880er Jahren die Durchdringung der Sahara. Die brutale französische Vorgehensweise und die Weigerung ihrer Offiziere, Schutzgeld an die Einheimischen zu zahlen, führten zum Widerstand gegen weitere Entdeckungsreisen. So wurden 1874 Charles Norbert Dourneaux-Duperré (1845–1874) und sein Mitreisender bei Ghat ermordet. Auch die Expedition des französischen Offiziers Paul Flatters (1832–1881) zur Erkundung eines – letztlich nie realisierten – Projekts einer Transsahara-Bahn vom Mittelmeer zum Nigerknie endete im Ahaggar-Gebirge nach einem Überfall der Tuareg tödlich. Eine Revanche erfolgte 20 Jahre später mit dem Gefecht von Tit 50 Kilometer nordwestlich von Tamanrasset. Am 7. Mai 1902 besiegten die Soldaten der französischen Dromedartruppe, die sogenannten Meharisten, angreifende Tuareg und etablierten so die französische Herrschaft über den Süden des heutigen Algerien.

Entlang des Senegal-Oberlaufs strebte die französische Expansion danach, den Nigerlauf und Timbuktu zu erreichen. Der zwischen 1854 und 1863 als Gouverneur der französischen Senegalkolonie tätige Louis Faidherbe (1818–1889) eroberte den Senegal bis etwa zur heutigen Staatsgrenze. Nur mit Mühe konnte sich der seit 1857 bestehende, befestigte französische Außenposten Médine im Westen des heutigen Mali gegen die Truppen des Tukulor-Reichs im heutigen Mali halten. Mit diesem schloss man 1866 einen Vertrag, der die französische Expansion für einige Jahre beendete.

Die europäischen Verträge und die Aufteilung der Interessenzonen

Seit 1879 durchdrang die französische Kolonialarmee von Senegal aus den Süden des heutigen Mali und besetzte 1883 Bamako. Hier kreuzten sich zwei Routen in das Innere Westafrikas:

Reisende durch die Sahara

Das Eindringen von Europäern ins westafrikanische Landesinnere von der Guineaküste aus erwies sich als äußerst schwierig. Viele Expeditionen endeten tödlich. Der Schotte Mungo Park (1771–1806) reiste von 1795 bis 1797 von der britischen Kolonie Gambia bis zum mittleren Niger in das heutige Mali. Die zweite Reise führte ihn weiter bis nach Bussa im heutigen Nigeria, wo er einer Krankheit erlag. Dem Briten Gordon Laing (1793–1826) gelang als erstem Europäer die Reise durch die Sahara von Tripolis bis zum legendären Timbuktu. Auf dem Rückweg wurde er in Araouane bei einem Überfall getötet. Seinen Spuren folgte der Franzose René Caillé (1799–1838). Als Muslim verkleidet bereiste er 1824/25 das heutige Mauretanien und erreichte zwischen 1827 und 1830 von Guinea aus ebenfalls Timbuktu.

Der deutsche Afrikaforscher Heinrich Barth (1821–1865) hatte sich als Privatdozent an der Universität Berlin und durch langjährige Reisen um das Mittelmeer wissenschaftlich qualifiziert. Im Auftrag der offiziösen britischen Royal Geographical Society machte er sich zusammen mit dem britischen Missionar und Sklavereigegner James Richardson (1809–1851) und dem deutschen Geologen Adolf Overweg (1822–1852) von 1849/50 bis 1855 auf die Reise von Tripolis durch die Sahara. Sein Weg führte Barth bis zum Reich Bornu am Tschadsee und in das Gebiet des heutigen Nordnigerias. Nach dem Tod seiner beiden Reisebegleiter hielt sich Barth 1853/54 für längere Zeit in Timbuktu auf. Später verarbeitete er seine Afrikareise in einem fünfbändigen Werk. Der Astronom Eduard Ludwig Vogel (1829–1856) reiste Barth nach, erreichte ihn am Tschadsee, wurde aber im Gebiet des heutigen Niger getötet.

Auch weitere Deutsche unternahmen ausgedehnte Reisen: Gerhard Rohlfs (1831–1896) diente nach dem Abbruch seines Studiums in der französischen Fremdenlegion in Algerien (1856–1860). Nach dem Abschied aus der Legion erkundete er bis 1865 von Marokko aus die Wüste und kam bis Tripolis. Eine zweite Reise (1865–1867) führte ihn von dort zur Nigermündung. Das so gewonnene Ansehen verhalf Rohlfs zu weiteren Afrikafahrten, nun finanziert von Auftraggebern mit politischer Zielsetzung. Auch Gustav Nachtigal (1834–1885), der nach kurzer Dienstzeit als preußischer Militärarzt vorübergehend dem Bey von Tunis als Leibarzt gedient hatte, reiste von 1869 bis 1874 von Tripolis in das Gebiet des heutigen Tschad. Von dort gelangte er ins Reich Kanem-Bornu, in die Darfurregion und das Sultanat Kordofan im heutigen Sudan. Diese Afrikaerfahrung verarbeitete er in zahlreichen Büchern und empfahl sich der deutschen Regierung, die ihn 1884/85 zum Reichskommissar für Deutsch-Westafrika (Kamerun und Togo) ernannte.

MR

Zum einen endete der Transsaharahandel, der am Mittelmeer startete, am Nigerknie zwischen Timbuktu und Gao; zum anderen waren die schiffbaren Oberläufe des Senegal- und des Nigerstroms nur rund 200 Kilometer voneinander entfernt. Dieser Schnittpunkt alter Handelswege wurde zur Projektionsachse der französischen Imperialmacht. Eine weitere Expansion erfolgte zwischen 1890 und 1893 bis nach Ségou und Mopti. Zwar wurde der verantwortliche Oberst Louis Archinard (1850–1932) wegen seiner expansiven Eigenmächtigkeiten abberufen, in Frankreich aber dann doch befördert; auch dies war ein Zeichen für die Unstimmigkeiten zwischen den Ministerien für Koloniales, Marine, Äußeres und Krieg.

Da eine ressortgemeinsame Kolonialstrategie fehlte, wirkte der von außen schwer kontrollierbare Ehrgeiz der Offiziere vor Ort als Triebkraft für die weitere französische Expansion. Diese geboten über eine Machtfülle, die im krassen Gegensatz zu ihren meist niedrigen Dienstgraden und ihrem in der »Metropole« (Frankreich) üblichen Befugnissen stand. Eine der häufigen Gehorsamsverweigerungen führte zum französischen Ausgreifen auf Timbuktu. Noch bevor der nun als Alleinverantwortlicher eingesetzte Zivilgouverneur vor Ort eintraf, startete eine Militärexpedition unter einem Leutnant entlang des Niger stromabwärts. Die nachgesandten Briefe des Gouverneurs, die die Soldaten unter Kontrolle zu bringen suchten, wurden dabei ebenso konsequent ignoriert wie die geforderte Ablösung des Leutnants von seinem Kommando. Unterdessen hatte sich die auf Booten vorausgeschickte Kolonne ihrerseits verselbstständigt und Timbuktu erreicht. Auf die Unterstellung der Stadt unter französische Herrschaft um die Jahreswende 1893/94 folgte das Desaster für die zurückmarschierende Truppe, die einem Überfall der

Französische Kolonialgebiete in West-und Zentralafrika 1936

ATLANTISCHER OZEAN

Französisch-Nordafrika

Französisch-Westafrika

Französisch-Äquatorialafrika

0   500   1 000 km

Mittelmeer

Französisch-
Tunesien (Prot.)

Französisch-Marokko (Prot.)

Algerien

(Südliche Territorien)

Mauretanien

Französisch-Sudan

Niger

Tschad

Senegal

Französisch-Guinea

Elfenbein-küste (Côte d'Ivoire)

2

1

1 = Französisch-Togoland (frz. Mandat)

2 = Dahomey (heute Benin)

Kamerun (franz. Mandat)

Ubangi Shari

Gabun

Mittel-Kongo

Quelle: Carte de l'AOF (»Les sept colonies qui composent l'Afrique occidentale française« in L'oeuvre de la France en Afrique occidentale, numéro spécial de L'Illustration, 29 février 1936), p. 261, Stamp World History.

©ZMSBw 08460-07

Tuareg zum Opfer fiel. Gleichwohl stand das Gebiet bis zum Nigerbogen unter – einstweilen lockerer – französischer Herrschaft.

Auf der Berliner Kongo-Konferenz zwischen November 1884 und Februar 1885 trafen die europäischen Mächte zusammen mit den USA und dem Osmanischen Reich Abmachungen über ihre Interessensphären in Afrika. Diese Konferenz war der Auftakt zum berüchtigten »Wettlauf um Afrika« in den folgenden beiden Jahrzehnten. Im Verlauf dieses »Scramble for Africa« wurde der bisherige Einfluss des Osmanischen Reichs auf Nordafrika und das Sahelgebiet zurückgedrängt.

Die von der Konferenz proklamierte Handelsfreiheit im Kongobecken und am Niger begünstigte die europäische Expansion. Statt einer regelrechten Teilung des Kontinents etablierten die

Verhandlungspartner den Völkerrechtsgrundsatz, der die Anerkennung von Kolonialbesitz an deren vorherige effektive Besetzung knüpfte. Da subsaharisch-afrikanische Akteure nicht als völkerrechtsfähig galten, beschleunigten sich nun europäische Initiativen, das Innere Afrikas als »eigenes« Gebiet auszuweisen. Großbritannien und Frankreich verständigten sich im August 1890 über die Aufteilung ihrer Einflusszonen in Westafrika: Ausgehend von bisherigen »Erwerbungen« wurde eine Linie zwischen Say südlich von Niamey, der heutigen Hautstadt von Niger, bis zum Tschadsee gezogen. Das heutige Nigeria zählte zur britischen, das Gebiet des künftigen Französisch-Westafrikas sowie des Tschad zur französischen Einflusszone.

Die kolonialistischen Kreise in Frankreich drängten nun auf eine Vereinigung der französischen Kolonien in Algerien, Senegal, Elfenbeinküste und Kongo. So erhielt der Hauptmann Jean-Baptiste Marchand im Juni 1896 den Auftrag, von Französisch-Kongo (Brazzaville) aus zum Nil vorzudringen. Dieses Gebiet war seit einigen Jahrzehnten auch Ziel der anglo-ägyptischen Expansion. Das Eintreffen Marchands bei Faschoda (heute Kodok, Südsudan) am Weißen Nil am 10. Juli 1898 führte zur freundlichen, doch sehr bestimmten Begegnung mit dem britischen General Herbert Kitchener, der kurz zuvor bei Omdurman das Mahdi-Reich Muhammad Ahmads zerschlagen hatte. Dennoch gelang es, diese ernsthafte britisch-französische Krise zu lösen; Frankreich verzichtete auf das Nilgebiet, erhielt aber Westafrika und den Tschad. Auch hier war das von Europäern weder erforschte noch besetzte Land aufgeteilt worden. Zudem bestanden afrikanische Reiche im Innern weiterhin fort, so das Dschihad-Reich des Rabih az-Zubayr, eines Kriegsherrn in ursprünglich ägyptischen Diensten, der 1893 das Reich Bornu am Tschadsee erobert hatte.

Ein französischer Versuch, vom Nigerbogen nach Osten vorzudringen, erfolgte von Januar 1899 bis Juli 1900 durch die Mission der Hauptleute Paul Voulet und Julien Chanoine. Ihr Vorstoß in Richtung Tschadsee war von zahlreichen Exzessen und Gräueltaten begleitet, die in Befehlsverweigerung und der Ermordung des ihnen hinterhereilenden Militärbefehlshabers gipfelten. Das Unternehmen endete in einer Katastrophe; die Anführer desertierten und starben.

Einer bewaffneten Forschungsexpedition unter dem Geographen Fernand Foureau (1850–1914) und dem Major François Amedée Lamy (1858–1900) gelang die Durchquerung der Sahara von Algerien zum Tschadsee. Nach einem strapaziösen Marsch von Algier über das Ahaggar-Gebige durch den heutigen Staat Niger erreichte die Expedition den Tschadsee. In der Schlacht von Kousséri am 22. April 1900 zerstörte sie das Dschihad-Reich des Rabih az-Zubayr und errichtete einen französischen Stützpunkt. Zu Ehren des im Kampf gefallenen Offiziers hieß dieser Fort Lamy, heute N'Djamena. Die Kolonie Tschad wurde 1908 Französisch-Äquatorialafrika einverleibt, doch dauerte die Unterwerfung der nördlichen Gebiete im Tibestigebirge bis zum Ende des Ersten Weltkriegs.

Im Gegensatz zur französischen Zivilverwaltung in den Küstenstrichen und Städten Algeriens standen die Zentralsahara sowie die wüstenartigen Gebiete Französisch-Westafrikas unter Militärherrschaft. Die französischen Offiziere und ihre Truppe passten sich an ihr Einsatzgebiet an. Dies galt zumal dann, wenn sie in den »Einheimischenbüros« tätig waren, sich sprachliche und ethnographische Kenntnisse aneigneten oder – wie in der Zentralsahara und in Subsahara-Afrika nicht unüblich – eine Ehe auf Zeit mit einheimischen Frauen eingingen. Auch knüpfte die Indienstnahme von »Einheimischen« als Soldaten an vor Ort bewährte Verfahren der Kriegführung an.

Die von Algerien nach Süden expandierende französische Afrika-Armee wurde ausgerechnet von der französischen Kolonialarmee aus Mali (damals Französisch-Sudan) gestoppt. Erstere unterstand dem Kriegs-, letztere dem Kolonialministerium. Im April 1904 trafen die beiden Truppenteile mit ihren eigenen Identitäten im Ifoghas-Gebirge in feindlicher Atmosphäre aufeinander. Komplizierte Verhandlungen der Ressorts führten im Folgejahr zur Grenzziehung zwischen den algerischen und sudanischen Gebieten Frankreichs. Das Siedlungsgebiet der Tuareg gehörte somit zu unterschiedlichen Kolonien und ab 1960/62 zu unterschiedlichen Staaten.

akg-images/Paul Almasy

Die Eisenbahn von Dakar nach Koulikoro war Anfang des 20. Jahrhunderts die wichtigste Verkehrsverbindung in Westafrika. Händlerinnen am Bahnhof eines Vororts von Dakar, 1935.

Von der Eroberung bis zur Beherrschung

Seit dem Jahr 1900 grenzte Französisch-Westafrika an Französisch-Algerien und Französisch-Äquatorialafrika. Speziell in den wenig besiedelten Gebieten des mittleren Sahel sowie in den wüstenartigen Zonen verdünnte sich die französische Herrschaft nach Osten hin. Sichtbares Zeichen der Herrschaftsfestigung war die Verkehrserschließung. Seit 1904 verband die Bahnlinie von Kayes nach Koulikoro die beiden großen Ströme Westafrikas Senegal und Niger. Bis 1924 wurde die Bahntrasse nach Dakar erweitert, doch blieben die Pläne einer Eisenbahnlinie von Algerien durch die Sahara zum Niger unvollendet. Ab 1927 richtete die französische Aéropostale ein Netz regelmäßiger Postflugverbindungen an der Küste Westafrikas ein – mit Flugrouten auch nach Südamerika.

Dennoch blieb die Herrschaft über das riesige Kolonialgebiet während des Ersten Weltkriegs lückenhaft. Neben Aufständen, speziell von Tuareg-Gruppen, unternahmen Krieger aus dem formal unter italienischer Herrschaft stehenden Libyen Beute-

Tirailleurs Sénégalais

Seit ihrer Aufstellung 1857 als eigene Formation gehörten die senegalesischen Schützen (Tirailleurs Sénégalais) zur französischen Kolonialarmee. Ihre Angehörigen rekrutierten sich nicht nur aus dem Senegal, sondern aus ganz Französisch-Westafrika. Trotz weitgehend europäischer Führung bestanden auch für Afrikaner gewisse Aufstiegschancen. So avancierte Mamadou Racine Sy (1838–1902) aus dem Senegal über eine Laufbahn als Sergeant zum Hauptmann, wurde als Ritter der Ehrenlegion ausgezeichnet und schließlich zum »Dorfchef« von Kayes ernannt. Subsaharische Afrikaner nahmen am Krimkrieg (1853–1856) sowie am Deutsch-Französischen Krieg (1870/71) in Europa teil, sodass die französische Führung Anfang des 20. Jahrhunderts ihr Rekrutierungspotenzial intensiver nutzen wollte. Der General Charles Mangin (1866–1925) präsentierte 1909 den Plan einer »schwarzen Armee« (armée noire). Von den rund 200 000 in Französisch-Westafrika mobilisierten Soldaten kämpften im Ersten Weltkrieg 135 000 in Europa. Anschließend gehörten auch sie zu den Besatzungstruppen im Rheinland, was in Deutschland wiederum rassistische Stereotypen vom »schwarzen Soldaten« förderte. Im Mai und Juni 1940 wurden zahlreiche afrikanische Soldaten Frankreichs von deutschen Truppen nach ihrer Gefangennahme ermordet (siehe hierzu auch den Beitrag von Rainer Tetzlaff).

MR

züge in das französische Sahelgebiet. Einen relativen Frieden brachten Polizeiaktionen des französischen Militärs seit den 1920er Jahren mit gemischten motorisierten und Dromedar-Einheiten, aber auch mit Flugzeugen.

Im Zweiten Weltkrieg blieb Westafrika von direkten Kriegseinwirkungen weitgehend verschont. Der Sieg des Deutschen Reichs über Frankreich und die Etablierung des mit Deutschland kollaborierenden Vichy-Regimes führten jedoch zu Kämpfen in den französischen Kolonialgebieten. Da die französischen Kolonien in Algerien und Französisch-Westafrika auf der Seite des Vichy-Regimes standen, zerstörte im Juli 1940 die britische Marine einen Großteil der französischen Flotte im algerischen Marinestützpunkt Mers-el-Kébir. Im September 1940 versuchten die britische Marine und Landungskräfte des »Freien Frankreich« unter General Charles de Gaulle im Senegal einen Brückenkopf für die Alliierten in Besitz zu nehmen. Das Gefecht vor Dakar endete jedoch mit einem Abwehrerfolg für die Vichy-treuen Truppen, sodass de Gaulle nunmehr gezwungen war, seine Befreiungskampagne von Französisch-Äquatorialafrika aus zu führen. Unter dem späteren General Jacques-Philippe Leclerc de Hautecloque (1902–1947) kämpften sich die Kräfte des »Freien Frankreich« über rund 2500 Kilometer von Französisch-Kongo quer durch den Tschad bis nach Libyen.

Obwohl Französisch-Westafrika kaum von den damaligen Kampfhandlungen betroffen war, destabilisierte der Zweite Weltkrieg die französische Kolonialherrschaft in Afrika. Eine der Ursachen hierfür war der Kriegsdienst, den viele Westafrikaner damals leisteten, etwa in den legendären »Tirailleurs Sénégalais«. Der Krieg und seine Nachwirkungen beschleunigten somit politische Formierungsprozesse, bis hin zur Autonomie und später zur Unabhängigkeit (siehe den Beitrag von Rainer Tetzlaff). Die französische Kolonialherrschaft in Westafrika währte letztlich kaum länger als ein Menschenalter. Dennoch sind die politischen und kulturellen Folgen dieser Zäsur, die in gewisser Weise Westafrika mit der Moderne konfrontierte, kaum zu überschätzen. Eine davon sind die Grenzziehungen, in denen sich die Phasen der französischen Expansion widerspiegeln. Auch nach der Unabhängigkeit von 1958/60 bestanden diese Grenzen fort. Dass hierdurch Ethnien geteilt wurden, ist eine der Ursachen für bewaffnete Konflikte – bis heute (siehe hierzu den Beitrag von Andreas Dittmann und Jonas Schaaf).

Martin Rink

Die Geschichte in der zweiten Hälfte des 20. Jahrhunderts war zum einen von der globalen Rivalität zwischen den beiden Hegemonialmächten USA und Sowjetunion geprägt. Zum anderen – davon nicht ganz unabhängig – erlangten in den Jahren des Ost-West-Konfliktes zahlreiche afrikanische Kolonien ihre Unabhängigkeit: allein 1960 waren es 18 Staaten, weswegen man in diesem Zusammenhang auch vom »Afrikanischen Jahr« spricht. In den westafrikanischen Zukunftsdiskursen der 1950er Jahre wurden pan-afrikanische, sozialistische, staatskapitalistische und auch reform-islamische Ideen diskutiert. In fast allen westafrikanischen Ländern bildeten sich jedoch Präsidialsysteme heraus, die vor allem auf die Bedürfnisse der neu entstehenden Staatsklasse zugeschnitten waren – und es zum Teil heute noch sind. Zu dieser Staatsklasse gehörten auch Modibo Keïta (links im Bild) und Mamadou Dia (rechts). Dia war nach dem Scheitern der kurzlebigen Föderation zwischen Mali und dem Senegal von 1960 bis 1962 Premierminister Senegals, und Keïta wurde Staatschef Malis. Das Bild zeigt die beiden Politiker bei der Unterzeichnung des Unabhängigkeitsvertrages für die Föderation am 4. April 1960 in Paris (in der Mitte Frankreichs Premierminister Michel Debré).

■ Westafrika am Scheideweg: Dekolonisation und Staatengründung

Mit dem Ende des kolonialen Jochs, hauptsächlich in der kurzen Phase zwischen 1956 und 1963, öffneten sich für afrikanische Politiker, Gewerkschaftler, Handelshäuser und Clanchefs sowie für die Elite der »educated Africans« in den Kolonien neue Räume der Freiheit. Diese mussten aber erst noch gestaltet werden. Es war keineswegs ausgemacht, dass alle europäischen Kolonien nach ihrer völkerrechtlichen Unabhängigkeit auch afrikanische »Nationalstaaten« werden mussten, zumal es seit Jahren schon die regionalen Verwaltungszusammenschlüsse Französisch-Westafrika (Afrique Occidentale Française) und Französisch-Äquatorialafrika (Afrique Équatoriale Française) gegeben hatte (siehe den Beitrag von Martin Rink).

Auch in den Zukunftsplanungen der um Freiheit kämpfenden afrikanischen Intellektuellen galt es keineswegs als selbstverständlich, dass die ehemaligen Kolonien in den kolonialen Grenzen weiterexistieren sollten, zumal es offensichtlich war, wie »ungerecht« und dysfunktional afrikanische Bevölkerungsgruppen mit ihren sich oftmals überlappenden Lebensräumen im Zuge künstlicher Grenzziehung geteilt worden waren. Modibo Keïta (Mali) und Léopold Sédar Senghor (Senegal) galten als die politischen Hauptverfechter einer föderalen Dekolonisation. Der dominante Parteipolitiker der Elfenbeinküste (Côte d'Ivoire), Félix Houphouët-Boigny, der sein Land von 1960 bis 1993 regieren sollte, bevorzugte die nationale Unabhängigkeit des Staates – allerdings in gewollt enger Kooperation mit dem kolonialen »Mutterland« Frankreich.

Für das Verhältnis zu Frankreich spielte die von Houphouët-Boigny 1946 gegründete Sammlungsbewegung RDA (Rassemblement démocratique africain) eine zentrale Rolle, weil sie den politischen Parteien sowohl in Westafrika als auch in Äquatorialafrika eine Plattform bot, um ihre sehr unterschiedlichen Ansichten zu bündeln und sich gemeinsam gegen die französische Kolonialmacht in Stellung zu bringen. In der Goldküste (Ghana) trat Premierminister Kwame Nkrumah als pan-afrikanisch gesinnter Gegenspieler Houphouët-Boignys auf. Nkrumah favorisierte zudem staatssozialistische Entwicklungspläne und suchte die Unterstützung kommunistischer Staaten. Die westafrikanischen Zukunftsdiskurse der 1950er Jahre erörterten somit parallel pan-afrikanische, sozialistische, staatskapitalistische und auch reform-islamische Ideen. Auch die Ideale der Blockfreiheit kamen zur Sprache: Unabhängigkeit, Selbstbestimmung, Kampf gegen Kolonialismus und Rassismus, die Zusammenarbeit aller dekolonisierten Völker der Welt. Diese Ideale hatten nach der Konferenz der blockfreien Staaten in der indonesischen Stadt Bandung im Jahr 1955 nachhaltige Wirkung entfaltet.

Bevölkerungswachstum und antikolonialer Widerstand

Zwei historische Entwicklungen prägten länderübergreifend die Zentren des westlichen Sahel im 20. Jahrhundert: Zum einen kam es zwischen dem Ende des Zweiten Weltkriegs und dem Ende des Ost-West-Konflikts zu einem beispiellosen Bevölkerungswachstum. In Afrika verdreifachte sich die Bevölkerung von etwas über 200 Millionen im Jahr 1950 auf 600 Millionen 1990; der medizinische Fortschritt in der Tropenmedizin hatte zu einem Absinken der Sterblichkeitsrate und einer erhöhten Fruchtbarkeit geführt. So stieg die Lebenserwartung zwischen 1950 und 1980 in Subsahara-Afrika von 39 auf 52 Jahre.

Die zahlreichen jungen Menschen, die von den Missions- und Regierungsschulen abgingen, drängten in die Städte und erwarteten dieselben hohen Löhne und Gehälter wie die französischen Kolonialbeamten. Dieser verständliche Wunsch nach materiellem Aufstieg im Zuge der Abschaffung der rassistischen Unterschiede war eine Triebfeder der westafrikanischen Dekolonisation. Man wollte »auf Augenhöhe« mit den europäischen Verwaltungsbeamten sein. Dass man sich auf die Unabhängigkeit durch Bildung, Fachschulung und Sammlung eigener Verwaltungserfahrung erst vorbereiten müsse – all diese Bedenken, die vereinzelt in allen afrikanischen Kolonien existierten, wurden in den Wind geschlagen. Viele erhofften sich von einem »afrikanischen Sozialismus« raschen Fortschritt. In diesem Sinne ermutigt wurden sie von französischen Kommunisten und Beraten aus den Ländern des von der Sowjetunion kontrollierten Rats für Gegenseitige Wirtschaftshilfe (RGW). Die Idee der klassenlosen Gesellschaft unter der Führung einer nationalen Einheitspartei genoss höchste Attraktivität.

Zum anderen traten nationale Befreiungsbewegungen auf. Sie übernahmen die Repräsentation ethnisch-kulturell heterogener Bevölkerungen, die meist noch gar keine »Nationen« mit gemeinsamen Werten und Institutionen darstellten. Was sie allerdings einte, war der Wunsch nach Befreiung von Fremdherrschaft und Rassismus, der sich in den verschiedensten Protest- und Widerstandaktionen gegen die europäische Kolonialherrschaft manifestierte. Der Funke der afrikanischen Emanzipationsbewegung war den Erschütterungen des Zweiten Weltkriegs entsprungen, an dem ca. 180 000 Afrikaner auf französischer Seite teilgenommen hatten. Diese Soldaten waren dem burkinischen Historiker und Politiker Joseph Ki-Zerbo zufolge die eigentlichen »Begründer der afrikanischen Emanzipation«. Die antikoloniale, nationale Widerstandsbewegung war vielfältig gegliedert und wurde von afrikanischen Intellektuellen, Gewerkschaften, Studentenvereinigungen und diversen religiösen Gruppen christlicher und islamischer Prägung unterstützt.

Die globale Dekolonisation strahlte auf die westafrikanischen antikolonialen Widerstandsbewegungen aus: In die Zeit der französischen Vierten Republik (1946–1958) fiel die Vernichtung der französischen Truppen bei Dien Bien Phu (Vietnam) durch die Viet Minh im Mai 1954 als Fanal der Entkolonialisierung Indochinas. In Nordafrika erlangten 1956 Marokko und Tunesien die Unabhängigkeit. Nun trat auch Subsahara-Afrika stärker in den Mittelpunkt der französischen Diskussion, zumal die ersten Schritte der britischen Dekolonisationspolitik in Westafrika große Erwartungen unter den Intellektuellen Afrikas geweckt hatten: Mit dem ehemaligen Studenten und politischen Aktivisten Kwame Nkrumah war 1951/52 erstmals ein afrikanischer Nationalist gewählter Premierminister einer Kolonie geworden, was auch im französischen Afrika Signalwirkung entfaltete. Zudem wurde Paris in der sogenannten Togo-Frage unter Druck gesetzt, den afrikanischen Nationalisten entgegenzukommen: Die einstige deutsche Kolonie Togo unterstand damals formell dem Treuhandrat der Vereinten Nationen und war in den späten

1950er Jahren bereits auf dem Weg in die volle Unabhängigkeit, die sie schließlich 1960 erlangte.

Das Ende der französischen Kolonialherrschaft schien unabwendbar. Unklar war indes, auf welchem Wege – Assoziation mit Frankreich, Föderation oder nationale Unabhängigkeit – der Übergang gestaltet werden sollte. Und konnten wenigstens in Westafrika durch rechtzeitige Konzessionen eine blutige Auseinandersetzung mit einheimischen Nationalisten und eine gewaltsame Ablösungsbewegung wie in Indochina verhindert werden?

Das Verfassungsreferendum vom 28. September 1958

Der Veränderungsdruck wurde so groß, dass jede in Paris heute getroffene Reformentscheidung schon morgen wieder von afrikanischen Nationalisten als ungenügend empfunden werden konnte. Jahrelang haben Kolonialpolitiker in Frankreich und afrikanische Politiker in den sich auflösenden Kolonien um die jeweils angemessen erscheinende, »passende« Verfassungsform gerungen, mit der die interkontinentale Zusammenarbeit von »Mutterland« und sich emanzipierenden Kolonien im Zuge der unaufschiebbar gewordenen Dekolonisation fortgesetzt werden sollte. Während auf französischer Seite die Politik zunächst darin bestand, den Termin für die endgültige Unabhängigkeit der afrikanischen Kolonien hinauszuzögern, verfolgten afrikanische Nationalisten in Französisch-Westafrika unterschiedliche Zeitpläne und Programme, wann und wie eine verfassungsmäßige, politische und kulturelle Trennung von Frankreich ins Werk zu setzen wäre. Auf den diversen Verfassungs- und Föderationskonferenzen in Cotonou, Brazzaville, Bamako, Conakry und Dakar in der zweiten Hälfte der 1950er Jahre standen fünf Optionen zur Wahl. Erstens konnten die Kolonien bleiben, was sie im Kern seit Langem waren: Überseeterritorien der unter Präsident Charles de Gaulle neu verfassten Fünften Republik. Zweitens konnten sie Überseedepartements der Republik oder drittens Mitglieder der zu bildenden westafrikanischen Konföderation in enger politischer und rechtlicher Anbindung an Frankreich werden; viertens war auch die staatliche Unabhängigkeit als Mitglied in der Konföderation eine denkbare Option sowie fünftens die völlige Unabhängigkeit als souveräner Staat ohne konföderale Assoziation.

Senghor (Senegal), der die »Balkanisierung« Westafrikas unbedingt verhindern wollte, sowie die Vertreter Französisch-Sudans, aus dem bald der Staat Mali werden sollte, waren Verfechter der Konföderationsidee. Houphouët-Boigny (Elfenbeinküste) bevorzugte die nationale Unabhängigkeit in enger Anbindung an Frankreich; die relativ wohlhabende Farmer- und Händlerbourgeoisie der Kakaokolonie war mit dem »Mutterland« wirtschaftlich und kulturell eng verflochten. Aus heutiger Sicht bemerkenswert war die versöhnliche und pragmatisch-kooperative Haltung der politischen Modernisierungselite der Sahelländer, die zwar die rassistischen Praktiken der Franzosen keineswegs verharmloste, aber die gleichzeitig auch nicht auf Rache und Vergeltung sann, sondern die kulturelle Interaktion mit der Kolonialmacht erhalten und vertiefen wollte. So hat Senghor 1958 zu Protokoll gegeben: »Ich habe stets die Assimilation bekämpft [wie sie von Paris im Überseedepartement Algerien verordnet worden war], aber ich habe auch stets behauptet, dass die Völker des Schwarzen Afrika sich mit keinem anderen Land assoziieren können als mit Frankreich. Ich halte fest an diesen zwei Prinzipien: Behauptung der afrikanischen Eigenständigkeit und Assoziation mit Frankreich. Das sind die beiden Kraftideen [im Original ›idées-forces‹] unserer Zeit«.

1958 drängten die vorangegangenen Debatten zu einer definitiven Entscheidung. Am 28. September sollten sich die Kolonien Französisch-Westafrikas entscheiden, ob sie die vollständige Unabhängigkeit (die fünfte der oben genannten Optionen) oder die Eigenständigkeit plus Mitgliedschaft in der jetzt Communauté genannten afrikanisch-französischen Föderation wählen wollten. Fieberhaft wurde in den politischen Kreisen der Kolonien im Rahmen der frankophonen Sammlungsbewegung RDA nach einer passenden Antwort für das französische Verfassungsreferendum gesucht: »Unabhängigkeit sofort« oder Vorbereitung auf die in Aussicht gestellte Unabhängigkeit im Rahmen der französischen Communauté. In den Worten Ki-Zerbos: »In zersprengter Ordnung näherte man sich der Stunde der Wahrheit«.

Präsident de Gaulle konnte es als sein persönliches Verdienst verbuchen, dass nach seiner Afrikareise, in der er um seine Com-

picture alliance/United Archives/TopFoto

Als einzige französische Kolonie stimmte Guinea 1958 gegen eine Kolonialföderation mit Frankreich und für seine sofortige Unabhängigkeit. Während des Ost-West-Konflikts lehnte sich Guineas Staatspräsident Sékou Touré (Amtszeit 1958–1984) vor allem an das östliche Bündnis an. Im Bild: Staatsbesuch beim Kremlchef Nikita Chruschtschow am 7. September 1960.

munauté-Verfassung geworben hatte, beinahe ausnahmslos alle Kolonien mit »Ja« für einen vorläufigen Verbleib im Club der frankophonen Länder stimmten. Nur in Guinea zog Sékou Touré »die Armut in Freiheit dem Reichtum in Knechtschaft vor«. Das Land blieb, schwer unter französischem Boykott leidend, ein Sonderfall.

Das Scheitern der Mali-Föderation

Trotz der Assoziation mit Frankreich in der Communauté setzte sich die Idee der nationalstaatlichen Unabhängigkeit durch. Das Ergebnis des Referendums war in erster Linie eine Niederlage der Verfechter einer regionalen westafrikanischen Föderation. Deren Vertreter, die diese Entwicklung als »Balkanisierung« geißelten, gaben sich aber noch nicht geschlagen. Ihr Versuch der Gründung einer Föderation geriet indes unfreiwillig zum postkolonialen Lehrstück für die Attraktivität der nationalstaatlichen Unabhängigkeit.

Im Januar 1959 waren die gewählten Vertreter von Senegal, Mali (damals Französisch-Sudan), Burkina Faso (damals Obervolta) und Benin (damals Dahomey) zu einer Verfassungskonferenz zusammengekommen, die mit der Unterzeichnung der Föderation von Mali endete. Das Vorgehen stand in direktem Widerspruch zur französischen Politik: Unter dem Druck Frankreichs und der Elfenbeinküste (Côte d'Ivoire) schieden Burkina Faso und Benin rasch wieder aus. Nur Senegal unter Senghor und Mali unter Premierminister Keïta waren entschlossen, der geplanten Föderation Leben einzuhauchen. Tatsächlich war der Föderationsplan zunächst in beiden Ländern populär. 1959 gewannen in den Parlamentswahlen in Senegal und Mali die Regierungsparteien alle Mandate. Sogar im benachbarten Niger gab es Sympathien für den Plan einer kolonialen Föderation. Am 20. Juni 1960 proklamierte die Mali-Föderation ihre Unabhängigkeit, mit Keïta als Regierungschef und dem Senegalesen Mamadou Dia als dessen Stellvertreter. Doch bevor im August die Präsidentschaftswahlen stattfinden konnten, verkündete Radio Mali plötzlich die Absetzung Dias und den Ausnahmezustand, worauf Regierung und Parlament des Senegal, empört über den »Putsch«, unverzüglich den Austritt aus der Mali-Föderation erklärten. So scheiterte der Versuch einer westafrikanischen Föderation, bevor mit dessen Realisierung ernsthaft hatte begonnen werden können. Die Ursachen hierfür lagen weniger in den Machenschaften Frankreichs und nur ansatzweise in den unterschiedlichen politisch-ideologischen Vorstellungen der beiden Männer (Sozialismus versus Staatskapitalismus), sondern primär am Ehrgeiz und den persönlichen Ansprüchen von Senghor und Keïta, die beide nach einer dominanten Position in dem neuen Herrschaftsgebilde strebten.

Der Nationalstaat afrikanischer Prägung als Präferenz der politischen Elite

Aus heutiger Sicht mag das Ergebnis der postkolonialen Staatswerdung in Afrika unausweichlich erscheinen. Den beteiligten Akteuren in den ersten Dekaden nach Erlangung der politischen Unabhängigkeit erschien die komplexe innerafrikanische

Thomas Sankara: Ein Präsident wie kein anderer

Der junge Offizier Thomas Sankara (1949−1987) war knapp vier Jahre Präsident von Burkina Faso, von 1983 bis zu seiner Ermordung 1987 durch seinen Weggefährten Blaise Compaoré. Obwohl dies schon mehr als 30 Jahre her ist, sind die Erinnerungen an Sankara in Burkina Faso nicht verblasst, sondern intensiver geworden. Sankara selber sagte: »Ich wünsche, dass man von mir das Bild eines Mannes in Erinnerung behält, dessen Lebensführung nützlich für alle war«.

Der Bevölkerung, die wie in den meisten afrikanischen Ländern noch unter den Folgen der Kolonialherrschaft litt, brachte Sankara Hoffnung auf Selbstbestimmung. Der Startpunkt war die Umbenennung des Landes, das zuvor Obervolta hieß. Sankara versuchte in den neuen Bezeichnungen und Symbolen die Vielfalt der ca. 60 ethnischen Gruppen auszudrücken. So ist »Burkina« ein Wort in der Sprache Moore und »Faso« in Dioula. Die deutsche Übersetzung lautet »Land der aufrichtigen Menschen«. Die am dritthäufigsten gesprochene Sprache Fulfulde ist vertreten durch die Silbe »bè« in «Burkinabè«, der Bezeichnung für Menschen aus Burkina Faso. Die Nationalhymne heißt »Ditanyè« in Dagara, das bedeutet »Hymne des Sieges«.

Dieser Ansatz mag banal klingen, doch seine Bedeutung sollte nicht unterschätzt werden. Er brachte die Burkinabè dazu, sich mit sich selbst zu identifizieren und eigenständig Besseres für sich zu erarbeiten. So kam es zu zahlreichen Errungenschaften innerhalb von nur vier Jahren. Dazu gehörten Fortschritte bei der Nahrungsmittelautonomie, Geschlechtergleichberechtigung, Trinkwasserversorgung und Bildung für alle, Alphabetisierung in den lokalen Sprachen und Umweltschutz.

Sankara forderte Kooperation auf Augenhöhe. Er duldete nicht, dass »der Westen« den afrikanischen Ländern Entwicklungskonzepte aufzwang, als hätten Afrikanerinnen und Afrikaner nicht die Kapazität, für sich zu denken. Dabei war er nicht gegen »den Westen« an sich, er hatte dort sogar prominente Unterstützer wie den französischen Schriftsteller Pierre Rabhi, der sich mit Sankara wegen dessen landwirtschaftlichen Initiativen anfreundete und sich persönlich für die Agrarökologie in Burkina Faso engagierte.

Ein besonderes Verhältnis zu Sankara baute auch der damalige Botschafter der Bundesrepublik Deutschland, Michael Geier, auf. Geier pflegte neben der dienstlichen eine freundschaftliche Beziehung

Thomas Sankara, hier bei einem Besuch in Jugoslawien, undatiert.

picture alliance/dpa

zum Ehepaar Mariam und Thomas Sankara sowie ihren beiden Söhnen. Für den gerade geborenen Sohn des Botschafters hatte Sankara einen Namen in Moore (Zoodo – Freundschaft) vorgesehen, den dieser bis heute mit Stolz trägt. Als Sankaras Nachfolger Blaise Compaoré (*1951) nach Sankaras Ermordung dem Botschafter routinemäßig einen Orden zum Abschied aushändigen wollte, ließ der Botschafter den Präsidenten wissen, dass er keine Orden von ihm schätze.

Sankara war prägend über die Grenzen seines Landes hinaus. Viele afrikanische Staatschefs fühlten sich von ihrer eigenen Bevölkerung dazu gedrängt, den revolutionären Ideen Sankaras nachzueifern. Sankara ist eine Symbolfigur auf dem gesamten Kontinent. Für die meisten Afrikanerinnen und Afrikaner ist er Sinnbild für eine positive Staatsführung.

WES

Dynamik jedoch kaum auf ein vorbestimmtes Ziel zuzulaufen. Was war der Grund, dass sich letztlich der Nationalstaat afrikanischer Prägung als dominierendes politisches System durchsetzte? Dass alle Anläufe afrikanischer Politiker, die »Balkanisierung« Westafrikas durch Föderationen zwischen den werdenden Einzelstaaten zu überwinden, recht bald scheiterten, ist in erster Linie der Attraktivität der Idee des Nationalstaates in seiner postkolonialen afrikanischen Verkleidung geschuldet. Der politischen Elite erschien der Nationalstaat als unwiderstehliche Machtformel: Er kombinierte das Recht auf das staatliche Gewaltmonopol mit dem selbstzugeschriebenen Recht auf Repräsentation der »Nation« durch den erzwungenen Einparteienstaat mit einem gewählten Führer. Man hoffte, mit Hilfe dieses Systems die postkolonialen Träume von einem besseren Leben in einer souveränen Nation zu realisieren. Demokratische Formen von Gewaltenteilung oder auch Verfassungsmodelle, die auf geteilter Macht zwischen unterschiedlichen Ländern in einer Föderation oder zwischen rivalisierenden politischen Parteien innerhalb eines Landes basieren, mussten daher den Führungspersönlichkeiten als wenig verlockend, wenn nicht gar als abwegig erscheinen. So wurde der präsidiale Staat zum Standardmodell in Westafrika, dessen hauptsächliche Funktion in der Kontrolle der Ein- und Ausfuhren zum Nutzen der sich rasch heranbildenden Staatsklasse bestand. Man hat diese Regierungsform »Türsteher-Staat« (gatekeeper state) genannt, um damit auch auf die hohe institutionelle Kontinuität von kolonialen und postkolonialen Verhältnissen hinzuweisen. Vor allem in den wirtschaftlichen Beziehungen änderte sich wenig, weil die neuen Herren von den kolonialwirtschaftlichen Mustern mit ihren Plantagen- und Bergwerken profitierten (siehe den Beitrag von Michael Pesek). Was lag da näher, als erst einmal das koloniale Erbe zu übernehmen und die zu erzielenden Gewinne daraus zu steigern, zumal es ja unzählig viele neue Konsumwünsche und Entwicklungsprojekte gab, die man gerne und zügig finanzieren wollte? Eine Aufgabe, die die neuen Regierungen nicht so schnell meistern konnten, war die gerechte Verteilung von Posten, Finanzmitteln und Aufstiegschancen unter den zahlreichen regionalen und ethnisch-politischen Gruppierungen. Für viele, vor allem junge Menschen endete der postkoloniale Traum vom besseren Leben in Enttäuschung. Konnten anfangs noch die Schulabgänger in die Ministerien und Staatsbetriebe eingegliedert werden (unabhängig davon, ob sie gebraucht wurden oder nicht), so war dieser Weg des raschen sozialen Aufstiegs für die nachrückenden Jugendlichen versperrt. Hinzu kam die Enttäuschung über das Versagen der neuen Regierungen, die mehr mit sich und ihrem

Machterhalt beschäftigt schienen als mit der strukturellen Veränderung der kolonialen Wirtschaft und mit der Schaffung von Arbeitsplätzen in Landwirtschaft und Industrie.

Während so nur wenige Staaten Westafrikas drei Jahrzehnte lang ihre politische Stabilität sichern konnten (vor allem in der Elfenbeinküste und im Senegal), hatten andere Länder (allen voran Benin, Niger und Mali) immer wieder mit Militärputschen, beispielsweise 1968 in Mali und 1974 in Niger, und Aufständen vernachlässigter ethnischer Minderheiten wie der Tuareg fertigzuwerden (siehe den Beitrag von Georg Klute und Baz Lecocq). Der kenianische Schriftsteller Ngũgĩ wa Thiong'o hat von einer »Freiheit mit gesenktem Kopf« gesprochen, um diese ersten Jahre nach Erlangung der Unabhängigkeit zu skizzieren. Bedenkt man, dass die kolonialherrschaftliche Praxis des »teile und herrsche« auch zum kolonialen Erbe der neuen afrikanischen Regierungen gehörte, wird man verstehen, wie groß die Herausforderungen waren, aus so vielen ethnisch-kulturell und regional unterschiedlichen Gruppen eine Nation oder einen funktionierenden Staat mit einer nationalen Identität zu schmieden.

Rainer Tetzlaff

Die G5-Sahelstaaten sind in Teilen autoritäre Regime oder im besten Fall »defekte Demokratien«. Der entscheidende Akteur der letzten knapp 60 Jahre ist in allen Ländern das Militär gewesen. Das Ende des Ost-West-Konfliktes bedeutete auch für diese Weltregion einen Umbruch. In allen Ländern setzte eine politische Liberalisierung ein, mit sehr unterschiedlichen Ergebnissen. Obwohl sich Menschenrechte und Meinungsfreiheit meist ausgeweitet haben und das Selbstbewusstsein der Zivilgesellschaft gewachsen ist – wie auf dem Bild von 2014 an den Massenprotesten gegen Langzeitherrscher Blaise Compaoré in Burkina Faso zu sehen –, konnte kein Land stabile, widerstandsfähige demokratische Institutionen etablieren. Die meisten Länder der Region pendeln zwischen einem moderaten Autoritarismus und Phasen der Demokratisierung. Klientelismus und Korruption sind allgegenwärtig. Manche Länder werden dazu von gewalttätigen Konflikten erschüttert und von islamistischen Extremisten bedroht.

Demokratisierung, Stabilität und Instabilität seit dem Ende des Kalten Krieges

Einer der Gründe für die Anfälligkeit der jungen politischen Systeme in den ehemaligen französischen Kolonien gegenüber Staatsstreichen und für das Übergewicht des Militärs in der Innenpolitik liegt in der Übernahme der französischen Verfassungsarchitektur. Während beispielsweise in Deutschland dem Präsidenten hauptsächlich repräsentative Aufgaben zufallen, konzentriert sich in politischen Systemen wie dem französischen die Macht im Präsidentenamt. Als Regierungchef fungiert dazu ein Premierminister. In der einstigen französischen Einflusszone in Westafrika wirkte sich diese Konstellation meist wie folgt aus: Erstens wurden zivilgesellschaftliche Institutionen nicht ausreichend stark berücksichtigt. Zweitens ergaben sich aus der doppelköpfigen Exekutive Konflikte zwischen Präsident und Premierminister. Drittens setzte sich fast überall der Präsident als eigentlicher Machthaber durch. Und viertens stützte er sich dabei maßgeblich auf das Militär. Korruption, Nepotismus und Patronage-Netzwerke durchzogen zudem Politik, Wirtschaft und Sicherheitsorgane.

Burkina Faso: Eine ambivalente Demokratiebilanz

Seit seiner Unabhängigkeit ist Burkina Faso von politischer Instabilität gekennzeichnet. Nur wenige Jahre nach der Unabhängigkeit, 1966, kam es zum ersten in einer ganzen Reihe von Militärputschen. Die Eliten Burkina Fasos hatten häufig kein Interesse an einer Entwicklung des Landes. Für sie zählte der Zugang zu wirtschaftlichen Ressourcen und die Aufrechterhaltung von eigener (politischer) Macht und des eigenen Prestiges.

Dies änderte sich teilweise in den 1980er Jahren. Thomas Sankara (1949–1987), Hauptmann der Armee, putschte 1983. Für Burkina Faso begann eine revolutionäre Phase. Bis heute ist der linksgerichtete Sozialrevolutionär Sankara ein Mythos für einen gerechten und integren afrikanischen Präsidenten (siehe den Infokasten auf S. 60 f.). Gleichwohl machte sich Sankara Feinde. Vor allem Stadtbewohner – darunter die städtischen Oberschichten – mussten durch die relative Stärkung der Bauern höhere Nahrungsmittelpreise in Kauf nehmen. Innerhalb des Revolutionsrats kam es nach einigen Konflikten zu einem gewaltsamen Putsch des Militärs und Sankara wurde getötet. Sein ehemaliger Gefolgsmann Blaise Campaoré (*1951) übernahm das Präsidentenamt und behielt es für die nächsten 27 Jahre. Die Revolution war beendet. Die Säulen des Systems Campaoré bestanden in der Begünstigung bestimmter sozialer Gruppen, vor allem der Gewerkschaften, der Angestellten des öffentlichen Diensts, der Armee und einiger politischer Parteien.

In die Herrschaftszeit Campaorés fielen die Versuche vieler afrikanischer Länder, die Demokratisierung voranzutreiben. Freie Medien etablierten sich und zunehmend gestalteten politische Parteien, Interessengruppen und soziale Bewegungen die öffentlichen Diskurse. Eine demokratische Konsolidierung blieb jedoch zumeist aus. Wahlen liefen nur eingeschränkt fair und frei ab. Das Standardmodell afrikanischer Staaten wurde die »defekte Demokratie«. Burkina Faso kann in dieser turbulenten Phase zwischen 1989 und 1992 als ein Sonderfall angesehen werden, denn trotz Unruhen und Demonstrationen der Zivilgesellschaft und trotz mancher Liberalisierung des politischen Systems blieb Campaoré Präsident. An den grundlegenden autoritären Machtstrukturen hatte sich wenig geändert: Nach wie vor konnte der Präsident alle demokratischen Akteure überstimmen. Alle Macht konzentrierte sich in seinen Händen.

Das Ende der Ära Campaoré begann 2014. Sein Versuch, die Verfassung zu ändern und eine fünfte Amtszeit anzutreten, mündete in massiven Demonstrationen. Die Parteien des Landes, die Zivilgesellschaft und externe Geber, vor allem Frankreich, erhöhten den Druck, ehe das Militär kurzzeitig die Macht übernahm. Die demokratischen Wahlen Ende 2015 gewann Campaorés früherer Minister und Parteifunktionär Roch Marc Christian Kaboré (*1957). Bereits 2016 kam es zu einem neuen Putschversuch des Militärs, jedoch blieb Kaboré nach wie vor Präsident. Die Zivilgesellschaft und ein großer Teil der Bevölke-

»Weihnachtskrieg«

Zu Weihnachten 1985, am 25. Dezember, drangen malische Streitkräfte in ein von Mali und Burkina Faso beanspruchtes Gebiet vor. Hintergrund des Angriffs war ein Grenzkonflikt, auch »Krieg um den Agacher-Streifen« genannt. Schon seit der Unabhängigkeit von Frankreich 1960 stritten sich das damalige Obervolta und Mali um das 160 km lange und 30 km breite Wüstengebiet, das reich an Bodenschätzen (u.a. Uran) ist. Im Dezember 1974 war es bereits zu einem zweitägigen Zusammenstoß zwischen den Armeen der beiden Länder gekommen.

Der Grenzkonflikt hatte seinen Ursprung in der Kolonialzeit. Burkina Faso wurde 1932 aufgelöst und zwischen den Nachbarkolonien Elfenbeinküste, Niger und Mali aufgeteilt. 1947 wurde Obervolta wiederhergestellt, und zwar innerhalb der Grenzen, die *vor* der Auflösung bestanden hatten. Nach Erlangung der Unabhängigkeit weigerte sich Mali, diese Grenze anzuerkennen. Stattdessen berief es sich auf eine administrative Änderung von 1935. Nach verbalen Streitigkeiten um die Grenze kam es schließlich zu der blutigen Konfrontation.

Unmittelbare Ursache soll die Stationierung burkinischer Sicherheitskräfte an der Grenze zu Mali gewesen sein. Burkina Faso begründete sie mit der Gewährleistung der Sicherheit anlässlich einer Volkszählung. Mali sah darin eine Annexion der umstrittenen Gebiete, mobilisierte seine Streitkräfte und rückte auf burkinisches Territorium vor. Einige Beobachter der Krise sahen in der Lesart Malis einen bloßen Vorwand für den Angriff. Der Einfluss von Sankaras Ideologie habe vielen Nachbarländern Sorge bereitet, die Mali schließlich dazu getrieben hätte, die burkinische Revolution zu beenden. Auch Marokko habe Mali mit Geld, Logistik und Waffen unterstützt. Das Maghreb-Land hegte Groll auf Sankara wegen seiner Anerkennung der Demokratischen Arabischen Republik Sahara.

Im Weihnachtskrieg fanden laut offiziellen Angaben der beiden Länder 45 Burkinabè und 11 Malier den Tod, er forderte zudem zahlreiche Verletzte. Andere Quellen berichten von etwa 100 burkinischen und 40 malischen Opfern. Der Krieg endete durch die Vermittlung afrikanischer Politiker. Der Grenzstreit wurde 1986 durch den Internationalen Gerichtshof in Den Haag gelöst. Der südliche Teil des Agacher-Streifens wurde Burkina Faso zugesprochen, Mali erhielt den nördlichen Teil. *WES* rung sind enttäuscht, dass die alten Eliten weiterhin die zentralen Regierungspositionen besetzen.

Burkina Fasos Demokratiebilanz zwischen 1980 und 2020 ist ambivalent. Sie bewegt sich zwischen politischer Instabilität und »defekter Demokratie«. Derzeit wird die Stabilität der Regierung durch Angriffe islamistischer Extremisten bedroht.

Die dauerhafte Instabilität Nigers

In den ersten drei Jahrzehnten nach der Unabhängigkeit 1960 bestand das politische System Nigers in einer autokratischen Herrschaft unterschiedlicher Militärregime. Die politische Instabilität war und ist eine der zentralen Ursachen für die sozialen und ökonomischen Krisen in diesem extrem armen Entwicklungsland. Hinzu kamen ethnisch-regionale Konflikte wie etwa zwischen den Hausa im Süden, den Songhai/Djerma, den Tuareg und den Fulani (Peul/Fulbe). Die sozioökonomische Lage hat sich bisher nicht substanziell verbessert (siehe den Beitrag von Julius Heß). Durch das Nebeneinander von politischer Instabilität, strukturellen Problemen und einer schwachen Entwicklungsbilanz lässt sich Niger beinahe als »failed state«, als gescheiterter Staat, bezeichnen. Trotz dieser Probleme nahm das Land mehrere Demokratisierungsanläufe.

1991 erreichten die in der »Nationalkonferenz« organisierten Gewerkschaften, Studenten und Parteien die Aufhebung der bisherigen Verfassung und die Absetzung der Regierung. 30 Jahre nach der Unabhängigkeit begann die erste Demokratie in Niger. 1993 wurde Mahamane Ousmane (*1950) demokratisch zum Staatspräsidenten gewählt. Aber kurz danach beendete das Militär, angeführt von Oberst Ibrahim Baré Maïnassara (1949–1999), durch einen Putsch das Demokratieexperiment. Zivilgesellschaftliche Gruppen und der Druck der Geberländer veranlassten das Regime Anfang 1996 zu erneuten demokratischen Wahlen, die Maïnassara unter Betrugsvorwürfen gewann. In dieser Phase war das politische System Nigers moderat autoritär. Maïnassara wurde 1999 getötet, wiederum fanden auf Druck der Geberländer Wahlen statt. Als Präsident des Landes setzte sich Tandja Mamadou (*1938) durch. Die demokratisch orientierte Regierung Tandjas zwischen 1999 und 2010 wurde durch ein Verfassungsreferendum und Wahlen legitimiert. In dieser relativ stabilen Phase wurden einige wichtige Reformen durchgeführt, doch endete sie abrupt durch einen erneuten Militärputsch. Vorausgegangen waren Versuche Tandjas, seine Amtszeit über die verfassungsgemäß vorgesehenen zwei Amtszeiten hinaus zu verlängern. Es folgten eine weitere Übergangsphase und neuerlich Wahlen, aus denen 2011 Mahamadou Issoufou (*1952) als Sieger hervorging. Issoufou wurde 2016 für eine zweite und damit verfassungsrechtlich letzte, fünfjährige Amtszeit gewählt.

Insgesamt machte das politische System Nigers in den letzten gut 30 Jahren einen komplizierten, fast schon chaotischen Eindruck: Demokratische Phasen, der Aufbau demokratischer politischer Institutionen und eine verbesserte Menschenrechtslage wechselten sich mit Staatsstreichen und autoritären Perioden ab. Die Sicherheitslage hat sich in den letzten Jahren verschlechtert. Befeuert wird die prekäre Lage noch durch Auseinandersetzungen zwischen der Regierung auf der einen Seite und Tuareg-Gruppen sowie islamistischen Extremisten auf der anderen. Die Instabilität Nigers ist ein Dauerzustand.

Tschad: Externe Stabilisierungen von Militärregimen

Kurz nach der Unabhängigkeit 1960 begann im Tschad ein Bürgerkrieg, der mit kurzen Unterbrechungen über Jahrzehnte anhielt. Als es libyschen Truppen gelang, einen großen Teil des tschadischen Staatsgebiets unter ihre Kontrolle zu bringen, intervenierte Frankreich Anfang der 1980er Jahre. Die französische Armee und das tschadische Militär gewannen mit Unterstützung der USA die Oberhand. Noch während der libyschen Besetzung errichtete Hissène Habré (*1942) seine brutale Diktatur, die bis 1990 andauerte. Habré werden ungefähr 40 000 politische Morde zur Last gelegt. 2005 erging ein internationaler Haftbefehl gegen Habré, 2016 wurde er vor einem von der Afrikanischen Union (AU) unterstützten Sondergericht in Senegal zu einer lebenslangen Haftstrafe verurteilt.

Der Toyota-Krieg

Pick-up-Trucks mit lafettierten Maschinengewehren oder Flugabwehr-geschützen sind zu einer Art Symbol der Kriegführung in Nordafrika und im Nahen Osten geworden. Einen ihrer ersten großen Erfolge feierten die heute als »Technicals« bekannten Allradfahrzeuge im tschadisch-libyschen Grenzkrieg 1986/87, der rückwirkend »Toyota-Krieg« genannt wurde. Seit den 1970er-Jahren beanspruchte der libysche Machthaber Muammar al-Gaddafi (1942−2011) den angeblich uranreichen Aouzou-Streifen im Norden des Tschad. 1973 ließ er das Wüstengebiet und später weite Teile des nördlichen Tschad mit Truppen besetzen und annektierte das umstrittene Territorium. Parallel zum 1965 ausgebrochenen tschadischen Bürgerkrieg kam es wiederholt zu Gefechten zwischen libyschen und tschadischen Truppen. Erst vier Jahre nach der Machtübernahme des Rebellenführers Hissène Habré begann im Dezember 1986 die tschadische Rückeroberung der von Libyen besetzten Gebiete. Unterstützt durch US-amerikanische und französische Waffenlieferungen erlangten Habrés Truppen mit ihren rund 400 geländegängigen Toyota-Pick-ups zahlreiche Siege gegen die zahlenmäßig überlegenen, aber auf dem Gefechtsfeld schwerfälligeren libyschen Streitkräfte. Die »Toyota-Armee« drängte die Besatzer bis zum Sommer 1987 nicht nur aus allen Gebieten südlich des Aouzou-Streifens, sondern operierte später im Jahr auch gegen Stellungen in Libyen. Allein in den Schlachten um Fada und Wadi Doum im nördlichen Tschad sollen tausende libysche Soldaten gefallen sein. Mit den von Frankreich gelieferten MILAN-Panzerabwehrraketen wurden angeblich mehrere hundert Panzer und andere Fahrzeuge zerstört. Die großen Verluste und internationaler Druck führten am 11. September 1987 zu einem brüchigen Waffenstillstandsabkommen. 1994 bestätigte der Internationale Gerichtshof der Vereinten Nationen den tschadischen Besitz des Aouzou-Streifens.

TK

1990 übernahm Idriss Déby (*1952) nach einer Rebellion die Macht. Wie in anderen ehemaligen französischen Kolonien folgten bald schon ein Verfassungsreferendum und Neuwahlen, die jedoch nur vermeintlich demokratisch waren. In den folgenden zehn Jahren etablierte Déby mit Unterstützung des Militärs seine

autoritäre Herrschaft. 2005 erreichte er durch eine Verfassungsänderung eine eigentlich nicht vorgesehene dritte Amtszeit.

Der Beginn der Ölförderung im Jahr 2004 veränderte die
politische Situation im Tschad grundlegend: Geberländer und
andere Staaten zeigten ein erhöhtes Interesse an dem Land; die
Regierung konnte sich durch die Ölprofite ihre Patronagenetz-
werke einfacher finanzieren und damit die Loyalität der Eliten
sichern. Hingegen verbesserte sich an der sozioökonomischen
Situation der Bevölkerung kaum etwas. Durch die EU-Mission
im Tschad und in der Zentralafrikanischen Republik (EUFOR
Tchad/RCA) 2008 und 2009 stieg der Tschad außerdem zu einem
wichtigen Partner der europäischen Kräfte auf. Als 2008 Rebellen aus dem Sudan auf die tschadische Hauptstadt N'Djamena
marschierten, rettete das Eingreifen französischer Soldaten die
Regierung Débys. 2016 begann Déby seine fünfte Amtszeit.

Während Déby innenpolitisch fest im Sattel sitzt, ist die au-
ßenpolitische Situation komplizierter. Islamistische Extremisten
und Milizen aus Libyen bedrohen die Stabilität einiger tschadi-
scher Regionen. Bei der Bekämpfung dieser Gruppen wird der
diktatorisch regierende Präsident von externen Akteuren wie
Frankreich und den USA unterstützt. Der Tschad gilt als gewichtiger regionaler Partner (siehe den Beitrag von Hans-Georg
Ehrhart). Die militärische Stärke seiner Armee nutzt der Tschad
innen- und außenpolitisch als ein Pfand für diese Unterstützung.
Im Angesicht der Bedrohung durch islamistische Gruppen erscheint vielen Partnern die Stabilität in der Region wichtiger als
die Menschenrechtsbilanz des Landes, weswegen die Opposition praktisch ohne Unterstützung bleibt.

Über 30 Jahre lang bestand im Tschad eine autoritäre (Mi-
litär-)Herrschaft. Autoritarismus und »defekte« demokratische
Phasen wechselten einander ab. Die Unterstützung Frankreichs
wirkte mehrmals als Rückversicherung gegen den drohenden
Staatszerfall. Die strukturellen Schwächen des extrem armen
Landes – Überbevölkerung, staatliche Schulden, Korruption und
Amtsmissbrauch – bestehen nach wie vor.

Mauretanien: Fragile Demokratie trotz ethnischer Konflikte

Mauretanien startete 1960 mit einem demokratischen Mehrparteiensystem in die Unabhängigkeit. Dieses wurde allerdings kurz darauf in ein autoritäres Einparteiensystem umgewandelt. Von 1978 bis 1984 wurde das Land von einer Reihe von Militärputschen erschüttert. Gleichzeitig kam es zu gewaltsamen Konflikten zwischen den arabisch-berberischen Mauren des Nordens und Westens und den im Süden lebenden subsaharisch-afrikanischen Ethnien. Zudem fand eine Islamisierung des Landes statt, die Scharia wurde eingeführt. Als Machthaber und Präsident setzte sich Maawiya Ould Sid'Ahmed Taya (*1941 oder 1943) durch: Er hielt sich von 1984 bis 2005 in seinem Amt. Nach einem erfolgreichen Putsch gegen Taya wurde ein Militärrat installiert. Nach Wahlen im Jahre 2007 kam es 2008 zu einem weiteren Putsch. Dennoch veränderte sich die politische Situation. Die Länge einer Präsidentschaft wurde auf zwei Amtszeiten begrenzt. Der Putschist und neue Machthaber Mohamed Ould Abdel Aziz (*1956) sah sich dem massiven Druck der Geberländer, der AU und einer sich offen artikulierenden Zivilgesellschaft gegenüber. 2009 musste er Präsidentenwahlen ausrufen, die er knapp gewann. Im Jahr 2014 wurde Aziz im Präsidentenamt bestätigt. Zur Präsidentschaftswahl im Juni 2019 konnte er verfassungsgemäß nicht mehr antreten; neuer Präsident seit August 2019 ist Aziz' langjähriger Gefolgsmann Mohamed Ould Ghazouani. In Aziz' Amtszeit fällt auch die – offizelle – Beendigung der Sklaverei. Während die Entscheidung im Inneren eine kontroverse Diskussion auslöste, verbesserte sich die Menschenrechtsbilanz erheblich. Geberländer reagierten mit der Gewährung weiterer Kredite und der Finanzierung von Entwicklungsprojekten. Häufig wird das Anti-Sklaverei-Gesetz jedoch unterlaufen, und nach Schätzungen soll es im Land nach wie vor rund 400 000 Leibeigene geben, das sind rund zehn Prozent der Bevölkerung.

Politische Herrschaft wurde in Mauretanien jahrelang durch Militärdiktaturen ausgeübt. Das politische System oszillierte zwischen moderaten Autokratien und defekter Demokratie, wobei seit 2010 das Pendel in Richtung Liberalisierung schwingt.

Kämpfe innerhalb der Machtelite werden weniger gewalttätig ausgetragen als etwa im Tschad. Dennoch steht das Land vor fundamentalen Problemen: Die Konflikte zwischen den einzelnen Ethnien schwelen weiter. Ein Ausgreifen der Aktivitäten von Extremisten könnte die derzeitige politische und ökonomische Entwicklung gefährden.

Malis Staatszerfall

Lange galt Mali als »Musterdemokratie«. Die Übergangsphase Malis 1991 und 1992 war regelrecht vorbildlich für Subsahara-Afrika. Dazu trugen die Herausbildung demokratischer politischer Institutionen, Wahlen und ein Friedensvertrag mit Tuareg-Gruppen bei. Die beiden Präsidenten Alpha Oumar Konaré (1992–2002) und Amadou Toumani Touré (2002–2012) waren hoch angesehen in der internationalen Politik. Im Vergleich zu den außenpolitischen Erfolgen blieb die innenpolitische Entwicklung trotz hoher Geberzuflüsse hinter den Erwartungen zurück: Die Armut konnte nicht verringert werden und die wirtschaftliche Entwicklung stagnierte. Das Vertrauen in die Politik sank zunehmend. Letztendlich trugen aber externe Faktoren zum Scheitern Malis als Staat bei. Die im hochgelobten Friedensvertrag zwischen Tuareg-Gruppen und der Regierung vereinbarten Maßnahmen wurden in weiten Teilen nicht umgesetzt. Dazu kam das Einsickern islamistischer und krimineller Milizen aus Libyen. Ohne eine Intervention von außen wäre Mali mit hoher Wahrscheinlichkeit entweder zu einem autoritären islamischen bzw. islamistischen Staat geworden oder gar zerfallen. Die drei Beiträge von Georg Klute/Baz Lecocq, von Torsten Konopka sowie von Andreas Dittmann/Jonas Schaaf diskutieren die staatliche Schwäche Malis sowie die wiederkehrenden Krisen im Detail.

Siegmar Schmidt

Die früher überwiegend als Nomaden lebenden Tuareg konnten sich der Kolonialisierung durch Frankreich lange erfolgreich widersetzen. Schließlich unterwarfen die Franzosen die Tuareg und verwalteten sie über Mittler und lokale Autoritäten, was die Tuareg bis zum Ende der Kolonialzeit nicht von Aufständen abhielt.

Die aus dem Süden des Landes stammenden Machthaber des unabhängigen Mali versuchten wiederum, die Tuareg zwangsweise zu modernisieren. Hiergegen rebellierten diese bereits 1963/64, jedoch erfolglos. Unter den aus dem Land vertriebenen Führern und Intellektuellen der Tuareg formierte sich, mit libyscher Unterstützung, die Keimzelle weiteren Widerstands. Anfang der 1990er Jahre gab es erneut Aufstände im Norden Malis, in deren Folge sich die Tuareg auch untereinander bekämpften. Mit – später nicht erfüllten – Zusagen über die Gewährung von Autonomie seitens der malischen Regierung ließ sich der Krieg beenden. Dennoch begann bereits im nächsten Jahrzehnt eine neue, nur kurzfristig militärisch unterdrückte Rebellion. Im 2012 begonnenen Krieg schafften es rebellierende Tuareg schließlich für kurze Zeit, die Macht im Norden zu übernehmen und den ideologisch mittlerweile tief verankerten eigenen Staat »Azawad« zu proklamieren. Das Foto zeigt Mitglieder der Bewegung »Mouvement National de Libération de l'Azawad« (MNLA) nur wenige Tage nach Ausrufung des Staates Azawad am 6. April 2012. Auf der Beifahrertür des Pickups prangt die Flagge des neuen Staates.

Separatistische Bestrebungen der Tuareg in Mali

Grenzziehung und Staatenbildung der Kolonialmächte führten dazu, dass sich das Siedlungsgebiet der Tuareg heute auf die folgenden souveränen Länder verteilt: Algerien, Burkina Faso, Libyen, Mali und Niger. Die »Herren der Wüste« widersetzten sich zunächst der Eingliederung und Herrschaft durch die Kolonialmächte Frankreich und Italien (Libyen). Sie blieben auch Gegner ihrer Einbindung in die postkolonialen Staaten. Drei Besonderheiten kennzeichnen den Wunsch der Tuareg nach einem eigenen Staat: erstens ist ihr Siedlungsgebiet zwischen fünf postkolonialen Staaten aufgeteilt worden; zweitens sind irredentistische Forderungen nach einer Vereinigung aller Tuareg in einem Flächenstaat nie offiziell laut, geschweige denn unterstützt worden; drittens haben Tuareg-Vertreter in Mali bis zur im Oktober 2011 erfolgten Gründung der Separationsbewegung »Mouvement National de Libération de l'Azawad« (MNLA) den Wunsch nach nationaler Unabhängigkeit in offiziellen Verhandlungen mit den Staaten, gegen die sie kämpften, nie angesprochen.

Das politische System der Tuareg und der aufgezwungene Kolonialstaat

Seit Langem leben die Tuareg in den Gebirgszügen der Zentralsahara – Ajjer, Hoggar (Ahaggar), Aïr und Adagh n'Ifoghas (Adrar des Iforas) –, in den benachbarten Ebenen der Sahel-Sahara am südlichen Rand der Wüste und im inneren Nigerbogen. Sie sind ausnahmslos Muslime, aber nicht für alle Tuareg hat der Islam dieselbe identitätsstiftende Bedeutung. Bis zur zweiten Hälfte des 20. Jahrhunderts lebten viele Tuareg als Nomaden von Viehzucht und Karawanenhandel. Die Dürren der 1970er und 1980er Jahre führten dazu, dass viele Tuareg ihre Ökonomie und ihre Lebensweise ändern mussten; neben der Viehzucht betrieben sie nun vermehrt Ackerbau oder arbeiteten als abhängig Beschäftigte in Dörfern und Städten der benachbarten Länder.

Seit jeher waren die Tuareg in mehreren ähnlich strukturierten Stammesverbänden politisch organisiert, die über bestimmte Teile der Tuareg-Welt und vor der kolonialen Eroberung auch über benachbarte Völker herrschten. Die Stammesverbände stritten um politischen Einfluss und wirtschaftliche Ressourcen, sodass sich unter den Stämmen eine Hierarchie herausbildete. Gegen die kolonialen Eroberer leisteten die meisten Tuareg-Gruppierungen erheblichen Widerstand, und es gelang ihnen mehrmals, französische Expeditionen zu besiegen. Wenngleich sich alle Stammesverbände am Anfang des 20. Jahrhunderts geschlagen gaben, brachen während des Ersten Weltkriegs zahlreiche Revolten aus. Der andauernde Widerstand kleinerer Gruppen führte dazu, dass man erst 1934 von einer »Pax Gallica« sprechen konnte.

Nach der Eroberung und »Befriedung« nahmen die Tuareg einen privilegierten Platz in der kolonialen Vorstellung der Franzosen ein. Das »koloniale Privileg« hatte jedoch zweifelhafte Auswirkungen. Während die Tuareg in Mali weder Zwangsarbeit noch Militärdienst leisten mussten, waren sie gleichzeitig bis Mitte der 1940er Jahre von »westlicher« Bildung ausgeschlossen. Die Sicht der Tuareg auf diese Zeit ist heute äußerst ambivalent. Zwar hegen viele gegenüber ihren früheren Kolonialherren, insbesondere den Franzosen, wohlwollende Gefühle, aber die Erinnerung an den Widerstand gegen die »westlichen Ungläubigen« ist bis heute lebendig.

Die Rebellionen der 1990er Jahre in Mali

1990 erhoben sich einige Tuareg im Norden Malis gegen den Staat. Ende Juni griff eine Gruppe spärlich bewaffneter Rebellen die Stadt Ménaka in Nordmali an und eröffnete damit die Kampfhandlungen. Die Rebellen organisierten sich als »Mouvement populaire pour la libération de l'Azawad« (MPLA). Damals errang die MPLA einige Siege über die malische Armee. Ungefähr 200 erfahrene Guerillas wandten eine hochbewegliche motorisierte Guerillataktik an. Die malischen Streitkräfte waren gezwungen, zwei Drittel ihrer Verteidigungsstärke einzusetzen: ungefähr 4000 Soldaten. Die meisten Opfer bei den Vergeltungs-

Die Kampfweise der Tuareg

Die Aufstände von Tuareg-Gruppen seit den 1990er Jahren zeigen, dass die Tuareg ihre traditionelle Kampfweise mit modernen Mitteln verbinden konnten. Eingehend beschreibt dies der Ethnologen Georg Klute, der sich seit über 20 Jahren auch vor Ort mit den Kriegen der Tuareg wissenschaftlich befasst.

Ursprünglich zumeist als Nomaden lebend, führten die Tuareg auch ihre Kämpfe in der für Nomaden typischen Form: sie griffen ihre Gegner meist überraschend an, indem sie die Geschwindigkeit von Pferden oder Kamelen nutzten, um sich dann in den Nahkampf zu stürzen. Mit dem Einsatz präziser Feuerwaffen und schließlich sogar gepanzerter Gefechtsfahrzeuge durch die Kolonialmächte gingen diese Vorteile verloren.

Erst durch den Erwerb geländegängiger Fahrzeuge konnten die Tuareg wieder Elemente der traditionellen nomadischen Taktik anwenden. Ähnlich wie andere Rebellengruppen der außerwestlichen Welt verwenden sie seit dem Aufstand der 1990er Jahre typischerweise Toyota-Pick-ups (siehe Infokasten auf S. 70). Bereits für den Grenzschmuggel hatten sich die Tuareg die Technik dieser Fahrzeuge angeeignet und sie an ihre Lebensräume angepasst. Sie statten die Geländewagen mit selbstgefertigten Extratanks und zusätzlichen Stoßdämpfern sowie improvisierten Staubfiltern aus. Um möglichst lange unentdeckt zu bleiben, tarnen sie die Fahrzeuge mit Wüstenfarben und nutzen während der Fahrt die Konturen des Geländes aus. Als Bewaffnung montieren sie schließlich Maschinengewehre mit Dreibein auf die Ladefläche.

Üblicherweise befinden sich bis zu zwölf Mann auf einem Fahrzeug, von denen drei einschließlich Kommandant im Fahrerhaus sitzen. Die übrigen Kämpfer befinden sich auf der Ladefläche. Von diesen bedient einer das Maschinengewehr, ein weiterer ist mit Panzerfaust und die restlichen zehn sind mit Sturmgewehren bewaffnet. Nur im Notfall, etwa bei einem unvorhergesehenen Treffen mit dem Gegner, kämpfen die Tuareg unmittelbar vom fahrenden Fahrzeug herab. In der Regel sitzen sie ab und kämpfen zu Fuß. Wenn sie von einem überlegenen Gegner überrascht werden, reißen die Fahrer meist das Steuer herum und ziehen Kurven, um eine Staubwand zu erzeugen. Hinter dieser weichen sie entweder aus oder lassen die Kämpfer absitzen und in

Stellung gehen. Da die Trucks über eine große Reichweite verfügen sowie finanziell günstiger und leichter in Stand zu halten sind als gepanzerte Fahrzeuge, hat auch die reguläre malische Armee vermehrt Pick-ups in ihr Arsenal aufgenommen.

Zumindest aus den 1990er Jahren sind mehrere Fälle überliefert, in denen Tuareg-Kämpfer selbst zahlenmäßig deutlich überlegene Gegner im Nahkampf angegriffen haben. Georg Klute führt dies auf ihre traditionellen Ehrvorstellungen zurück, die die Anwendung von Distanzwaffen als feige verachten. *PM*

maßnahmen der malischen Armee waren Zivilpersonen, sodass die Zivilbevölkerung mit den Rebellen sympathisierte und sich viele junge Männer der MPLA anschlossen.

Außer dem Tuareg-Aufstand bedrängte eine demokratische Oppositionsbewegung in Bamako das malische Regime unter Moussa Traoré. Um einen der Konflikte zu lösen, unterzeichnete Traoré im Januar 1991 eine durch Algerien vermittelte Waffenstillstandsvereinbarung mit der MPLA. Die Verträge legten einen Sonderstatus für den Norden von Mali fest, was praktisch einer Autonomie für die Tuareg gleichkam. Dies rettete das Regime aber nicht. Traoré wurde am 26. März 1991 in einem Staatsstreich gestürzt, dem tagelange Demonstrationen und Gewaltakte in Bamako vorausgegangen waren.

Die Tuareg konnten indes die erfolgreiche Rebellion politisch nicht nutzen. Seit Januar 1991 zersplitterte die Rebellenbewegung entlang regionaler und sozialer Linien angesichts gewalttätiger interner Konflikte, die bis Oktober 1994 andauerten.

Die Abweichler organisierten sich in der Bewegung »Front populaire pour la libération de l'Azawad« (FPLA). Einige Monate später wurde unter anderem durch Angehörige der Imghad-Tuareg die »Armée révolutionaire pour la libération de l'Azawad« (ARLA) gegründet. Die arabischen Nomadengruppen in Mali bildeten Ende 1990 die Rebellenfraktion »Front islamique arabe de l'Azawad« (FIAA). Die mehrheitlich den Ifoghas-Tuareg entstammenden Anführer der MPLA änderten schließlich unter Iyad ag Ghali den Namen ihrer stark verkleinerten Bewegung in »Mouvement populaire de l'Azawad« (MPA).

Auf den Sturz des Diktators Traoré folgte eine demokratische Regierung unter Präsident Alpha Oumar Konaré. Dieser hatte im April 1992 unter der Vermittlung Frankreichs und Mauretaniens ein neues Friedensabkommen, den Nationalen Pakt, unterzeichnet, der ein wirtschaftliches Sonderprogramm für den Norden vorsah und ehemalige Aufständische in die malischen Streitkräfte einbinden wollte. Dieses Programm wurde nie umgesetzt, die Integration der Ex-Rebellen in die malischen Streitkräfte erwies sich als schwierig. Folglich »desertierten« viele ehemalige Aufständische und schlossen sich bestehenden Bewegungen an, die sich dem Nationalen Pakt widersetzten, oder sie gründeten neue Bewegungen mit kaum definierten Zielsetzungen.

Somit gingen auch die Kämpfe weiter, obwohl der Nationale Pakt den Aufstand offiziell beendet hatte. Von Januar 1993 bis Oktober 1994 bekämpften sich die Aufstandsbewegungen der Tuareg untereinander, wobei die Zahl der Splittergruppen stetig wuchs. Der Hauptkonflikt bestand zwischen der MPA auf der einen und ARLA und FPLA auf der anderen Seite. Mit logistischer Unterstützung der malischen Armee gelang es der MPA schließlich, die Kontrolle über die meisten der Aufstandsbewegungen zu gewinnen.

Mittlerweile operierten bewaffnete Banden ehemaliger Aufständischer außerhalb ihrer Gruppierungen. Andere Bevölkerungsgruppen gründeten Milizen, die wiederum Übergriffe gegen Tuareg-Zivilisten und arabische Bewohner in den größeren Städten im Norden Malis zu verantworten hatten. Die bekannteste dieser Bewegungen rekrutierte sich aus Angehörigen der Songhai-Ethnie und wurde »Ganda Koy« genannt – »Herrscher über das Land« in der Sprache der Songhai. Ungefähr 100 000 Tuareg und Araber flohen in die Nachbarländer.

Mittlerweile war die Zivilbevölkerung im nördlichen Mali der Situation jedoch so überdrüssig geworden, dass traditionelle Führungspersönlichkeiten Treffen zur Versöhnung aller ethnischen Gruppen in Nordmali veranlassten. Hieraus ging Anfang 1995 der Bourem-Pakt hervor: eine lokale Initiative, jenseits von staatlichen Strukturen oder Aufstandsbewegungen. Am 26. März 1996 fanden die lokalen Initiativen mit einer feierlichen Zeremonie, der »La Flamme de la Paix«, in Timbuktu ihren Höhepunkt. Hierbei wurde ein Friede geschlossen, der zwar zerbrechlich, aber dennoch von beinahe zehnjähriger Dauer war.

Dezentralisierung der Verwaltung und Demokratisierung in Mali bedeuteten für die Tuareg, dass sie ihr politisches Leben freier gestalten konnten. Einige Tuareg stiegen zu Ministern auf. Dennoch blieb Gewalt Teil des politischen Prozesses. Der Besitz von Schusswaffen hatte sich bei den Tuareg allmählich zur Alltäglichkeit entwickelt.

Am Anfang des 21. Jahrhunderts stieg die wirtschaftliche Bedeutung der Sahara durch Tourismus und Migration, Handel und Schmuggel, die Suche nach Bodenschätzen und den Ausbau der Verkehrs- und Kommunikationsinfrastruktur stark an. Von noch größerer Bedeutung ist die geostrategische Dimension. Als Teil des Kampfes gegen den Terrorismus – »War on Terror« – nach den Anschlägen vom 11. September 2001 wandten die USA ihre Aufmerksamkeit der Peripherie der muslimischen Welt zu, darunter auch dem Sahel und der Sahara. Diesen Schwerpunkt hatten sie mit ihren Gegnern, den Verfechtern des weltweiten Dschihad, gemeinsam (siehe den Beitrag von Marc Engelhardt).

Die Konflikte Mitte der 2000er Jahre

Im Jahr 2006 flammten in Mali und Niger erneut Konflikte auf. Interne Machtkämpfe in den Tuareg-Gemeinden von Nordmali führten im Mai zur Gründung einer neuen Rebellenbewegung, der »Alliance démocratique du 23 Mai pour le changement« (ADC). An deren Spitze standen mehrere ehemalige Führer der MPA, die in höhere Dienstgrade der malischen Armee aufgestiegen waren. Die mehrheitlich aus Ifoghas bestehende Bewegung um Ibrahim ag Bahanga, den desertierten Oberstleutnant Hassan ag Fagaga sowie später auch Iyad ag Ghali erhob keine klar formulierten Forderungen, kritisierte aber heftig die ungleiche Entwicklung in Nord- und Südmali wie auch die nicht erfolgte Umsetzung des Nationalen Paktes von 1992. Die ADC schlug Verhandlungen unter der Vermittlung von Algerien vor, denen die Regierung von Mali im Juni 2006 in Algier zustimmte.

Auf ihrer Website behauptete die ADC in keinerlei Verbindung mit islamistischen Extremisten zu stehen. Um diese Aussa-

ge zu beweisen, griff die ADC Camps der »Groupe Salafiste pour
la Prédication et le Combat« (GSPC, später »Al-Qaeda in the Islamic Maghreb«, AQIM; siehe den Beitrag von Marc Engelhardt)
in Nordmali an. Die malische Nationalversammlung billigte die
Vereinbarung von Algier Anfang 2007, was zur Auflösung der
ADC im März desselben Jahres führte. Einige Tuareg-Abtrünni-
ge um Ibrahim ag Bahanga lehnten die Vereinbarung jedoch ab
und gründeten im September 2007 die »Alliance Touarègue du
Nord Mali pour le changement« (ATNMC).

Weder die ADC noch die ATNMC fanden allgemeinen Zu-
spruch unter den Tuareg. Beide galten als Ergebnisse lokaler
Machtpolitik. Diese Sicht wurde durch die Tatsache untermauert,
dass die Armeeeinheit, die die neuen Bewegungen bekämpfte,
unter der Führung des ehemaligen, nun in die malische Armee
integrierten Tuareg-Rebellen El Hajj ag Gamou stand. Seine
Einheit, ausschließlich Tuareg seiner eigenen Imghad-Gruppe,
gewann im Februar 2009 die militärische Auseinandersetzung
gegen die ATNMC. Ibrahim ag Bahangas flüchtete nach Libyen.
Der militärische Konflikt war vorläufig beendet.

Azawad, islamischer Anspruch und die Internationalisierung des Konflikts

Im Oktober 2010 gründeten junge Tuareg in Nordmali das »Mouvement national de l'Azawad« (MNA), eine zivile Bewegung, die
durch politische Aktivitäten Autonomie in Mali erreichen wollte.
Die Regierung ignorierte die Forderungen der Bewegung und
nahm zwei ihrer Führer fest. Der Arabische Frühling und vor
allem die Revolution in Libyen hatten weitere Auswirkungen.
Anfang 2011 rekrutierte der libysche Machthaber Muammar
al-Gaddafi (1942–2011) Tuareg und andere Sahelbewohner im
Kampf gegen libysche Revolutionäre. Nach dem Sturz Gaddafis
im August 2011 kehrten viele der Tuareg mit schweren Waffen
nach Mali zurück.

Während die Mehrheit der Rückkehrer, die in der libyschen
Armee gedient hatte, die Aufnahme in die malische Armee for-
derte, was teilweise auch erfolgte, schlossen sich andere der
MNA an und gründeten das »Mouvement National pour la Li-

Tuareg-Rebellionen im Niger

Nicht nur Mali, auch sein östlicher Nachbar Niger wurde in der Vergangenheit wiederholt von Rebellionen von Tuareg-Gruppen erschüttert. Wie in Mali sind die nigrischen Tuareg eine Minderheit und machen nur rund zehn Prozent der Bevölkerung aus. Allerdings sind sie die drittgrößte Ethnie des Landes. Auch wenn Tuareg in der ersten Regierung des unabhängigen Landes vertreten waren, fühlten sich viele von ihnen infolge des Staatswerdungsprozesses, der damit einhergehenden Machtverschiebung in Richtung Süden und der Dürren der 1970er und 1980er Jahre marginalisiert. Zudem lag und liegt das Hauptsiedlungsgebiet der nigrischen Tuareg im Nordwesten Nigers, der aufgrund seiner Uranvorkommen die größten Staatseinnahmen generiert, aber lange Zeit nur geringen Ertrag für die lokale Entwicklung abwarf. Trotz vergleichbarer sozialer Bedingungen kam es nie zur Verbindung der malischen und nigrischen Tuareg im Kampf um mehr Einfluss. Regional- und vor allem Claninteressen sind höher anzusiedeln als ein grenzübergreifendes Gefühl »einer Tuareg-Ethnie«.

Die erste nigrische Tuareg-Rebellion von 1990 ging auf die Rückkehr von mehreren Tausend Tuareg-Flüchtlingen aus Algerien und Libyen zurück, wo sie seit den Dürren gelebt hatten. Versprochene Mittel für die Rückkehrer wurden jedoch nicht bereitgestellt. Als junge Tuareg in der Stadt Tchintabaraden, rund 260 Kilometer südwestlich von Agadez, im Mai 1990 nigrische Beamte töteten, antwortete die Regierung mit Gewalt. Bei Vergeltungsmaßnahmen kamen vermutlich mehrere Hundert Tuareg ums Leben. Auch aufgrund dieser Ereignisse brach im Juli 1990 die zweite Tuareg-Rebellion in Mali aus.

In Niger dauerte es bis zum Herbst 1991, ehe sich die Rebellengruppe »Front pour la libération de l'Aïr et de l'Azaouak« (FLAA) um Rhissa ag Boula formierte. Erklärtes Ziel ihres mit geringer Intensität geführten Guerillakampfs war die Schaffung eines autonomen Gebiets im Norden. Wie in Mali zersplitterten die Rebellen aber auch in Niger entlang ethnischer und territorialer Linien. Erst nach der Wahl von Mahamane Ousmane (*1950) im März 1993 zum neuen Präsidenten trat die Regierung mit den Rebellen in Verhandlung und schloss bis 1998 vier verschiedene Verträge. Diese sahen die Dezentralisierung des Staates, die Integration der Rebellen in die Sicherheitskräfte und den Staatsapparat sowie die wirtschaftliche Entwicklung des

Nordens vor. Trotz der Integration von rund 1500 Ex-Kombattanten in den Sicherheitssektor und der Ernennung von Rhissa ag Boula zum Tourismusminister erfolgte die Umsetzung der weiteren Versprechen auch aufgrund fehlender Ressourcen nur schleppend.

Anfang 2007 entstand mit dem »Mouvement des Nigériens pour la justice« (MNJ) eine neue Gruppe, die schnell Zulauf von unzufriedenen Jugendlichen und Angehörigen der nigrischen Diaspora erhielt. Offizielles Ziel der Rebellion waren erneut eine gerechte Teilhabe am Abbau der Bodenschätze im Norden und mehr Mittel für die dortige Entwicklung. Im Gegensatz zur Rebellion der 1990er Jahre fehlte der MNJ aber der Rückhalt in der kriegsmüden Bevölkerung. Zu ihrer weiteren Delegitimierung trugen Kriminelle in ihren Reihen bei, welche die Regierung dazu bewegten, die MNJ als Banditen zu bezeichnen und mit äußerster Härte gegen die Rebellen, aber auch gegen Tuareg-Zivilisten vorzugehen. Eine Vereinigung mit den in Mali zur gleichen Zeit kämpfenden Rebellen unter Ibrahim ag Bahanga zur »Alliance Touarègue Niger–Mali pour le Changement« (ATNMC) scheiterte aufgrund unterschiedlicher Interessen. Der libysche Machthaber Muammar al-Gaddafi (1942−2011) vermittelte zwischen den nigrischen Rebellen und der Regierung und erreichte im April 2009 durch finanzielle Versprechungen die Entwaffnung der Aufständischen.

Vor allem der seit 2011 regierende nigerische Präsident Mahamadou Issoufou (*1952) wollte die Tuareg stärker in den Staat einbinden. Im April 2011 ernannte er den Targi (männliche Einzahl von Tuareg) Brigi Rafini (*1953), der nicht an den Rebellionen teilgenommen hatte, zum Premierminister. Ahmed Mohammed (*1955), ein Targi aus Tchirozérine, wurde 2011 zum stellvertretenden Chef des Generalstabs der Streitkräfte und 2018 zum Generalstabschef ernannt. Von der Europäischen Union geförderte Entwicklungsprogramme und eine größere lokale Teilhabe am Uranabbau verhinderten, dass die Rückkehr Tausender, teils kampferprobter Tuareg aus Libyen Anfang 2012 auch in Niger zu einer neuen Rebellion führte. Verschont vom malischen Konflikt blieb Niger allerdings nicht. Im Mai 2013 verübten Attentäter Anschläge in Agadez und Arlit. Darüber hinaus operiert seit 2015 die Gruppe »Islamic State in the Greater Sahara« (ISGS) im Grenzgebiet zwischen Mali und Niger und greift regelmäßig nigrische Sicherheitskräfte und Zivilisten an. *TK* bération de l'Azawad« (MNLA). Die neue nationalistische Bewegung der Tuareg verfügte somit über einen gut ausgestatteten militärischen sowie über einen medien- und somit interneterfahrenen politischen Flügel.

Im November 2011 organisierte die MNLA einige Demonstrationen in Nordmali, bei denen sie die Selbstbestimmung oder die Unabhängigkeit für »Azawad« forderte. Die MNLA war die erste Separatistenbewegung der Tuareg, die sich offen dazu bekannte, für einen unabhängigen Staat Azawad zu kämpfen.

Die aus den libyschen Arsenalen entwendeten Waffen machten auch der internationalen Gemeinschaft Sorgen, da sie in die Hände von AQIM fallen konnten. Auf Druck der USA und Frankreichs verstärkte die malische Regierung im Dezember 2011 ihre militärische Präsenz im Norden. Dies und die Tatsache, dass Tuareg, die libysche Soldaten gewesen waren, nur verzögert in die malische Armee aufgenommen wurden, boten den Anlass für den erneuten Ausbruch von Feindseligkeiten. Am 17. Januar 2012 begann die MNLA ihre Angriffe in Nordmali. Innerhalb von zweieinhalb Monaten gelang es ihr, alle Städte und Dörfer im Norden zu erobern und die malische Armee dort vollständig zu besiegen. Am 6. April verkündete die Bewegung die Unabhängigkeit von Nordmali und die Gründung ihres eigenen Staates »Azawad«.

Zwei Faktoren begünstigten den Erfolg der Aufständischen: Am 21./22. März putschte eine Gruppe von rangniedrigen Offizieren und setzte den malischen Präsidenten Amadou Toumani Touré ab. Die Putschisten kritisierten die mangelhafte Ausstattung der Armee und Tourés Umgang mit den Tuareg. Der Staatsstreich verbesserte die militärische Lage jedoch nicht, sondern ließ die Befehlsketten zusammenbrechen. In der Folge erreichte der Nachschub die im Norden kämpfenden Truppenteile nicht mehr. Einige Verbände, die sich selbst überlassen waren, zogen sich angesichts der sich auf dem Vormarsch befindenden Rebellen einfach zurück.

Der zweite Faktor, der den Erfolg der Rebellen erklärt, war die Allianz der MNLA mit Gruppierungen islamistischer Ausrichtung, insbesondere mit der »Ansar Dine« um Iyad ag Ghali. Diese ist nicht mit der populären, gleichnamigen Bewegung des Predigers Chérif Ousmane Madani Haidara in Südmali zu ver-

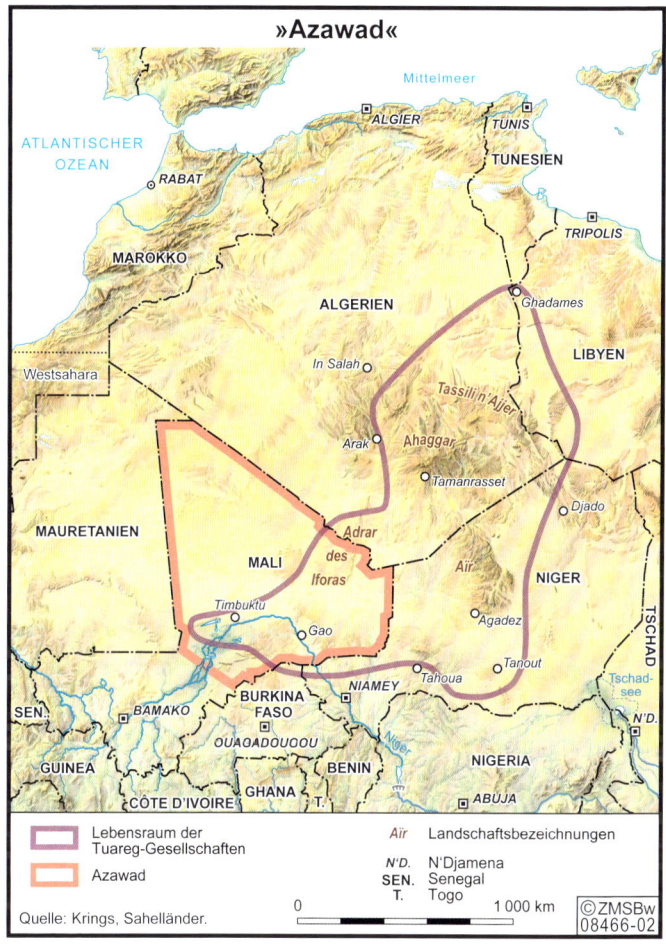

»Azawad«

Lebensraum der Tuareg-Gesellschaften	*Aïr* Landschaftsbezeichnungen
Azawad	N'D. N'Djamena
	SEN. Senegal
	T. Togo

Quelle: Krings, Sahelländer.

0   1 000 km

©ZMSBw
08466-02

wechseln. Die Ansar Dine um Iyad ag Ghali beteiligte sich an der Eroberung der Regionalhauptstadt Kidal und der an der malisch-algerischen Grenze gelegenen Stadt Tessalit. Den Aufständischen gelang es Tessalit einzunehmen, obwohl die malische Armee, die vor Ort eine wichtige Garnison sowie einen auch von der US-Luftwaffe genutzten Militärflugplatz unterhielt, mit

Kampfhubschraubern, Kampfjets und gepanzerten Fahrzeugen für Verstärkung sorgte und sie von US-Kräften unterstützt wurde. Auf der Regierungsseite führten Tuareg-Einheiten der malischen Armee unter anderem mit dem damaligen Colonel-Major El Hajj ag Gamou die Operationen gegen die Rebellen an, unter ihnen Rückkehrer aus Libyen. Tuareg kämpften also auf beiden Seiten.

MNLA und islamistisch ausgerichtete Gruppierungen schlossen aus rein pragmatischen Gründen Allianzen, denn beide Seiten verfolgen unterschiedliche Ziele. Die Forderung der MNLA, einen Staat Azawad zu gründen, stand in scharfem Kontrast zur islamistischen Ideologie der anderen Gruppierungen. Am Tag der Unabhängigkeitserklärung durch die MNLA sagte ein Sprecher von Ansar Dine, dass die Bewegung gegen die Neugründung eines Staates sei und für die Verbreitung des Islam in ganz Mali kämpfen werde.

Die unterschiedlichen Ziele führten einige Zeit später zur Teilung des eroberten Raums. Jede Gruppierung schnitt sich ihren Teil von Azawad heraus, insgesamt waren es 800 000 km^2 oder zwei Drittel des malischen Staatsgebietes. Die Koexistenz der bewaffneten Gruppen war nur von kurzer Dauer. Bereits Ende Juni 2012 wurde die MNLA nach blutigen Kämpfen vom »Mouvement pour l'Unicité et le Jihad en Afrique de l'Ouest« (MUJAO), einer Ende 2011 gegründeten und anscheinend von Islamisten mauretanischer Herkunft dominierten Splittergruppe der AQIM, aus Gao vertrieben. Hiermit verlor die MNLA den größten eroberten Ort im Norden Malis und somit die von ihnen proklamierte Hauptstadt des Staates Azawad. Die MNLA hatte die Unterstützung der Einwohner verloren, da ihre Kämpfer sich undiszipliniert verhielten: Sie stahlen, plünderten und vergewaltigten Frauen in den von ihnen besetzten Gebieten. Die MNLA verfügte nicht über die Fähigkeit, Verwaltungsstrukturen aufzubauen, die öffentliche Ordnung sicherzustellen, ein Rechtssystem einzuführen und, was am wichtigsten war, den Schutz der Bevölkerung zu gewährleisten. Knapp ein halbes Jahr, nachdem er proklamiert worden war, schienen der Staat Azawad und der Traum von der Unabhängigkeit ihr Ende gefunden zu haben.

Die Sezessionsbestrebungen der MNLA und die Durchsetzung einer islamischen Gesellschaftsordnung, die von vielen Beobachtern als unzeitgemäß und willkürlich betrachtet wurde, erregten internationale Aufmerksamkeit. Schließlich verhandelten die einzelnen Akteure: MNLA und Ansar Dine auf der Seite der Tuareg, die afrikanischen und »westlichen« Staaten, Afrikanische und Europäische Union (AU und EU), die Westafrikanische Wirtschaftsgemeinschaft (Economic Community of West African States, ECOWAS), Organisationen der Vereinten Nationen und der VN-Sicherheitsrat auf der anderen Seite. Das wichtigste Ergebnis war im Herbst 2012 die Entscheidung der malischen Regierung und der ECOWAS, militärisch in Mali einzugreifen, um den Norden zurückzuerobern. Im Dezember verabschiedete der VN-Sicherheitsrat eine von der französischen Regierung eingebrachte Resolution, auf deren Grundlage französische und afrikanische Truppen Anfang 2013 nach dem Vormarsch der Islamisten in Zentralmali und der Bitte um Hilfe durch die malische Übergangsregierung intervenierten.

Ausblick

Nach dem überraschenden Vorstoß von Ansar Dine in Zentralmali Anfang Januar 2013 und nach der prompten Reaktion der französischen Streitkräfte war der Konflikt in Mali endgültig international geworden. Das vorrangige Ziel der Intervention, die Wiederherstellung der territorialen Integrität Malis, konnte durch die Rückeroberung aller großen Städte des Nordens bereits im Frühjahr 2013 erreicht werden. Auch wenn die von der MNLA geführte Rebellenkoalition von der Forderung nach vollständiger Unabhängigkeit in den anschließenden Friedensgesprächen abweichen musste, stellt sich angesichts des nur schleppenden Friedensprozesses und der nach wie vor angespannten Sicherheitslage im Norden Malis die Frage, ob damit tatsächlich alle sezessionistischen Projekte der malischen Tuareg auf absehbare Zeit eingestellt worden sind.

Georg Klute und Baz Lecocq
(Der Beitrag ist eine gekürzte Fassung von: G. Klute and B. Lecocq, Tuareg Separatism in Mali and Niger. In: Wolfgang Zeller, Jordi Tomás (Eds.), Secesionismo en Africa, Barcelona 2010.)

picture alliance/AP Photo

Extremismus in den Ländern des westlichen Sahel ist kein neues Phänomen. Ableger von al-Qaida – auf dem Bild eine Frau in Burkina Faso
mit dem Bildnis von Osama Bin Laden auf ihrem T-Shirt – und des sogenannten Islamischen Staates, die zuletzt zahlreiche brutale Anschläge verantwortet haben, erwecken diesen Eindruck, doch er ist falsch.
Tatsächlich sind einige führende Extremisten seit den 1990er Jahren in
der Region aktiv, die ihre Loyalitäten immer wieder gewechselt haben.
Staatsgrenzen spielen für sie keine Rolle, auch wenn ihr Kampf eher
regionale und kaum globale Hintergründe hat. Flexibel sind die Extremisten auch bei der Wahl ihrer Ideologie. Der senegalesische Analyst Gilles
Olakounlé Yabi charakterisiert sie passend als »Gangster-Dschihadis«:
mafiös vernetzte Kriminelle, die den rechtsfreien Raum in der Wüste erhalten wollen, in dem sie ihre illegalen Geschäfte abwickeln. Ihr Ziel ist
nicht in erster Linie ein Gottesstaat, sondern maximaler Profit.

Extremismus im westlichen Sahel

Eine der wichtigsten Figuren der kriminell-dschihadistischen Netzwerke im Sahel ist Mokhtar Belmokhtar, geboren am 1. Juli 1972 in Ghardaia, einer Provinzhauptstadt im Süden Algeriens. Als Jugendlicher trat er der algerischen Armee bei. Ab 1991 kämpfte er in Afghanistan aufseiten der Mudschaheddin gegen die von Moskau unterstützten Regierungstruppen. Als er 1992 vom Krieg gezeichnet nach Algerien zurückkehrte, hatte seine Heimat sich grundlegend verändert. Das Militär hatte die Wahlen annulliert, nachdem die »Islamische Heilsfront« (Front islamique du salut, FIS) sie für sich entschieden hatte. Die FIS wurde verboten, im Untergrund formierte sich die GIA (Groupe Islamique Armé). Belmokhtar schloss sich jedoch nicht der GIA, sondern einem Schmugglerring an, der Waffen und Zigaretten von Mauretanien durch Mali nach Algerien schafft. Quer durch die Sahara führen die Schmugglerpisten bis an die algerische Küste, wo die Ladungen mit Booten nach Italien gebracht und von dort in ganz Europa verteilt werden. Die Strecke von Kidal durch die algerische Sahara kannte, so hieß es, niemand so gut wie Belmokhtar, der wegen der Zigarettenschmuggelei bald den Beinamen »Mr. Marlboro« erhielt.

Erst als der Einfluss der 1998 von der GIA abgespaltenen GSPC (Groupe Salafiste pour la Prédication et le Combat) in der Region zu wachsen begann, schlossen Belmokhtar und sein vielleicht engster Kampfgefährte aus Afghanistan, Abderrazak El Para, sich der Bewegung an und übernahmen bald die Führung des Sektors in Südalgerien. Viele andere Mitglieder der GSPC, die der ersten Generation islamistischer Kämpfer in Afrika zuzurechnen sind, hatten in Afghanistan gekämpft und die Umwandlung der Mudschaheddin zu einem globalen Netzwerk verfolgt. Auch wenn sich die GSPC erst 2006 offiziell al-Qaida anschloss und sich in AQIM (al-Qaida in the Islamic Maghreb) umbenannte, standen sich die Gruppen ideologisch und von der Vorgehensweise her von Beginn an nahe.

Vormarsch nach Süden

Von Algerien aus breitete sich die GSPC nach Süden aus, mit dabei stets auch Belmokhtar. Rückhalt auf der malischen Seite der Grenze sicherte sich Belmokhtar auf überlieferte Art und Weise: Er heiratete in einen der wichtigsten Tuareg-Clans ein, die Barabsha. Familienbande sind in diesem Teil der Welt eine der besten Absicherungen. Der GSPC und später al-Qaida schlossen sich des Weiteren Flüchtlinge aus der 1975 von Marokko annektierten Westsahara an. Viele harrten in den Wüstenlagern rund um die algerische Stadt Tindouf aus, nicht weit von Belmokhtars Heimatregion. Ihr Motiv für den bewaffneten Kampf: Frustration und Perspektivlosigkeit. Sahrauis, Bewohner der Westsahara, waren 2011 an der Einnahme des Nordens Malis beteiligt und bereits davor an dem schmutzigen Geschäft, das den Extremisten das nötige Kapital sicherte: der Entführung von Touristen und Mitarbeitern von Hilfsorganisationen. Im Jahr 2003 wurden in der Sahara 32 europäische Urlauber entführt und für mehrere Monate gefangengehalten. Die Entführung zeigte erstmals, dass die Extremisten ihr Operationsgebiet von Algerien weit nach Süden verlegt haben.

In den Monaten und Jahren danach häuften sich Belege für GSPC-Operationen im weitgehend vom Staat unkontrollierten Norden Malis. Im Juli 2005 lieferte sich eine Einheit von Belmokhtar Kämpfe mit der algerischen Armee – auf malischem Boden. Denn Belmokhtar hatte sein Hauptquartier von seiner Geburtsstadt Ghardaia in die Region rund ums malische Timbuktu verlegt. Die GSPC-Kämpfer wurden durch Heiraten und Allianzen allmählich zu einem kaum noch unterscheidbaren Teil der Gesellschaft im Norden Malis. Die Assimilation der Gangster-Dschihadisten machte die Rekrutierung malischer Jugendlicher aus der Region in ihre Reihen möglich. Diese gehören zur zweiten Generation von Extremisten im Sahel. Sie haben nie in Afghanistan gekämpft und kennen den militanten Islamismus und al-Qaida als globales Phänomen mit 9/11 als zentralem Machtbeweis. Sie fristen ihr Leben in entlegenen Regionen, die von den Zentralregierungen in Bamako abgeschrieben worden sind, und sind auf der Suche nach Arbeit, Einkünften und damit verbunden nach Status (siehe den Beitrag von Rikke Haugegaard). All das boten Belmokhtar und die anderen Anführer extremistischer Zellen, die sich zu großer Zahl zunächst im Norden Malis ansiedelten. Das Kommando hatten aber weiterhin die aus Algerien stammenden Afghanistan-Veteranen.

Geschäftsmodell »Entführungsindustrie«

Die Einkünfte aus den Entführungen waren lange Zeit eine der wichtigsten Finanzquellen der Terroristen. Lösegelder gingen dem Vernehmen nach schnell in die Millionen. Die Nutzung der »Marke« al-Qaida nach der Umbenennung von GSPC in AQIM Anfang 2007 sorgte für noch mehr Angst und Schrecken bei den Opfern und den (zahlenden) Regierungen bzw. für mehr Renommee bei neuen Rekruten und Unterstützern. Der beninisch-französische Afrikaexperte Serge Daniel sprach von einer regelrechten »Entführungsindustrie«, die AQIM laufend mit frischem Geld versorgte. Auf ihrer Jagd nach Opfern stießen Einheiten von AQIM bis nach Niger vor, so wie im Fall von vier Besuchern eines Tuareg-Festivals im äußersten Osten Malis Anfang 2009: Ein Schweizer Ehepaar, eine Deutsche und ein Brite wurden auf dem Rückweg vom Festival in Richtung von Nigers Hauptstadt Niamey entführt. Die Entführer schlugen aus einem Hinterhalt zu. Ein weiteres Fahrzeug mit europäischen Urlaubern wurde beschossen, konnte aber entkommen. So gelangte die Information von dem Überfall rasch nach Deutschland. Die Bundesregierung bildete einen Krisenstab, auch die Behörden in der Schweiz, in Großbritannien und in Mali bemühten sich um die Freilassung der Geiseln.

AQIM nutzte das weitgehend unkontrollierte Wüsten-Dreiländereck zu diesem Zeitpunkt bereits seit Längerem für den Drogenschmuggel, das Schleusen von Flüchtlingen und die »Entführungsindustrie«. Mit ihren Einnahmen unterstützen die Terroristen auch die Rebellion der Tuareg-Bevölkerung, die ein Ende ihrer Benachteiligung durch die Zentralregierung fordern. Für AQIM galt: je mehr Krieg und Chaos, desto besser für das Geschäft.

Die Grenzen zwischen AQIM, Tuareg-Rebellen und Banditen waren fließend. Man arrangierte sich und teilte im Zweifel die Einkünfte. Im Frühjahr 2009 forderte AQIM im Gegenzug für die vier Europäer die Freilassung zweier Extremisten aus Mauretanien, die in Mali festgehalten wurden, und Lösegeld. Für die Schweizerin, die nach drei Monaten als erste freikam, soll die Bundesregierung in Bern unbestätigten Berichten zufolge mindestens 4 Mio. Schweizer Franken gezahlt haben. Die Entführer waren gut informiert und wussten offenbar sehr genau, wieviel Geld sie von welcher Regierung verlangen konnten. Außer der Nationalität spielte auch die berufliche Position der Geiseln eine Rolle, um die Höhe des Lösegelds festzulegen. Je engagierter eine Nation im Anti-Terror-Kampf und je höher die Stellung der Geisel innerhalb dieses Staates, desto höher war die von den Entführern erwartete Summe. Malis Regierung behauptete in den Verhandlungen von 2009, einer der mauretanischen Kumpane, dessen Freilassung die Entführer forderten, sei inzwischen tot. Die Entführer zeigten sich flexibel: Dann sollten eben andere Gefangene freigelassen werden. In den Verhandlungen spielte all das letztlich keine Rolle, wie sich später herausstellte: Es ging in erster Linie um Geld. Die Gleichung der Kidnapper ging dennoch auf. Wer Lösegeld fordert, gilt »nur« als Entführer, wer zusätzlich die Freilassung islamistischer Gefährten verlangt, als Dschihadist. Europäische Medien folgen dieser Darstellung ebenso wie die eingeschüchterte Bevölkerung vor Ort.

Kopf des Entführungsteams war ein alter Kampfgefährte Belmokhtars aus Afghanistan, Abdelhamid Abu Said. Auch er schlug nach dem Einsatz in Afghanistan eine Karriere als Schmuggler ein. Der kleine, hagere Mann galt selbst in den eigenen Reihen als kaltblütig und brutal, aber auch als äußerst erfolgreich. Der Algerier Abu Said, der Anfang 2013 nach offiziellen französischen Meldungen bei Kämpfen im Norden Malis getötet wurde, soll für mindestens 20 Entführungen von Europäern verantwortlich sein, für die Verschleppung von zwei österreichischen Touristen in der tunesischen Sahara im Februar 2008 etwa und die Entführung von Franzosen in Niger, die erst nach drei Jahren Geiselhaft (und acht Monate nach Abu Saids Tod) Ende Oktober 2013 freigekommen sind. Die Beispiele zeigen, wie entscheidend die Ausweitung der Kampfzone von Nord-Mali aus in weitere Teile des Sahel für das erfolgreiche Entführungsgeschäft war. Die »Ressource Tourist« war begrenzt, und jede Gruppe wollte sie für sich sichern. Kooperationen zwischen Männern wie Belmokhtar oder Abu Said gibt es, wenn überhaupt, nur punktuell, wenn sie beiden Seiten Erfolg versprechen. 2012 nahm Abu Said mit seinen Truppen bespielsweise die malische Wüstenstadt Timbuktu ein. Das hatten erst seine geschickte Bündnispolitik wie auch die Lösegelder ermöglicht, die aus der »Entführungsindustrie« stammten. Seine Kampfkasse war prall gefüllt, als er sich 2012 dem Sturm der Tuareg-Rebellen und den verbündeten Kämpfern von Ansar Dine (siehe den Beitrag von Georg Klute und Baz Lecocq) in den Norden Malis anschloss.

Geschäftsmodell Drogenschmuggel

Nach Algerien spielt Mali eine zentrale Rolle bei der Ausbreitung des Extremismus im westlichen Sahel. Doch Afrikas »Bogen der Instabilität« zieht sich von Mauretanien über Mali und den Niger bis in den Tschad und von dort weiter nach Osten. Der Drogenschmuggel nach Europa lief in den 2010er Jahren immer häufiger von Mauretanien und Guinea-Bissau über die Sahara-Routen nach Europa. Mindestens 18 Tonnen Kokain sind nach Berechnungen des Büros für Drogen- und Verbrechensbekämpfung der Vereinten Nationen (United Nations Office on Drugs and Crime, UNODC) 2011 von Lateinamerika durch die Sahara nach Europa gelangt, Verkaufswert: mehr als 900 Mio. Euro. Der Handel mit den illegalen Drogen hat nach Ansicht von Experten der Vereinten Nationen das Potenzial, die ganze Region zu destabilisieren (siehe den Beitrag von Rikke Haugegaard). Das gesamte Militärbudget eines durchschnittlichen westafrikanischen Landes, so betonen sie, sei niedriger als der Wert einer Tonne Kokain.

Dass AQIM von den Drogentransporten profitierte, gilt als unstrittig. Mit ihrem Einstieg Mitte der 2000er Jahre sollen die geschmuggelten Kokainmengen dramatisch zugenommen haben, zeigen Untersuchungen des Kofi Annan Peacekeeping Training Centre in Ghana. Al-Qaida habe die Verbindungen zu internationalen kriminellen Netzwerken und das nötige Know-how zur Verfügung gestellt, Schmuggler wie Belmokhtar und Abu Said ihr regionales Wissen und die nötigen Kuriere. Gut 500 Mio. US-Dollar, so schätzt UNODC, blieben jedes Jahr entweder als

Gewinn in Westafrika oder wurden zumindest dort gewaschen, mit verheerenden Folgen auch für die Staaten, die südlich des Sahelgürtels liegen. Die zunehmende Destabilisierung Burkina Fasos kann auf diese Weise ebenso erklärt werden wie die immer gefährlichere Lage im Norden Benins und Togos oder die Unterwanderung der Politik Ghanas durch Drogenkartelle, die große Geldmengen in dem lange boomenden Staat anlegen. Selbst in entlegenen Saheldörfern lagern extremistische Gruppen Hunderte Kilo Kokain zwischen, um es von dort schrittweise nach Norden zu transportieren. Das haben Recherchen nach dem Absturz eines Flugzeugs von Drogenkurieren in der malischen Wüste 2009 gezeigt.

Gaddafis Ende und die Destabilisierung der Region

Viele dieser Geschäfte liefen jahrelang im Verborgenen. Die kriminellen Extremistennetzwerke verfügten und verfügen vermutlich bis heute über exzellente Verbindungen in Regierungskreise und zu westlichen Botschaften. Zudem partizipieren auch Sicherheitskräfte und örtliche Vertreter des im Sahel notorisch schwachen Staates an diesem System. Die auch in der Öffentlichkeit wahrnehmbare Militarisierung extremistischer Kräfte ab 2011 war eine direkte Folge des Zusammenbruchs des Regimes des libyschen Machthabers Muammar al-Gaddafi nach dessen Tötung im gleichen Jahr. Dadurch kamen die Extremisten in den Besitz sowohl leichter und als auch schwerer Waffen (inklusive Boden-Luft-Raketen), von Sprengstoff und gepanzerten Fahrzeugen. Zudem flohen Tausende von Gaddafi angeheuerte Söldner, die sich auch auf die Seite der verschiedenen Extremistengruppen schlugen. Das bislang vorherrschende Gleichgewicht wurde durch das plötzliche Angebot an kriegsentscheidendem Gerät empfindlich gestört. Mali, aber auch Niger, der Tschad, Nord-Nigeria und Algerien wurden in der Folge weiter destabilisiert. Den notorisch klammen Staaten standen die vermögenden und dadurch erstarkten Gangster-Dschihadisten gegenüber, die sich entscheidende Vorteile erkaufen konnten. Die Einnahme Nord-Malis im Frühjahr 2012 ist in diesem Kontext zu sehen.

Boko Haram – Gewalt am Tschadsee

Die islamistische Gruppe »Boko Haram« ist das größte Sicherheitsrisiko in der Region des Tschadsees. Seit 2009 gehen mehr als 20 000 Tote auf ihr Konto. Obwohl sie überwiegend im Nordosten Nigerias operiert, kam es seit Anfang 2014 wiederholt zu Überfällen im Norden Kameruns und vereinzelt in Niger und Tschad. Besonders betroffen in Niger ist die Region Diffa im Südosten. Seit 2015 kam es auch im Tschad wiederholt zu Anschlägen. Der Name der für die Gewalt verantwortlich gemachten Gruppe setzt sich aus dem Hausa-Wort »boko« (im übertragenen Sinne »nicht-islamische Bildung/Tradition/Kultur«) und dem arabischen Wort »haram« (etwa »verboten« oder »sündhaft«) zusammen und wird im deutschen Sprachgebrauch meist mit »westliche Bildung/Kultur ist verboten/Sünde« übersetzt. Selbst nannte sich die Gruppe lange Zeit »Jama'atu Ahlis-Sunna Lidda'awati Wal-Jihad« (Vereinigung der Sunniten für den Ruf zum Islam und für den Dschihad). Im März 2015 bekundete Boko Haram Loyalität gegenüber der syrisch-irakischen Organisation des »Islamischen Staates« und nannte sich in »Islamic State of West Africa Province« (ISWAP, arab. Wilayat Gharb Afriqiyah) um. Im Zuge eines Führungsstreits zersplitterte die Gruppe jedoch im August 2016 in mindestens zwei Teile.

Die Gruppen wollen einen islamischen Staat auf alleiniger Basis des Korans und der Hadithe sowie einer radikalen Auslegung der Scharia-Gesetzgebung gründen. Die Gründung von Boko Haram als Ableger radikal-islamischer Gruppen wird um das Jahr 2002 vermutet. Zu dieser Zeit predigte der charismatische Korangelehrte Muhammed Yusuf (1970−2009) in der nigerianischen Stadt Maiduguri. Angesichts der großen Armut, der hohen (Jugend-)Arbeitslosigkeit sowie der grassierenden Korruption sollte die Besinnung auf die ursprünglichen Werte des Islam zur Verbesserung des Lebens führen. Seit 2003 kam es zu mehreren Zusammenstößen zwischen radikalisierten Gruppen und der Polizei. Die nicht minder brutalen Gegenmaßnahmen der Sicherheitskräfte mündeten im Juli 2009 in einem Aufstand von Yusufs Anhängern: über 800 Menschen starben, darunter auch Yusuf im Polizeigewahrsam.

Nach seinem Tod übernahm offiziell sein angeblicher Stellvertreter Abubakar Shekau (geb. um 1969) die Führung. Unter ihm erfolgten seit Mitte 2010 Anschläge auf Polizeigebäude, Kasernen oder Kirchen.

Die Finanzmittel der Gruppe stammten überwiegend aus Banküberfällen, Erpressungen und Entführungen, ein Großteil der Waffen aus nigerianischen Armeebeständen. Zudem soll es einen moderaten Austausch mit vor allem in Algerien und Mali operierenden islamistischen Gruppen gegeben haben. Trotz der Loyalitätsbekundung zum IS blieb der Fokus von Boko Haram aber regional.

Schätzungen gehen von mehreren Tausend Extremisten aus, die in der Region operieren. Vor allem die Führungsspitzen der Fraktionen sollen sich mehrheitlich aus der Kanuri-Ethnie rekrutieren (siehe den Beitrag von Gerald Hainzl). Diese macht zwar nur rund vier Prozent der nigerianischen Gesamtbevölkerung aus, konzentriert sich aber vor allem im Nordosten Nigerias und hat Angehörige in den Nachbarstaaten, was die Rekrutierung über Landesgrenzen hinweg erleichtert.

Nach einem kurzen Strategiewechsel hin zu einer stärkeren konventionellen Kriegführung 2014 und 2015 verlor die Gruppe infolge einer Offensive der nigerianischen, kamerunischen, nigrischen und tschadischen Streitkräfte bis Ende März 2015 fast ihr gesamtes Gebiet. Auch wenn Nigeria im Anschluss wiederholt den Sieg über Boko Haram verkündete, wird die Region des Tschadsees nach wie vor von Anschlägen erschüttert.

Die Gewalt in der Region ist in erster Linie ein sozioökonomisches und politisches, kein militärisches oder gar religiöses Problem. Der Islam dient primär als Mobilisierungsfaktor und zur Legitimation der Gewalt. Die Kernprobleme des Konflikts sind gesellschaftliche und politische Missstände: Korruption, mangelhafte Entwicklung und das oft unverhältnismäßige Vorgehen von Sicherheitskräften gegen Zivilisten. Die Nachhaltigkeit der militärischen Erfolge durch die seit Anfang 2015 laufenden Operationen der Nachbarstaaten ist daher ohne wirtschaftliche und soziale Reformen fraglich.

TK

Die meisten von Gaddafis Söldnern waren zudem Tuareg, die nach den Rebellionen der 1990er Jahre bis zu den Aufständen in Nord-Niger 2007 nach Libyen geflohen waren und dort in die Armee und andere Sicherheitsstrukturen eingebettet wurden. Ähnliches galt für von Gaddafi unterstützte Rebellen aus Mali und dem sudanesischen Darfur. Dazu kamen erst in den letzten

Gefechten Gaddafis 2011 Tausende kampfunerprobte Männer, die von libyschen Botschaften im Sahel angeworben worden waren. Alleine aus dem Tschad soll es sich um 2500 Männer gehandelt haben.

Die Rückkehr vor allem der aus Mali stammenden Tuareg-Kämpfer sorgte für mehr Konkurrenz zwischen den bewaffneten Gruppen und damit auch für interne Machtkämpfe, die eine Eskalation der Gewalt auslösten. In Niger konnte diese durch die Einbindung der Tuareg in eine neue Regierung zunächst vermieden werden. Im Tschad destabilisierte die Rückkehr vor allem der von Gaddafi lange Zeit im Darfur-Konflikt unterstützten Rebellen der »Bewegung für Gleichheit und Gerechtigkeit« (Justice and Equality Movement, JEM) die Lage in der Heimatregion des tschadischen Präsidenten Idriss Déby (*1952) im Nordosten des Landes, was Débys Kurs der Annäherung an den Sudan gefährdete und auch zu Auseinandersetzungen innerhalb der bewaffneten Gruppen führte. Der Norden des Tschad wurde zudem zunehmend zum Rückzugsraum für bewaffnete Extremisten, den der Staat nicht mehr kontrollieren konnte. Das liegt auch daran, dass Libyen als regionaler Faktor vollständig ausgefallen ist. Gaddafi hatte zwar Rebellengruppen finanziert und damit zur Destabilisierung etwa der Lage im Tschad und im Sudan beigetragen, aber auch seinen finanziellen und militärischen Einfluss bei Friedensverhandlungen geltend gemacht, wenn es ihm geraten schien. Heute sind zahlreiche Extremistengruppen für solche Einflussnahmen unerreichbar, die Lage ist unübersichtlicher geworden. Das zeigt sich nicht zuletzt in der Entwicklung Malis seit dem Krisenjahr 2012 (siehe den Beitrag von Torsten Konopka).

Marc Engelhardt

picture alliance/Nicolas Remene/Le Pictorium/MAXPPP/dpa

Anfang 2013 eroberten französische, malische und weitere afrikanische Streitkräfte die großen Städte Nordmalis zurück, die ein Jahr zuvor an Dschihadisten gefallen waren. Nach der Befreiung entwickelte sich jedoch ein zähes Ringen um eine politische Lösung des Konflikts, bei dem sich die Regierung in Bamako, säkulare Rebellen und andere bewaffnete Akteure gegenüberstanden. Gestört wurde und wird die Umsetzung eines im Sommer 2015 vereinbarten Friedensvertrags durch Spannungen innerhalb der verschiedenen Bevölkerungsgruppen des Landes sowie durch gegensätzliche Macht- und Wirtschaftsinteressen der Eliten.

Wiederholte Angriffe dschihadistischer Gruppen, die ihre eigenen Wirtschafts- und Machtinteressen unter dem Vorwand religiöser Ideologie zu verteidigen suchen, steigende Kriminalität, die daraus resultierende Unsicherheit sowie Übergriffe staatlicher Kräfte auf Zivilisten führten auch zu einem massiven Anstieg der Gewalt im Zentrum des Landes. Schon lange gibt es nicht mehr »den malischen Konflikt«, sondern nur noch verschiedene Konfliktherde mit lokalen Dynamiken. Dass in Mali zeitnah Frieden einkehrt, ist mehr als fraglich. Das Bild an einer Wand beim 1996 errichteten Denkmal »Flamme des Friedens« im Abaradjou-Viertel von Timbuktu zeigt einen Tuareg und einen malischen Soldaten. »La Paix« (Frieden) bezieht sich auf das Ende der Tuareg-Rebellion im Norden des Landes Mitte der 1990er Jahre.

Mali seit 2013: Gefangen in der Gewaltspirale?

Als Anfang 2012 der Konflikt in Nordmali ausbrach, handelte es sich um die Rebellion einer lokalen Minderheit aus der Region Kidal, die als »Mouvement National pour la Libération de l'Azawad« (MNLA) nach Unabhängigkeit strebte. Diese Konfliktlinie änderte sich im Sommer 2012. Infolge eines Militärputsches brachen zunächst die staatlichen Strukturen im Norden zusammen, ehe Dschihadisten die säkularen Rebellen aus ihren eroberten Gebieten verdrängten (siehe den Beitrag von Georg Klute und Baz Lecocq). Anfang 2013 vertrieben französische, malische und andere afrikanische Truppen wiederum die Dschihadisten und rieben sie zu einem Großteil auf. Die nach Unabhängigkeit strebenden Kräfte erhielten erneut Auftrieb.

Mit internationaler Unterstützung für die in der zweiten Jahreshälfte 2013 neu gewählte malische Regierung begannen im Juli 2014 unter Führung Algeriens langwierige Verhandlungen mit den Rebellen. Weiterhin fanden allerdings Gefechte zwischen Rebellen und Milizen statt, die für die nationale Einheit eintraten. Zudem verzögerten Spannungen zwischen den nördlichen Bevölkerungsgruppen den Friedensprozess. Erst am 20. Juni 2015 unterzeichneten die Rebellen einen bereits zuvor von der Regierung und national orientierten Milizen akzeptierten Friedensvertrag. Dieser erkannte die nationale Einheit, die territoriale Integrität und den säkularen Charakter des malischen Staates an. Er war die Grundlage für die Errichtung einer Entwicklungszone im Norden, für eine stärkere dezentrale Administration sowie ein Programm zur Entwaffnung, Demobilisierung und Reintegration (Disarmament, Demobillization and Reintegration, DDR) bzw. die Integration von Ex-Kombattanten in die malischen Sicherheitskräfte (siehe den Infokasten auf S. 112). Seit seiner Unterzeichnung wird die Umsetzung des Vertrags jedoch durch anhaltendes Misstrauen zwischen den Konfliktparteien sowie den zunehmenden Aktionsradius der nicht am Friedensvertrag beteiligten Dschihadisten gestört. Darüber hinaus weckte der Friedensvertrag Begehrlichkeiten bei anderen Bevölkerungsteilen. Den unterzeichnenden Gruppen brachte er

Legitimation und Einfluss, sodass sich immer neue bewaffnete Gruppen bildeten, um am Friedensprozess teilzuhaben. Die malischen Kräfte kontrollieren mit den im Land stehenden französischen Truppen und den Soldaten der Vereinten Nationen (VN) nur die größeren Städte. In den ländlichen Gegenden übte die Regierung praktisch keine Macht aus, was zur Festigung paralleler Machtstrukturen und zu noch mehr Unsicherheit beitrug.

Nationale Konfliktlinie: Rückkehr zur Normalität?

Nach der internationalen Intervention Anfang 2013 machte die malische Regierung zumindest formell große Schritte zurück zu einer verfassungsrechtlichen Ordnung. Durch die von der internationalen Staatengemeinschaft als frei und fair bewerteten Präsidentschafts- und Parlamentswahlen besaß Mali ab Ende 2013 wieder international legitimierte Ansprechpartner. Schon früh bestanden aber Zweifel, ob mit der Wahl des ehemaligen Premierministers Ibrahim Boubacar Keïta (aufgrund des häufig vorkommenden Nachnamens im Volksmund nur »IBK« genannt) zum neuen Präsidenten ein Bruch mit der korrupten Vergangenheit gelegt wurde. Positive Schlagzeilen machte zunächst die Verhaftung des Putschisten General Amadou Sanogo. Dieser war Ende November 2013 im Zuge der Ermittlungen um die Niederschlagung des Gegenputsches vom April 2012 festgenommen worden. Es dauerte jedoch drei Jahre, ehe der Prozess begann, nur um wegen Verfahrensfehlern gleich wieder aufgeschoben zu werden.

Innenpolitisch war die erste Amtszeit von IBK von wiederholten Regierungswechseln geprägt, die ein kontinuierliches Arbeiten erschwerten. Innerhalb von fünf Jahren ernannte er fünf verschiedene Verteidigungsminister, drei Generalstabschefs und fünf Premierminister. Veruntreuungsvorwürfe gegen den Präsidenten sowie Anschuldigungen der Vetternwirtschaft schmälerten das Ansehen seiner Regierung weiter. Auch wurde die Rekrutierung in die Armee laut Opposition weiterhin von Günstlingswirtschaft bestimmt – 2017 und 2018 sollen insgesamt 10 000 Soldaten rekrutiert worden sein. Trotz alledem wurde IBK 2018 wiedergewählt.

picture alliance/AA/Habibou Kouyate

Der im Sommer 2013 gewählte Präsident Ibrahim Boubacar Keïta beim Tag der Streitkräfte in Kati, 20. Januar 2015.

Im Zentrum seiner ersten Amtszeit standen die Friedensverhandlungen. Diese zogen sich auch deswegen hin, weil die malische Regierung der nach mehr Autonomie strebenden Rebellenkoalition »Coordination des mouvements de l'Azawad« (CMA), bestehend aus der MNLA, dem »Haut Conseil pour l'Unité de l'Azawad« (HCUA) und einer Fraktion der Bewegung »Mouvement Arabe de l'Azawad« (MAA-Coordination), kaum Zugeständnisse machen wollte. Im Gegensatz zu den internationalen Akteuren sah die Regierung in der CMA eine größere Gefahr als in den Dschihadisten. Die mehrheitlich im Süden lebende Bevölkerung sollte die Vereinbarungen nicht als Bevorzugung des Nordens und als eigene Marginalisierung wahrnehmen.

Gleichzeitig blieb das malische Staatswesen im Zentrum und im Norden rudimentär. Viele Bewohner waren nach wie vor von staatlichen Dienstleistungen abgeschnitten. Dies lag zum einen an der nur sehr langsamen Rückkehr der 2012 geflohenen Staatsbeamten. Zum anderen waren die malischen Sicherheitskräfte trotz internationaler Unterstützung weiter außerstande, alleine für Sicherheit zu sorgen. Anstatt die von der Trainingsmission der Europäischen Union (EUTM Mali) vermittelten Ausbildungsinhalte zu verinnerlichen, wurden viele Einheiten vom Exerzierplatz direkt in den Norden verlegt. Zwar sollen sich die Reaktionsfähigkeiten der malischen Soldaten bei Angriffen verbessert haben. Die logistischen Kapazitäten und die Ausrüstung der malischen Armee sowie ihre Fähigkeiten zum Schutz der Bevölkerung blieben aber begrenzt. Die eigenen Verluste waren dementsprechend hoch. Zwischen 2016 und 2019 sind vermutlich über 600 malische Soldaten gefallen, fast 700 wurden verwundet.

Während die Verluste seit 2015 fast ausschließlich auf Angriffe von Dschihadisten zurückzuführen sind, traten die Defizite der malischen Armee am augenscheinlichsten im Mai 2014 zutage. Als der damalige Premierminister Moussa Mara die Stadt Kidal trotz heftiger Proteste der dortigen Bevölkerung besuchte, brachen aus ungeklärten Umständen Kämpfe zwischen malischen Truppen und Kombattanten der CMA aus. Beim erfolglosen Versuch der malischen Armee, die Stadt zurückzuerobern, starben laut Angaben der Vereinten Nationen 33 Soldaten. Die malische Armee zog sich vorübergehend bis auf die Städte Gao und Timbuktu aus fast allen Teilen des Nordens zurück. Erst Anfang 2020 wurden malische Soldaten erneut in Kidal stationiert. In der Zwischenzeit wurde das Machtvakuum nicht nur von den Rebellen und Dschihadisten genutzt, sondern mit der vermeintlichen Unterstützung des höchsten Targi (männliche Einzahl von Tuareg) der Armee, dem Imghad El Hajj ag Gamou, auch zur Gründung einer weiteren Miliz, der »Groupe autodéfense Touareg Imghad et alliés« (GATIA).

Konfliktlinien zwischen nichtstaatlichen Gruppen: CMA vs. Plateforme

Seit Beginn der Friedensgespräche mit der malischen Regierung im Juli 2014 wurde der Konflikt im Norden durch die noch immer bewaffneten Dachorganisationen CMA und »Plateforme« (Plateforme d'Alger de 14 juin 2014) geprägt. Innerhalb der CMA vereinigten sich Gruppen, die ursprünglich die Unabhängigkeit Nordmalis anstrebten, nun aber für größere Autonomie plädierten. Dagegen gründete sich die Plateforme aus Milizen, die vorgeblich ihre Gemeinden und die Einheit Malis verteidigten, aber für stärkere Dezentralisierung einstanden. Während sowohl der Kern der CMA als auch jener der Plateforme um die GATIA-Miliz, obwohl kein Gründungsmitglied, schnell aber ihre stärkste Partei, konstant blieben, wiesen Abspaltungen und Koalitionswechsel kleinerer Gruppen auf das opportunistische Verhalten der meisten Akteure hin.

Für Außenstehende glich die Situation seit 2013 derjenigen zwischen 1992 und 1996, als sich immer mehr bewaffnete Gruppen aufgrund zunehmender Kriminalität und der Verfolgung von Eigeninteressen entlang ethnischer und geografischer Linien gründeten (siehe den Beitrag von Georg Klute und Baz Lecocq). Auch im jüngsten Konflikt versuchte jede der teils ethnisch organisierten Gruppen möglichst großen politischen und wirtschaftlichen Einfluss zu erzielen und die eigene Position am Verhandlungstisch hinsichtlich der Neugestaltung des Nordens und der Entwaffnung ihrer Kämpfer zu optimieren. Zudem gilt es Handelsrouten und Grenzübergänge abzusichern, um beispielsweise durch Wegzölle am Transsaharahandel teilzuhaben. Dies belegen die Kämpfe um bedeutende Handelsknotenpunkte wie Ménaka und Anéfis 2015 und 2017.

picture alliance/Nicolas Remene/Le Pictorium/MAXPPP/dpa

Anhänger der HCUA im Kreis Goundam bei einer Patrouille, Mai 2019.

Der Friedensvertrag von Algier

Der »Vertrag für Frieden und Versöhnung in Mali« ist das zentrale Abkommen zur politischen Lösung der jüngsten multidimensionalen Krise und zur Wahrung der territorialen Integrität Malis. Vertragsparteien sind die malische Regierung und die in den zwei Allianzen »Coordination des Mouvements de l'Azawad« (CMA) und »Plateforme des Mouvements du 14 juin 2014 d'Alger« (Plateforme) organisierten Gruppen. Die nach vorherigen Sondierungsgesprächen endgültig im September 2014 in Algier aufgenommenen Verhandlungen standen unter dem Vorsitz von Algerien. Zur Gruppe der internationalen Mediatoren gehörten die Westafrikanische Wirtschaftsgemeinschaft ECOWAS, die Afrikanische und die Europäische Union, die Vereinten Nationen (VN), die Organisation für Islamische Zusammenarbeit, die Staaten Burkina Faso, Mauretanien, Niger, Nigeria und Tschad.

Die Unterzeichnung des Vertrags durch die Regierung und die Plateforme fand am 15. Mai 2015 in Bamako statt. Die CMA verweigerte zunächst ihre Unterschrift, die bei einer zweiten Zeremonie am 20. Juni 2015 in Bamako nachgeholt werden musste.

Inhaltlich bekannten sich alle Verhandlungspartner zur nationalen Einheit, zur republikanischen und laizistischen Staatsform sowie zur kulturellen und ethnischen Diversität Malis. Außerdem verpflichteten sie sich zu einer besseren Regierungsführung, zur Rechtsstaatlichkeit sowie zum Kampf gegen Korruption, Terrorismus und organisierte Kriminalität.

Das Abkommen sieht eine umfassende Reorganisation und Reform des malischen Staates vor. Als Verwaltungseinheiten neu geschaffene »Regionen« sollen künftig über weitreichende Hoheiten in wirtschaftlichen, sozialen und kulturellen Belangen einschließlich einer eigenen Polizei verfügen. Von der Bevölkerung zu wählende Regionalparlamente bestimmen jeweils einen Präsidenten. Letzterer steht der Regionalverwaltung vor. Auf der Ebene des Zentralstaats sollen die Regionen zukünftig im Rahmen einer neuen zweiten Parlamentskammer, dem Senat, eingebunden werden. Darüber hinaus sollen Malier aus den nördlichen Regionen umfangreicher in nationalen Institutionen repräsentiert sein.

Neben der Regionalisierung sind ferner die Entwaffnung, Demobilisierung und Reintegration (DDR, siehe Infokasten auf S. 112 sowie die Integration eines Teils der Kombattanten in die malischen Streitkräfte, eine Reform des Sicherheitssektors sowie ein umfangreiches Maßnahmenpaket für eine nachhaltige sozioökonomische Entwicklung der nördlichen Regionen vorgesehen. Ziel ist eine Angleichung des Entwicklungsstands des Nordens in den kommenden zehn bis 15 Jahren an den Rest des Landes. Darüber hinaus sieht der Friedensvertrag einen nationalen Versöhnungsprozess u.a. mit einer Wahrheits- und Versöhnungskommission und einer Konferenz zur nationalen Verständigung vor. Ferner bekennen sich die Vertragsparteien zu einer umfassenden Reform des Justizsystems sowie zum Kampf gegen Straflosigkeit insbesondere mit Blick auf Menschenrechtsverletzungen und Kriegsverbrechen.

Trotz anfänglicher Euphorie setzten die Vertragsparteien das Friedensabkommen bisher nur sehr schleppend um, abgesehen von partiellen Fortschritten u.a. beim DDR-Prozess, der Neugründung von Regionen sowie der Einbeziehung der Zivilgesellschaft. Ursächlich waren vor allem Interessenskonflikte zwischen und innerhalb der Regierung, CMA und Plateforme, unzureichende Kapazitäten der staatlichen Verwaltung und eine mangelnde Unterstützung seitens der Bevölkerung. Hinzu kam die verschlechterte Sicherheitslage.

Drei Jahre nach Unterzeichnung brachte der Sicherheitsrat der VN Ende Juni 2018 seine »tiefe Frustration« und »Ungeduld« über die fortdauernden Verzögerungen bei der Umsetzung des Abkommens auch eingedenk der beträchtlichen internationalen Unterstützung zum Ausdruck. An die Regierung, CMA und Plateforme gerichtet verwies der VN-Sicherheitsrat auf den sofortigen Handlungsbedarf und die dringende Notwendigkeit einer spürbaren Friedensdividende – auch um ein Scheitern des Abkommens und damit des bisherigen Friedensprozesses zu verhindern.

Fortschritte stehen auch nach den Präsidentschaftswahlen 2018 und Parlamentswahlen im März und April 2020 weiterhin aus. Es ist jedoch offenkundig, dass mit dem Friedensvertrag von Algier die Verantwortung für Frieden und Entwicklung primär in malischen Händen liegt.

JHF

Wie die Konflikte der 1990er und 2000er Jahre wird der jüngste Friedensprozess von Spannungen innerhalb der Tuareg-Gesellschaft überlagert. Während sich die MNLA und HCUA überwiegend aus »noblen« Tuareg-Clans rekrutieren, vertritt die GATIA die Tuareg der Imghad-»Vasallen«. Beide Organisationen konkurrieren daher auch um Fragen von Identität und Stellung in der gesellschaftlichen Hierarchie. Neben der Unterzeichnung des Friedensvertrags im Sommer 2015 schlossen Tuareg- und arabische Vertreter in der Folge auch wiederholt lokale Vereinbarungen zur Aussöhnung verschiedener Clans. Indes kollaborierten vor allem französische Kräfte mit ausgewählten Gruppen, wie der GATIA oder der MSA (Mouvement pour le salut de l'Azawad). Trotz gravierender Menschenrechtsverletzungen stärkte dies deren Legitimation und trug zur weiteren Verschiebung der Kräfteverhältnisse im Norden bei.

Zwar kam es mit wenigen Ausnahmen nach der Unterzeichnung des Friedensvertrags zu keinen größeren Zusammenstößen zwischen den Anhängern der CMA und der Plateforme, faktisch schloss der Friedensprozess aber andere Bevölkerungsteile kategorisch aus. Die Folge war die Gründung von immer mehr bewaffneten Gruppen, die teils gewaltsam die Aufnahme in den lukrativen Friedensprozess forderten. Problematisch blieb zudem die anhaltende Straflosigkeit. Weil neben Songhai vor allem auch Fulani (Peul/Fulbe) in der Rebellion von 2012 am stärksten von Übergriffen der MNLA und deren loyalen Tuareg-Clans betroffen waren, schlossen sich auch einige Fulani dschihadistischen Gruppen an, was zur Stigmatisierung einer ganzen Ethnie führte.

Transnationaler Dschihadismus

Nach ihrem raschen Gebietsverlust mit vermutlich mehreren hundert Toten im Frühjahr 2013 organisierten sich die Dschihadisten neu. Dabei profitierten sie von der langsamen Rückkehr der malischen Beamten und der schleppenden Aufstellung der VN-Mission MINUSMA (Mission multidimensionelle intégrée des Nations Unies pour la Stabilisation au Mali). Im März 2017 schloss sich ein Großteil der islamistischen Gruppen formell unter dem Namen »Jama'a Nusrat al-Islam wa al-Muslimin« (JNIM) zusammen. Diese Vereinigung bekämpfte die malischen und internationalen Truppen mit Selbstmordattentaten, Raketen- und Mörserangriffen oder durch Hinterhalte und improvisierte Sprengfallen (IED) auf den wenigen im Norden existierenden Verbindungsstraßen. Bis Anfang 2020 hatte alleine die MINUSMA über 120 Tote infolge solcher Angriffe zu beklagen.

Die Dschihadisten versuchten die Stationierung der malischen und ausländischen Truppen möglichst »teuer« zu gestalten, um ihre lokale Herrschaft, ihre Beteiligung am Transsaharahandel und ihr Entführungsgeschäft aufrechtzuerhalten. Auch wenn die Dschihadisten derzeit nicht in der Lage sind, Gebiete zu halten, besitzen sie nach wie vor genügend Zerstörungspotenzial. Auf Teile der unzufriedenen Bevölkerung üben sie noch immer enorme Anziehungskraft aus. Die Dschihadisten stellen nämlich nicht nur eine Bedrohung dar, sondern bieten gleichzeitig auch Schutz. Anders als die in der Grenzregion von Mali, Burkina Faso und Niger operierende Gruppe »Islamic State in the Greater Sahara« (ISGS, neuerdings auch unter dem Label Islamic State West Africa Province, ISWAP, bekannt) verzichten die Dschihadisten im Zentrum vielfach auf größere Massaker an Zivilisten. Sie schrecken die Bevölkerung vielmehr durch die Tötung einzelner gemäßigter Religionsführer, Dorfältester oder sogenannter Kollaborateure ab, die sich angeblich mit malischen oder internationalen Kräften eingelassen haben. Hinzu kommt die Durchsetzung ihrer radikalen Wertvorstellungen in Form eines Verbots von Alkohol, von Musik oder von nichtislamischer Bildung. Infolgedessen sind Hunderte Schulen in Mali geschlossen, was sich wiederum negativ auf die Entwicklung Hunderttausender Kinder auswirkt. Andererseits sollen die Dschihadisten in manchen Gegenden gezielt gegen korrupte Beamte und Kriminelle vorgehen, durch die Anwendung der Scharia ein gewisses Maß an Rechtspflege gewährleisten und die Nutzung von Land regeln.

International am meisten Aufmerksamkeit erhielten medienwirksame Angriffe wie die Erstürmung des Luxushotels Radisson Blu in der Hauptstadt Bamako am 20. November 2015, bei der 20 Menschen starben. Ähnliche Anschläge folgten in Burkina Faso, aber auch in Côte d'Ivoire (Elfenbeinküste). Diese komplexen Angriffe zielten auf häufig von Ausländern besuchte Lokalitäten und richteten sich laut der dschihadistischen Propaganda gegen die in der Region aktiven ausländischen Mächte, allen voran Frankreich. Auch die Mission EUTM Mali war bereits mehrfach Ziel von Anschlägen. Bei einem Angriff auf ein Erholungsressort im Mai 2018 starb erstmals ein EU-Soldat.

Seit 2015 hat sich der Aktionsradius der Dschihadisten auf das Zentrum Malis, aber auch auf den Westen Nigers und weite Teile in Burkina Faso ausgeweitet. In Burkina Faso gründeten sich u.a. mit »Ansarul Islam« eigene Gruppen, die Anschläge auf die dortigen Sicherheitskräfte verüben, denen mehr Menschen in Burkina Faso als in Mali zum Opfer fielen. In Mali war in den letzten Jahren vor allem die Region Mopti betroffen, in der der Prediger Amadou Koufa und seine Gruppe »Katiba Macina« lokale Spannungen nutzen und verschiedene Ethnien gegeneinander ausspielen.

Zunahme und Ausbreitung der Gewalt

Nach den Friedensvereinbarungen von 2015 und 2017 hörten zwar die Kämpfe der Rebellen gegen die Regierung bzw. zwischen den Rebellen und den Milizen im Norden größtenteils auf, insgesamt stieg die Anzahl der gewaltbedingten zivilen Opfer im ganzen Land aber an. 2018 lag ihre Zahl vermutlich erstmals bei über 1000 Toten. Bei der Gewaltzunahme im Zentrum handelte es sich jedoch nicht um eine bloße Verschiebung der Gewalt aus dem Norden. Die dortige Gewalt speiste sich vielmehr aus eigenen Dynamiken. Es fehlten klare Fronten; Kriminalität, persönliche Fehden und dschihadistisch motivierte Anschläge überlappten sich, sodass die Identifikation der Täter nicht immer möglich ist – auch deswegen sollten die politisch abwertenden Begriffe »Terrorismus« und »Terrorist« im Zusammenhang mit der Gewalt in (Zentral-)Mali immer kritisch hinterfragt werden.

Lokale Konflikturachen sind die Konkurrenz um Ressourcen – vor allem die Nutzung von Land für Vieh oder Ackerbau – und um machtpolitischen Einfluss. Staatliches Missmanagement, die Abwesenheit von staatlichen Dienstleistungen, die bestehende Unsicherheit, Kriminalität, die Gewalterfahrung durch staatliche Sicherheitskräfte sowie das Aufbrechen traditioneller Konfliktlösungsmechanismen drehen die Gewaltspirale weiter. Befeuert wird die Lage durch den Zugang zu automatischen Waffen. Vor allem zwischen den traditionellen Viehhirten der Fulani und den Ackerbauern und Jägern der Dogon und Bambara, aber auch zwischen Fulani-Eliten und einfachen Fulani war es hier bereits in der Vergangenheit immer wieder zu Spannungen gekommen, auch wenn das Zusammenleben durch lokale Prozesse lange Zeit friedlich verlief. Korrupte Praktiken der Behörden und das Machtvakuum nach der Flucht der meisten Beamten 2012 und 2015 ließen die Gegensätze noch stärker zutage treten, sodass radikale Einflüsse auch in dieser Gegend Fuß fassen konnten. Zudem legitimierte der 2015 begonnene Friedensprozess die ethnisch motivierten Gruppen des Nordens als politische Akteure und dämonisierte Dschihadisten und ihre Anhänger. Viele Fulani standen nach den Übergriffen der MNLA 2012 im Verdacht, dschihadistische Gruppen unterstützt zu haben. Bereits beim Vormarsch der malischen Armee im Frühjahr 2013 kam es daher zu ersten Übergriffen auf Fulani, ehe Soldaten 2018 nach der Zunahme der Gewalt im Zentrum mehrere Massaker an Fulani verübten.

Die gegenwärtige Situation in Zentralmali ist daher als Gewaltspirale zu verstehen. Frustrierte Fulani, die korrupte Praktiken, eine vermeintliche Diskriminierung und Marginalisierung sowie Übergriffe staatlicher Sicherheitskräfte erfahren haben oder fürchten, sind für radikale Islamisten empfänglich. Nicht, weil sie deren Grundeinstellung teilen, sondern weil es um den Schutz ihres Lebens und ihres Besitzes geht. Gleichsam nutzen sie die Mitgliedschaft in den dschihadistischen Gruppen, um eine militärische Ausbildung zu erhalten, persönliche Fehden zu führen oder sich größeren sozialen und wirtschaftlichen Einfluss zu verschaffen.

Anschläge von Fulani führen indes – mit der angeblichen Unterstützung der malischen Sicherheitskräfte – zur Gründung von Selbstverteidigungsmilizen anderer Ethnien, zu Vergeltungsangriffen auf Fulani und zur Stigmatisierung der gesamten Ethnie. Dies führt wiederum erneut zu ihrer Annäherung an Dschihadisten. Die bekannteste ethnische Miliz im Zentrum ist die Gruppe »Dan Na Ambassagou«, die sich primär aus Anhängern der Dogon rekrutiert. Im März 2019 wurde sie in der Region Mopti für die Ermordung von über 150 Fulani verantwortlich gemacht.

Der schleppende Friedensprozess

Aufgrund der internationalen Intervention ist die territoriale Integrität Malis seit Frühjahr 2013 nicht mehr gefährdet. Neben der politischen Beilegung des Konflikts sind es aber vor allem wirtschaftliche und soziale Aspekte, die einer langfristigen Stabilisierung zugrunde liegen. Der Friedensvertrag ist keine Friedensgarantie. Zu oft unterwanderten die Eliten des Landes den staatlichen Entwicklungsprozess aus Eigeninteressen. Solange der Friedensprozess den Beteiligten Vorteile verspricht, wird er von ihnen aufrechterhalten, nicht aber zwangsläufig umgesetzt.

Projekte zur Dezentralisierung, zur Entwicklung des Nordens und zur Entwaffnung lassen sich in jedem der nach 1990 geschlossenen Friedensverträge finden. Erst Ende 2011 scheiterte ein von der EU gefördertes Entwicklungsprogramm für den Norden. Wenig verwunderlich ist daher, dass die malische Bevölkerung verschiedenen Umfragen zufolge größeres Vertrauen in Nichtregierungsorganisationen, in die Zivilgesellschaft oder religiöse und traditionelle Autoritäten legte als in die Regierung von IBK; überraschenderweise erhielten die malischen Streitkräfte die größte Zustimmung unter den staatlichen Akteuren. Vollkommen verspielte die Regierung ihren Kredit im Frühjahr 2020, als sie von Unregelmäßigkeiten bei der Parlamentswahl profitierte und sich IBK immer stärker den Vorwürfen der Vetternwirtschaft und des Missmanagements ausgesetzt sah.

Infolge von teils gewaltsamen Massenprotesten in der Hauptstadt Bamako putschte sich Mitte August 2020 eine Gruppe von Stabsoffizieren unter dem Jubel eines Teils der Bevölkerung an die Macht. International fast einhellig verurteilt, steht Mali nach der erneuten Machtübernahme des Militärs vor einer weiteren mehrmonatigen Übergangsphase. Schlüssel zur Stabilisierung der Lage ist der politische Wille, sowohl der neuen Machthaber als auch aller Gewaltakteure, die Konfliktursachen anzugehen, Gelder transparent und zielführend einzusetzen, landesweit

picture alliance/AP Photo

Im Sommer 2020 demonstrierten vor allem in Bamako mehrere Tausend Menschen teils gewalttätig gegen die Regierung und forderten den Rücktritt des aus ihrer Sicht unfähigen und korrupten Präsidenten Ibrahim Boubacar Keïta.

ein Mindestmaß an Dienstleistungen in Form von Zugang zu Wasser, Elektrizität, Bildung und Gesundheitsversorgung sowie stabile, demokratisch-legitimierte Institutionen zu schaffen. Daneben laufen die im Friedensvertrag versprochenen Maßnahmen weiter. Wirtschaftliche Alternativen sind entscheidend, um Kombattanten die Rückkehr ins Zivilleben zu ermöglichen. Die eigentlichen Konflikt- und Radikalisierungsgründe wie Übergriffe der Sicherheitskräfte, fehlende politische und ökonomische Partizipation von Teilen der Gesellschaft, Armut, hohe (Jugend-)Arbeitslosigkeit sowie die bestehende Unsicherheit lassen sich nur langfristig durch einen Mentalitätswechsel von der höchsten bis zur niedrigsten politischen Ebene bewältigen. Kritiker bemängelten daher schon früh, dass der von den Vorstellungen der internationalen Vermittler dominierte und von teils selbsternannten politisch-militärischen Eliten unterzeichnete Friedensvertrag von 2015 vorangegangene Fehler wiederhole und alte Strukturen stärke. Gleiches gilt für den internationalen Druck zur schnellstmöglichen Rückkehr zu einer Zivilregierung. Ebenso wenig hilfreich ist der internationale Fokus auf die Ein-

Entwaffnung, Demobilisierung und Reintegration

Programme zur Entwaffnung, Demobilisierung und Reintegration (engl. Disarmament, Demobilization and Reintegration, DDR) von Kombattanten sind seit Anfang der 1990er Jahre fester Bestandteil der internationalen Konfliktlösung. Oft werden sie von den Vereinten Nationen (VN) begleitet. Kombattanten erhalten in der Phase der Entwaffnung meist monetäre oder materielle Anreize, um ihre Waffen abzugeben In der Phase der Demobilisierung sollen die formellen Strukturen der bewaffneten Gruppen aufgelöst werden. Die langfristige Reintegration in die Gesellschaft entscheidet jedoch über den Erfolg des ganzen Programms. Nur wenn Ex-Kombattanten fest im Zivilleben verankert sind und ihren Lebensunterhalt legal erwirtschaften, kann ein Wiederaufflammen von Gewalt verhindert werden.

Problematisch bei jedem DDR-Programm ist, dass Ex-Kombattanten, die zuvor häufig Gewalt gegen Zivilisten angewendet haben, für ihre Teilnahme Zuwendungen erhalten. Die Zivilbevölkerung, die in der Regel am meisten unter den Konflikten zu leiden hatte, geht jedoch oft leer aus. Exponentielle Zuwächse von Rebellengruppen kurz vor der Entwaffnung oder die Neugründung kleinerer Gruppen mit dem Zweck, am Programm teilzunehmen, sind daher die Regel. Auch werden oft die besten Waffen als Rückversicherung versteckt.

Während die VN unter Reintegration ausdrücklich die Rückkehr der Ex-Kombattanten ins Zivilleben verstehen, sehen viele Friedensverträge auch die Übernahme einiger Ex-Kombattanten in die staatlichen Sicherheitskräfte vor. Diese militärische Integration setzt idealerweise nach der Demobilisierung an. Während einige Staaten nur diejenigen integrieren, die ausreichend Bildung sowie militärische Erfahrung besitzen und keine Menschenrechtsvergehen begangen haben, werden in anderen Ländern möglichst viele Kombattanten in die Streitkräfte integriert, um potenzielle Störer des Friedensprozesses beschäftigt zu halten. Rebellenkommandeure erhalten häufig lukrative Posten in anderen Landesteilen, um sie von ihren Truppen zu trennen. Dies birgt nicht nur die Gefahr, dass unqualifizierte Ex-Rebellen über gut ausgebildete Soldaten gestellt werden und Gewalt zum legitimen Mittel des Aufstiegs wird. Größere Streitkräfte verursachen auch höhere Personalkosten, wodurch weitere Reformen behindert werden können.

TK

dämmung der Dschihadisten, der lokale Dynamiken verkennt. Neben der Ausbildung der malischen Armee ist die Schulung der Gendarmerie, der Polizei sowie von Justiz- und Staatsbeamten zentral, um Veränderungen zu erreichen. Ansonsten besteht die Gefahr, nur Symptome, nicht aber die Ursachen der Gewalt zu bekämpfen.

Der Ende 2018 begonnene DDR-Prozess, zu dessen Legitimation Programme für die Zivilbevölkerung nötig sind, kann nur erfolgreich sein, wenn ein für alle Seiten akzeptables Maß an Sicherheit existiert, er mit ausreichend finanziellen Mitteln gedeckt ist und zivile ökonomische Perspektiven bereitstehen. Die militärische Integration hunderter Kämpfer aus dem Norden bereitete schon in der Vergangenheit Probleme. Generelle Streitpunkte einer militärischen Integration sind neben unklaren oder mangelhaft kommunizierten Abläufen vor allem die Vergabe von Dienstgraden und Dienstposten sowie die Versetzung in andere Landesteile. Zudem können allein aus finanziellen Gründen nicht alle Kombattanten übernommen werden. Eine Gratwanderung ist die Reintegration von Ex-Soldaten, die Anfang 2012 zu den Rebellen übergelaufen sind. Ihre Wiederaufnahme wie auch jede Vergabe von Ämtern und Rängen darf langfristig weder von loyalen Kräften noch von der Zivilbevölkerung als Belohnung empfunden werden, da dies Gewalt als Mittel zum Aufstieg legitimieren würde.

Problematisch bei der Suche nach Stabilität ist die Exklusivität des Friedensvertrags. Gewaltakteure wie JNIM sind nicht Teil der Vereinbarungen und haben keinen Anreiz, die Gewalt einzustellen. Bei Ausbleiben einer für die gesamte Bevölkerung angemessenen wirtschaftlichen Entwicklung und ohne den raschen Aufbau handlungsfähiger Institutionen wird es langfristig nicht ohne Verhandlungen mit lokalen Dschihadisten gehen. Solange nichtstaatliche Akteure Waffen zur Durchsetzung ihrer Interessen besitzen, wird sich die Gewaltspirale weiterdrehen.

Torsten Konopka

Die Staaten des westlichen Sahel sind Ergebnisse der Dekolonisierung, eine Staaten- und Nationenbildung wie in Europa hat in der Region nicht stattgefunden. Der territoriale Zuschnitt der Länder geht zu weiten Teilen auf administrative Beschlüsse der französischen Kolonialherrscher zurück. Viele Beiträge dieses Bandes betonen daher die Gemeinsamkeiten der Staaten der G5-Ländergruppe – den französischen Einfluss während und nach der kolonialen Periode, den Islam als vorherrschende Glaubensrichtung, klimatische Bedingungen, Armut, politische Instabilität – und thematisieren grenzüberschreitende Phänomene wie Migration, ethnische Konflikte oder Extremismus. Der folgende Beitrag hebt die Besonderheiten der G5-Länder hervor. Die Darstellung beginnt mit den Randstaaten Mauretanien, Burkina Faso, Tschad – und endet mit Mali und Niger im Herzen des westlichen Sahel. Durch beide Staaten fließt der Niger. Der Strom ist für Westafrika von großer wirtschaftlicher und historischer Bedeutung.

◼◼◼ Die Staaten des westlichen Sahel im Überblick

Mauretanien

Mauretanien sticht aus der Ländergruppe der G5 heraus: Es ist der einzige Küstenstaat. Mit Nouadhibou und Nouakchott verfügt es über zwei eigene Häfen. Sämtliche übrigen Staaten des westlichen Sahel sind landumschlossen und somit auf Häfen im Senegal, an der südlichen Küste Westafrikas und in Kamerun angewiesen.

Gleichzeitig greift das Land am weitesten nach Norden aus. Nicht nur aus diesem Grund ist Mauretanien kein eindeutig westafrikanisches Land. Bedeutende Bevölkerungsgruppen verstehen sich nicht als subsaharisch-afrikanisch. Im Gegensatz zu den anderen Ländern der G5-Gruppe bilden meist hellhäutige, arabisierte berberische Mauren die Oberschicht. Die Gruppe spricht Hassania, einen arabischen Dialekt, und bezeichnet sich als »Bidhan« oder »Weiße Mauren«. Die »Haratin« sind als Nachkommen früherer Sklaven meist dunkelhäutiger, sprechen jedoch ebenfalls Hassania und identifizieren sich als arabisch-berberische Mauren. Beide Gruppen grenzen sich gegenüber der subsaharischen, nicht-arabisierten Bevölkerung des Südens ab, die, so beklagen es Menschenrechtler, unter Rassismus zu leiden hat. Auch die Sklaverei bestehe fort. Der Islam gilt jedoch als einigendes Band zwischen allen Bevölkerungsgruppen. Der Stellenwert der Religion äußert sich auch im offiziellen Staatsnamen: Islamische Republik Mauretanien. Das Selbstverständnis des Landes wird nicht zuletzt dadurch deutlich, dass es kein Mitglied der Westafrikanischen Wirtschaftsgemeinschaft (Economic Community of West African States, ECOWAS) ist, sondern der Arabischen Liga angehört.

Das politische System ist rigider als in Mali, Niger und Burkina Faso. Formell ist Mauretanien ebenso eine Präsidialrepublik wie viele seiner Nachbarn im westlichen Sahel, doch zeigt die Regierungspraxis stark autokratische Züge. Die US-Nichtregierungsorganisation Freedom House stuft das Land als unfrei ein. Im Gegensatz zu seinen östlichen Nachbarn war Mauretanien in der Vergangenheit nicht von internen Rebellionen betroffen. Bedeutend war dagegen der internationale Konflikt um die nördlich angrenzende Westsahara (siehe Infokasten auf S. 118 f.).

Wirtschaftlich steht Mauretanien erheblich besser da als die übrigen Länder des westlichen Sahel. Das jährliche Pro-Kopf Einkommen beträgt ca. 1300 US-Dollar gegenüber einem Durchschnitt von 670 US-Dollar in den anderen Ländern (2017). Die Armutsrate, der Anteil von Menschen mit einem täglichen Einkommen unter 1,90 US-Dollar, beträgt nur sechs Prozent, gegenüber durchschnittlich 44 Prozent in den weiter östlich gelegenen Volkswirtschaften. Zudem hat sich Mauretanien in den vergangenen Jahren einem umfassenden wirtschaftlichen Reformprogramm verschrieben, um das Investitionsklima zu verbessern.

Im globalen Vergleich ist die mauretanische Wirtschaft in hohem Grad abhängig von Rohstoffexporten. In regionaler Perspektive verfügt das Land hingegen mit mehreren bedeutenden Exportgütern – Eisenerz, Öl, Gold, Fisch und Kupfer – über eine vergleichsweise breite wirtschaftliche Basis.

Die wirtschaftliche Spitzenreiterposition darf jedoch nicht darüber hinwegtäuschen, dass Mauretanien im globalen Vergleich sehr arm ist. In der Rangliste menschlicher Entwicklung des United Nations Development Programme (UNDP) belegte das Land 2019 den 161. Platz von 189 Staaten. Die übrigen G5-Staaten fanden sich allesamt unter den acht letzten Rängen.

Das vergleichsweise hohe Pro-Kopf-Einkommen resultiert auch aus einer gegenüber den Nachbarn viel geringeren Bevölkerungszahl. Der Wohlstand verteilt sich auf nur 4,4 Millionen Menschen (2017), gegenüber den je 15 bis 20 Millionen Einwohnern der anderen Staaten.

Burkina Faso

Burkina Faso fällt durch seine Gestalt und Lage auf. Es ist das mit Abstand kleinste Land der G5-Gruppe. Die Fläche beträgt weniger als ein Viertel der durchschnittlichen Größe der übrigen Länder des westlichen Sahel. Im Gegensatz zu den nördlichen Nachbarn fehlt die riesige Ausdehnung in die Wüstenlandschaften der Sahara. Statt von einem trockenen Wüstenklima wird

Burkina Faso von einem äquatorialen Klima und steppenartigen Landschaften geprägt. Klimatisch ist es statt mit seinen Nachbarn Mali und Niger eher mit dem weiter westlich gelegenen Senegal vergleichbar, mit dem wichtigen Unterschied, dass es keinen Küstenzugang hat.

Der überschaubaren Ausdehnung des Landes steht jedoch eine ebenso hohe Bevölkerungszahl wie in den nördlichen Nachbarländern entgegen (19 Millionen im Jahr 2017). Das hat ein für die G5-Gruppe typisches, sehr geringes Pro-Kopf-Einkommen zur Folge. Mit Gold verfügt das Land über einen wertvollen Bodenschatz. Daneben werden Baumwolle und Vieh exportiert. Dennoch ist Burkina Faso sehr arm.

Die auffälligste Besonderheit des »Landes der ehrenwerten Menschen« ist das im regionalen Vergleich freie und offene politische System. Da ist zunächst die Strahlkraft des früheren Präsidenten Thomas Sankara (siehe Infokasten auf S. 60 f.), der für die nationale Identität der Burkinabè prägend war und ist. Nach dem Demokratie-Indikator »Polity IV« der Universität Maryland (USA) ist Burkina Faso die einzige institutionalisierte Demokratie der G5-Gruppe. Mali und Niger verpassen diese Kategorisierung knapp. In den Indizes für Pressefreiheit (Reporter ohne Grenzen 2020) und Korruptionsfreiheit (Transparency International 2019) belegt Burkina Faso den 38. bzw. 85. Platz von 180 erfassten Ländern – ein für ein schwach entwickeltes Land spektakuläres Ergebnis. Was politische Freiheitsrechte und die Güte staatlicher Institutionen angeht, ist Burkina Faso daher mit seinen nördlichen Nachbarn nicht vergleichbar. Burkina Faso weist neben dem Tschad als einziges Land der G5-Gruppe zudem eine bedeutende Anzahl von Christen auf. Schätzungen gehen von etwa 30 Prozent Katholiken und Protestanten aus. Damit markiert Burkina Faso auch die südliche Begrenzung der Ausbreitung des Islam im westlichen Sahel. Burkina Faso ist in der G5-Gruppe ein Randstaat, dessen offenes politisches System eher in dem südlichen Nachbarn Ghana seine Entsprechung findet.

Die Tradition politischer Freiheitsrechte darf nicht darüber hinwegtäuschen, dass das Land seit einigen Jahren von erheblicher Instabilität gekennzeichnet ist. Die Stärke der burkinischen Zivilgesellschaft äußerte sich 2014 in Protesten und einem Aufstand der Bevölkerung gegen den langjährigen Machthaber

Der Westsaharakonflikt

Der Westsaharakonflikt ist ein völkerrechtlich ungeklärter Territorial-konflikt, der Nordafrika seit 1975 spaltet. Das Territorium der West-sahara, überwiegend aus Wüstenlandschaften bestehend und von alters her von berberischen Nomaden bevölkert, geriet nach der Ber-liner Afrikakonferenz (1884/85) mit seinen südlichen Landesteilen als Protektorat Rio de Oro 1885 und seit 1901 als Kolonie Spanisch-Sahara unter spanische Herrschaft. Die Eroberung der nördlichen Gebiete, der Saguia el-Hamra, durch Spanien zog sich zwischen 1912 und 1934 hin.

Seit seiner Unabhängigkeit 1956 erhob Marokko gegenüber Spanien Ansprüche auf die Westsahara. Spanien trat 1958 den nördlichsten Teil an Marokko ab, den 30 000 km^2 umfassenden sogenannten Tarfaya-Streifen, und machte aus den restlichen Besitzungen eine spanische Provinz. Der Fund von reichen Erz- und Phosphatvorkommen in den 1960er-Jahren – in Bu Kraa (Saguia al-Hamra) befindet sich die welt-größte Phosphatlagerstätte – steigerte die Auseinandersetzungen und zog auch die Nachbarländer Mauretanien und Algerien in den Kon-flikt um die Westsahara hinein. Vor allem Algerien unterstützte seit 1973 die einheimische arabischsprachige Bevölkerung in ihrem Kampf um Eigenständigkeit und somit auch gegen marokkanische Interes-sen und regionalisierte den bislang postkolonialen Konflikt. Marokko betrachtet die Westsahara aus historischen Gründen als eigenes Ter-ritorium, Algerien befürwortet die Gründung eines selbstständigen Staates – nicht zuletzt, um eine wirtschaftliche Stärkung Marokkos zu verhindern –, und auch Mauretanien erhob Gebietsansprüche. Alge-rien betrieb daher die Gründung der POLISARIO (Frente Popular de Liberación de Seguia y Rio de Oro), der 1973 gebildeten Bewegung zur Befreiung der Westsahara. Algerien unterstützt bis heute die ur-sprünglich überwiegend sozialistisch orientierte Polisario.

Die Auseinandersetzungen um die rohstoffreiche Westsahara konn-ten auch durch das Eingreifen der Vereinten Nationen (VN) oder des Internationalen Gerichtshofs nicht gelöst werden. 1975 zogen etwa 350 000 Marokkaner, organisiert im »Grünen Marsch«, ungeachtet eines VN-Beschlusses kurzzeitig in die Westsahara ein und machten so die Gebietsansprüche ihres Staates geltend. Nach Verhandlungen mit Spanien gab das europäische Land seine Provinz auf. Marokko und Mauretanien teilten das ehemalige Spanisch-Sahara unter sich auf, und die marokkanische Armee rückte in den Norden ein.

Anfang 1976 rief die POLISARIO die Demokratische Arabische Republik Sahara (DARS) aus und machte damit deutlich, die Aufteilung des Gebiets zwischen Marokko und Mauretanien nicht akzeptieren zu wollen. Aber auch die Polisario konnte die Sahrauis, die Bewohner der Westsahara, nicht geschlossen hinter sich vereinen; vor allem ihre Stammesführer votierten für eine Aufteilung der Westsahara zwischen Marokko und Mauretanien. Nachdem sich Mauretanien 1979 aus dem südlichen Teil zurückgezogen hatte, besetzte Marokko weitere Gebiete und kontrollierte fortan den nördlichen, den zentralen und den westlichen Teil und somit die reichen Phosphatvorkommen der Westsahara. Die Polisario kontrolliert den wirtschaftlich weniger interessanten Teil im Süden und Osten. Marokko errichtete zudem eine Art Schutzwall, die sogenannten »berms«; die Westsahara ist seitdem durch eine befestigte und verminte Grenze geteilt, die die Waffenstillstandslinie von 1991 markiert. Mehr als 180 000 Sahrauis, Anhänger der Polisario, flohen in der Folge nach Algerien und leben seitdem in großen Flüchtlingslagern in der Nähe von Tindouf in der algerischen Sahara.

Die internationale Gemeinschaft tut sich seit den 1970er Jahren schwer mit der Lösung des Konflikts. Die Annexion durch Marokko wird von den VN genauso wenig anerkannt wie die Ansprüche der Polisario auf ihre Demokratische Arabische Republik Sahara. Die Vereinten Nationen beschlossen im August 1988 (Resolution 3458/1988) die Durchführung eines Referendums, in dem die Sahrauis darüber abstimmen sollten, ob die Westsahara unabhängig oder marokkanisch werden sollte. Eine ständige VN-Beobachtermission (Mission des Nations unies pour l'organisation d'un référendum au Sahara occidental, MINURSO) wurde eingerichtet.

Bis heute ist der Status der Westsahara ungeklärt. 1991 wurde mit Hilfe der VN (Resolution 690/1991) ein Waffenstillstand zwischen Marokko und der Polisario vereinbart, der aber brüchig ist. Die MINURSO-Friedensmission, an der sich Deutschland seit 2013 mit bis zu vier Militärbeobachtern beteiligt, versucht ihn zu kontrollieren. Seit 2017 wurden neue Versuche der VN unternommen, die Konfliktparteien für eine friedliche Lösung der Westsahara-Frage zu gewinnen.

RS

Blaise Compaoré (*1951). Dem Aufstand folgte ein Putsch. Um dieselbe Zeit erstarkten in dem Land islamistisch-extremistische Gruppierungen, deren Gewalt das Land bis heute in Atem hält. Eine demokratische Amtsübergabe hat Burkina Faso bisher nicht gesehen.

Tschad

Der Tschad ist ein schwer zugängliches Land. Es liegt am östlichen Rand der fünf hier betrachteten Länder und im Zentrum des gesamten Sahel, der von Senegal bis nach Eritrea reicht. Alles ist vom Tschad weit entfernt. Zu den Bevölkerungszentren an der südlichen Küste Westafrikas ist es ein langer Weg. Im Osten grenzt der Tschad an den Sudan, im Süden an die Zentralafrikanische Republik. Traditionell orientiert sich das Land eher nach Osten zum Sudan und nach Norden zu Libyen hin. Als Hafen wird Kameruns Duala genutzt.

Die Wirtschaftskraft des Landes ist vergleichbar mit dem regionalen Durchschnitt im westlichen Sahel. Das Land ist also extrem arm. Die Lebenserwartung ist mit 53 Jahren (2017) die geringste der Region, ebenso wie die Alphabetisierungsrate mit 22 Prozent (2017). Mit Öl verfügt der Tschad über einen wertvollen Rohstoff. Daneben werden Vieh und Baumwolle exportiert. Für die Entwicklung des Landes ist der dramatische Rückgang des Tschadsees von Bedeutung (siehe den Beitrag von Thomas Krings).

Nicht nur von der isolierten Randlage, auch vom politischen System her ist der Tschad in der G5-Gruppe am ehesten mit Mauretanien vergleichbar. Beide Staaten werden von Freedom House als unfrei beurteilt, während Mali, Niger und vor allem Burkina Faso als teilweise frei bzw. als Demokratien gelten. Im Ranking der Presse- und Korruptionsfreiheit belegt das Land die jeweils schlechtesten Plätze aller fünf Staaten des westlichen Sahel (123 bzw. 162 von 180 in den Jahren 2020 bzw. 2019). Wie Mauretanien ist der Tschad nicht Teil der ECOWAS. Ebenso identifizieren sich die Tschader nicht durchweg als subsaharisch-afrikanisch. Bedeutende Bevölkerungsgruppen verstehen sich als Araber. Arabisch ist neben Französisch die einzige Amtssprache. In der

G5-Gruppe ist der Tschad das Land mit dem geringsten Anteil von Muslimen (ca. 50 %) und dem höchsten Anteil von Christen (ca. 45 %). Die Machtelite des Landes um den Präsidenten Idriss Déby (*1952) gehört der sehr kleinen Bevölkerungsgruppe der Zaghawa an, deren Siedlungsgebiet auch das sudanesische Darfur umfasst.

Der Tschad war in der Vergangenheit stärker als seine westlichen Nachbarn von gewaltsamen Auseinandersetzungen betroffen. Es ist das einzige Land der G5-Gruppe, das nach den Staatsgründungen im Jahr 1960 in einen anhaltenden Bürgerkrieg verwickelt war, der mit der Beteiligung Libyens sogar zwischenstaatliche Züge annahm. Mit dem Sudan befand es sich bis 2010 in einem internationalisierten Konflikt. Diese Konfliktlagen sowie die Orientierung nach Osten und Norden lassen die Einordnung des Tschad als Land des westlichen Sahel problematisch erscheinen. Trotz internationalisierter und innerer Konflikte weist das Land eine seit 1990 anhaltende – wenngleich autokratische – Kontinuität an der Führungsspitze auf. Während sämtliche übrigen der zu dieser Zeit angetretenen Machthaber der westlichen Sahelstaaten aus dem Amt gedrängt wurden, regiert Déby das Land seit 30 Jahren.

Der Tschad verfügt über die mit Abstand größte Armee der G5 (ca. 35 000 Soldaten im Jahr 2017). Zusammen mit den mauretanischen Streitkräften (ca. 21 000 Soldaten) gilt die tschadische Armee als die schlagkräftigste im westlichen Sahel. Die übrigen Staaten der Ländergruppe verfügen im Durchschnitt über nur je 13 000 Soldaten. Der Tschad positioniert sich als regionale Gestaltungsmacht. Tschadische Truppen haben sich an den internationalen Missionen in Mali, Niger und der Zentralafrikanischen Republik beteiligt. Die kurzfristige Verlegung von etwa 2000 Soldaten nach Mali im Jahr 2013 bezeugt militärische Fähigkeiten, die Tschads westliche Nachbarn zu weiten Teilen vermissen lassen.

Das Land ist historisch und aktuell die wichtigste Stütze der französischen Militäroperationen im Sahel (siehe den Beitrag von Hans-Georg Ehrhart). Obwohl sich das Operationsgebiet der französischen Mission Barkhane auf Mali und Niger konzentriert, befindet sich das Hauptquartier bezeichnenderweise in der tschadischen Hauptstadt N'Djamena.

Länderinformationen (I)

Basisdaten	Mauretanien	Mali	Burkina Faso	Niger	Tschad
Flagge					
Staat	Islamische Republik Mauretanien	Republik Mali	Burkina Faso	Republik Niger	Republik Tschad
Regierungsform	Präsidialrepublik	Semipräsidentielle Republik	Präsidialrepublik	Semipräsidentielle Republik	Präsidialrepublik
Hauptstadt	Nouakchott	Bamako	Ouagadougou	Niamey	N'Djamena
Unabhängigkeit	28.11.1960 von Frankreich	22.9.1960 von Frankreich	5.8.1960 von Frankreich	3.8.1960 von Frankreich	11.8.1960 von Frankreich
Landessprachen	Arabisch (Amtssprache), Fulfulde, Soninke, Wolof (Landessprachen), Französisch	Französisch (Amtssprache), Bambara, Fulfulde, Dogon u.a.	Französisch (Amtssprache), Mossi, Dioula, Fulfulde u.a.	Französisch (Amtssprache), Hausa, Songhai/Djerma u.a.	Französisch, Arabisch (Amtssprachen), Ngambay/Sara u.a.
Staatsoberhaupt	Mohamed Ould Ghazouani (seit 1.8.2019)	Bah N'Daw (seit 25.9.2020)	Roch Marc Christian Kaboré (seit 29.12.2015)	Issoufou Mahamadou (seit 7.4.2011)	Idriss Déby Itno (seit 4.12.1990)
Regierungspartei	Union pour la République (UPR) u.a.	Rassemblement pour le Mali (RPM) u.a.	Mouvement du Peuple pour le Progrès (MPP) u.a.	Parti Nigerien pour la Democratie et le Socialisme (PNDS-Tarayya) u.a.	Mouvement Patriotique du Salut (MPS) u.a.
Größte Ethnien	30% arabisch-berberische Mauren, 40% Haratin, 30% subsaharische Mauretanier	15% Fulbe, 11% Sarakollé, 11% Senufo, 9% Dogon, 9% Malinke (2012/13)	52% Mossi, 8% Fulbe, 7% Gurma (2010)	53% Haussa, 21% Songhai/Djerma, 11% Tuareg, 7% Fulbe, 6% Kanuri (2006)	31% Sara, 10% Araber, 10% Kanem-Bornu, 7% Wadai, 6% Dazaga/Gorane (2014/15)
Religionen	offiziell 100% Muslime	95% Muslime, 2% Christen, 2% Animisten (2009)	62% Muslime, 30% Christen, 8% Animisten (2010)	99% Muslime (2012)	52% Muslime, 44% Christen (2014/15)
Alphabetisierungsrate ab 15 Jahre und älter (2017)	46% (2007)	33% (2015)	35% (2014)	31% (2012)	22% (2016)
HIV-Prävalenz der 15-49-Jährigen (2017)	0,3%	1,2%	0,8%	0,3%	0,3%
Bruttoinlandsprodukt pro Kopf in US-Dollar im Kurs von 2010 (2017)	1 303	763	686	396	823

Quelle: African Economic Outlook (2019), AA (2019), CIA Worl Factbook (2019), Reporter ohne Grenzen (2019), Transparency International (2019), UNDP (2019), Weltbank (2019).

©ZMSBw
08468-04

Länderinformationen (II)

Basisdaten	Mauretanien	Mali	Burkina Faso	Niger	Tschad
Flagge					
Wachstum Bruttoinlandsprodukt (2018)	3,5%	5%	7%	5,2%	2,8%
Anteil der Bevölkerung mit weniger als 1,90 US-Dollar pro Tag	6% (2014)	49,7% (2009)	43,7% (2014)	44,5% (2014)	38,4% (2011)
Beschäftigte in der Landwirtschaft (2018)	55%	65%	29%	76%	82%
Export von Waren und Dienstleistungen in % des BIP (2017)	42%	23,1%	26%	16,6%	34,2%
Exportgüter	Eisenerz, Fisch, Gold	Gold, Baumwolle, Vieh	Gold, Baumwolle, Vieh	Uranerz, Vieh, Lebensmittel	Erdöl, Vieh, Baumwolle
Größte Exportpartner (2017)	China, Schweiz, Spanien	Schweiz, Vereinigte Arabische Emirate, Burkina Faso	Schweiz, Indien, Südafrika	Frankreich, Thailand, Malaysia	USA, China, Niederlande
Importe von Waren und Dienstleistungen in % des BIP (2017)	69,1%	38,7%	26,4%	33%	40,1%
Importgüter	Maschinen, Mineralölerzeugnisse, Lebensmittel	Mineralölerzeugnisse, Maschinen, Baumaterialien	Mineralölerzeugnisse, Maschinen, Lebensmittel	Maschinen, Autos, Lebensmittel	Maschinen, Industriegüter, Lebensmittel
Größte Importpartner (2017)	Belgien, Vereinigte Arabische Emirate, USA	Senegal, China, Côte d'Ivoire	China, Côte d'Ivoire, USA	Frankreich, China	China, Kamerun, Frankreich
Mobilfunkverträge pro 100 Personen (2017)	92	119	94	41	43
Rang im Index der menschlichen Entwicklung von 189 Staaten (2019)	161.	184.	182.	189.	187.
Rang im Korruptionswahrnehmungsindex von 180 Staaten (2019)	137.	130.	85.	120.	162.
Rang der Pressefreiheit von 180 Staaten (2020)	97.	108.	38.	57.	123.
Größe der Streitkräfte (2017)	21 000	18 000	11 000	10 000	35 000
Verteidigungsbudget in US-Dollar (2017)	136 Mio. (2016)	461 Mio.	191 Mio.	200 Mio.	210 Mio.

©ZMSBw
08469-04

Quellen: African Economic Outlook (2019), AA (2019), CIA Worl Factbook (2019), Reporter ohne Grenzen (2020), Transparency International (2019), UNDP (2019), Weltbank (2019).

Mali

Mauretanien, der Tschad und Burkina Faso sind Randstaaten der G5-Ländergruppe. Mali und Niger bilden das geographische Zentrum des westlichen Sahel; in diesen beiden Staaten manifestieren sich ähnliche Probleme.

Wie in Niger konzentriert sich die malische Bevölkerung im fruchtbareren Süden und entlang des Flusslaufs des Niger. Beide Länder greifen im Norden weit in die Sahara aus. Der Anteil von Bevölkerungsgruppen, die sich als Araber identifizieren, ist im Gegensatz zu Mauretanien und dem Tschad gering. Umso höhere politische Bedeutung kommt einzelnen arabischen Ethnien zu, deren Angehörige sich islamistisch-extremistischen Gruppen angeschlossen haben und im transsaharischen Handel und Schmuggel aktiv sind. Dasselbe gilt für die Ethnie der Tuareg. Zwar sind die Tuareg zahlenmäßig in Relation zur Gesamtbevölkerung unbedeutend. Ihre politischen Forderungen haben sich in der Vergangenheit jedoch in Aufständen geäußert (siehe den Beitrag von Georg Klute und Baz Lecocq). Dies trifft sowohl auf Mali als auch auf Niger zu, wenn es auch nie zu einer übergreifenden politischen Organisation der einzelnen Tuareg-Subgruppen gekommen ist. Ebenso haben beide Länder unkontrollierbare Wüstengrenzen zu Algerien bzw. Libyen.

Mit Gold verfügt Mali über einen bedeutenden exportfähigen Bodenschatz. Ausgeführt werden daneben noch Baumwolle und Vieh. Obwohl Mali ein für den westlichen Sahel typisches Pro-Kopf-Einkommen aufweist, ist der Anteil extrem armer Menschen – mit einem Einkommen von weniger als 1,90 US-Dollar pro Tag – mit ca. 50 Prozent am höchsten 2009; ein deutliches Zeichen dafür, dass Wohlstandsgewinne, so sie denn eintreten, bei weiten Teilen der Bevölkerung nicht ankommen.

Malis politisches System besitzt demokratische Züge. Die staatlichen Institutionen werden jedoch ausgehöhlt durch grassierende Korruption. Dem Staat gelingt es nicht, sein Territorium zu kontrollieren. In weiten Teilen des Landes ist die staatliche Autorität kaum präsent.

Niger

Niger ist extrem arm. In der ärmsten Region der Welt sticht das Land durch seine wirtschaftliche Unterentwicklung noch einmal deutlich hervor. Das jährliche pro-Kopf Einkommen beträgt 396 US-Dollar pro Jahr, der Durchschnitt der übrigen Länder ist mit 894 US-Dollar mehr als doppelt so hoch (2017). Der Index menschlicher Entwicklung des UNDP misst Wohlstand, Bildung und Lebenserwartung in 189 Staaten der Welt – Niger belegt Platz 189 (2019). Im Gegensatz zu Mali ist die Armut jedoch gleichmäßiger verteilt (siehe Städteporträt Niamey). In Niger ist jeder arm – mit wenigen Ausnahmen.

Hiermit verknüpft ist Nigers ebenfalls extreme Bevölkerungsentwicklung: Die Fertilitätsrate ist mit 7,26 Kindern pro Frau (im Jahr 2016) die höchste der Welt. Die Hälfte der Bevölkerung ist unter 15 Jahre alt. Auch starke Zuwächse in der Wirtschaftskraft führen daher nicht zwangsläufig zu einem höheren Pro-Kopf-Einkommen.

Die nigrische Wirtschaft wird durch die Ausbeutung von Uranerz dominiert (siehe den Beitrag von Hans-Georg Ehrhart). Es ist der einzige bedeutende Rohstoff, das einzige nennenswerte Exportgut des Landes. Nigers zentrale regionale Lage wird meist als Dreh- und Angelpunkt der Bewegung von Menschen und Waren zwischen Westafrika und Nordafrika beschrieben. Im geographischen Zentrum Nigers liegt wiederum der Knotenpunkt Agadez. Die oft ungewollt destabilisierende Wirkung von Maßnahmen gegen illegale Migration und Schmuggel im Sahel wird in Agadez unmittelbar spürbar (siehe den Beitrag von Fransje Molenaar und Anna Schmauder).

Während Mali erhebliches touristisches Potenzial bietet, ist Niger bis auf wenige Ausnahmen kaum mit Sehenswürdigkeiten gesegnet. Bis die erste nigrische Tuareg-Rebellion Anfang der 1990er Jahre (siehe Infokasten auf S. 82 f.) dem Tourismus ein jähes Ende bereitete, war Agadez Sehnsuchtsort für europäische Abenteuertouristen. Nach endloser Fahrt durch die Wüste erreichten sie das Tor zum subsaharischen Afrika mit seiner aus Lehm errichteten Moschee. Das jedoch ist lang her.

Julius Heß

Alle fünf in diesem Band betrachteten Länder des westlichen Sahel werden zu den ärmsten der Welt gezählt und erscheinen auf Ranglisten wie
dem Human Development Index des United Nations Development Programme (UNDP) regelmäßig sehr weit unten. Die Wirtschaftsformen im
westlichen Sahel sind stark von den geografischen und klimatischen Verhältnissen abhängig. In allen fünf Ländern ist der größte Teil der Bevölkerung (bis zu 80 %) in der Subsistenzwirtschaft tätig und betreibt Landwirtschaft, Agropastoralismus oder Fischerei. Daneben spielen Kleinhandel,
Handwerk und saisonale Arbeitsmigration in Städte oder Nachbarländer
eine wichtige Rolle. Die industrielle Produktion ist schwach entwickelt
und beschränkt sich meist auf die Weiterverarbeitung landwirtschaftlicher Produkte. Einige Länder verfügen über bedeutende Bodenschätze, beispielsweise Gold, dessen Abbau – wie oben abgebildet in Burkina
Faso 2009 – häufig noch immer von Kleinschürfern betrieben wird und
erst in den letzten Jahrzehnten zunehmend auch industrialisiert wurde.
Vom Rohstoffexport profitieren jedoch nicht alle Bevölkerungsgruppen
gleichmäßig.

Wirtschaft im westlichen Sahel

Große Flächen der Länder liegen in der Sahara, wo bis auf Oasenwirtschaft (z.B. Dattelpalmen) keine landwirtschaftliche Produktion möglich ist. Hier sind es wie in früheren Zeiten Nomaden, die auf Dromedaren Datteln oder Steinsalz transportieren und in großen Handelsstädten wie Mopti (Mali) verkaufen. Weniger traditionelle Angehörige nomadischer Gruppen nutzen heute die ehemaligen Karawanenstraßen des historischen Transsahara-Handels für den Transport von Migranten oder Drogen mit Pickup-Trucks (siehe den Beitrag von Rikke Haugegaard).

Landwirtschaft und Viehzucht

Nach wie vor spielt Viehhaltung eine große Rolle. Rinder, Ziegen und Schafe werden für Fleisch- und Milchvermarktung sowie für die Herstellung von Häuten gezüchtet. Geflügel, vor allem Hühner, sind sowohl für den Eigenkonsum als auch als Einnahmequelle wichtig. Schweine finden sich nur in Regionen, in denen Muslime nicht in der Mehrheit sind.

Wo Landwirtschaft betrieben werden kann, bauen die Menschen Nahrungspflanzen an, darunter Hirse, Mais, Reis, Hülsenfrüchte, Knollenfrüchte und Gemüse. Hauptsächlich für die Vermarktung kultiviert man außerdem Baumwolle, Cashewnüsse, Erdnüsse, Zuckerrohr und Sesam. Zunehmend gelangen getrocknete Mangos auf den europäischen Markt. Frauen verarbeiten die Nüsse des in Westafrika heimischen Karité-Baums zu Karité- oder Shea-Butter und Seife. Karité-Butter ist zu einem wichtigen Exportprodukt geworden, da sie sich gut für die Verwendung in Kosmetika eignet und auch als Bestandteil von Schokolade zugelassen ist. Frauen brauen außerdem lokale Varianten von Hirsebier.

Ein großer Teil der Landwirtschaft wird von kleinbäuerlichen Einheiten betrieben, meist Familien. Generell haben seit der Kolonialzeit Regierungen oder Entwicklungsorganisationen die Landwirtschaft in Afrika höchstens phasenweise gefördert. Eine Mechanisierung hat nur teilweise stattgefunden, viele

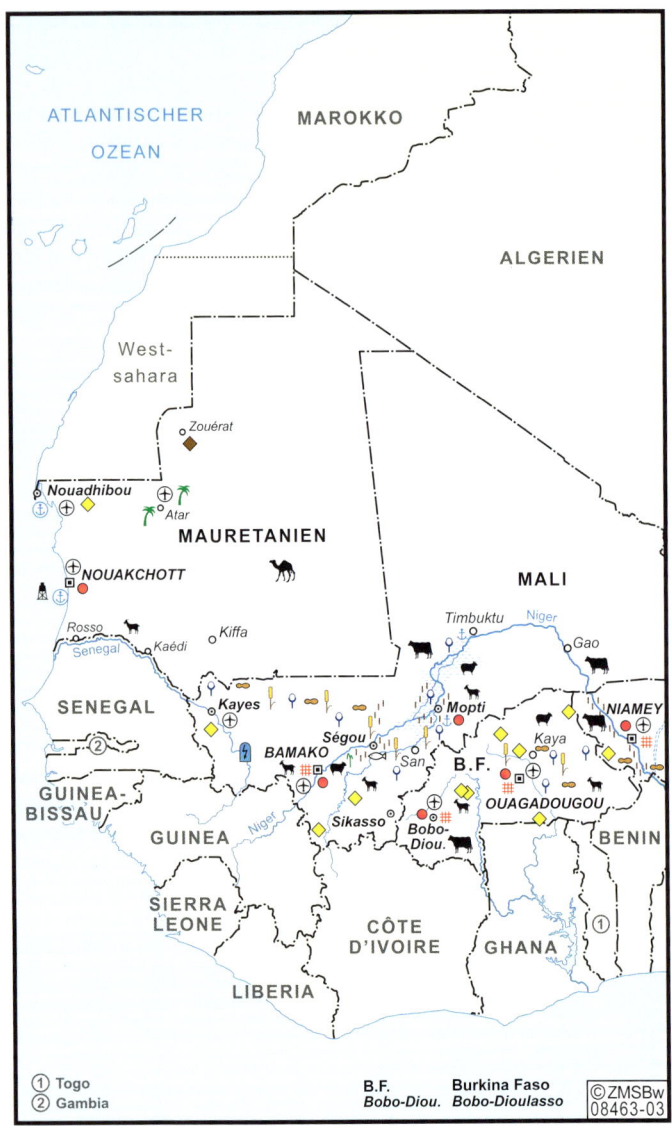

ATLANTISCHER
OZEAN

MAROKKO

ALGERIEN

West-
sahara

Zouérat

Nouadhibou

Atar

MAURETANIEN

NOUAKCHOTT

MALI

Rosso
Senegal   Kaédi

Kiffa

Timbuktu

Niger

Gao

SENEGAL

Kayes

Mopti

NIAMEY

BAMAKO

Ségou

Kaya

San

B.F.

GUINEA-
BISSAU

GUINEA

Sikasso

Bobo-
Diou.

OUAGADOUGOU

BENIN

SIERRA
LEONE

CÔTE
D'IVOIRE

GHANA

① Togo
② Gambia

LIBERIA

B.F.   Burkina Faso
Bobo-Diou.   Bobo-Dioulasso

©ZMSBw
08463-03

Wirtschaft in den G5-Sahelländern

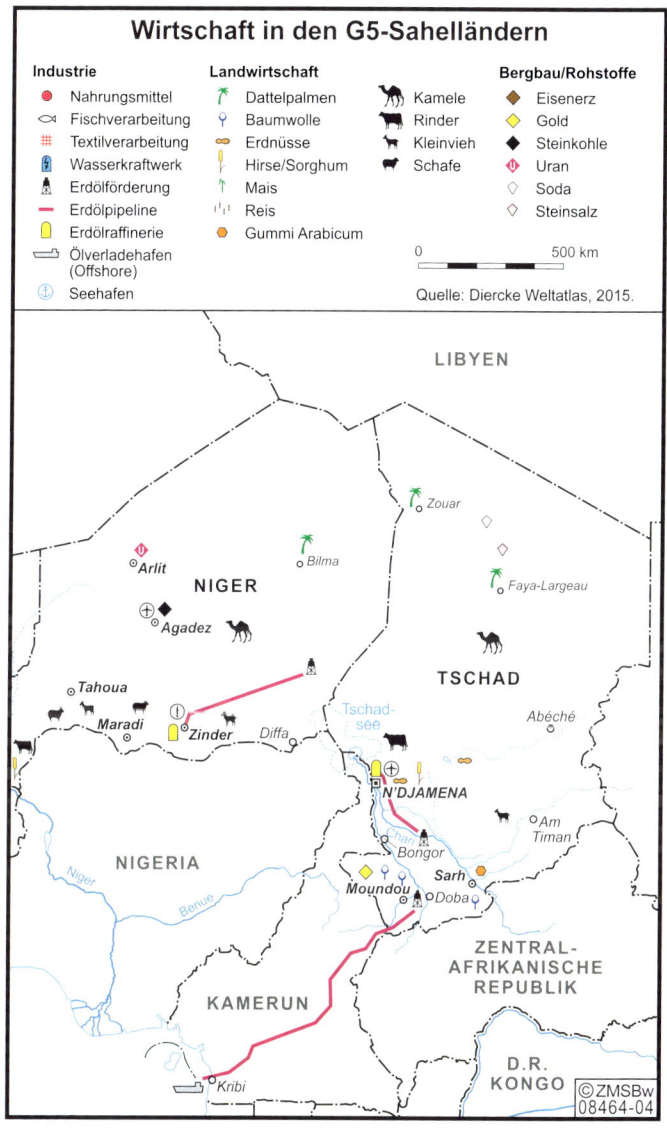

Industrie

- 🔴 Nahrungsmittel
- 〜 Fischverarbeitung
- ▦ Textilverarbeitung
- 🔋 Wasserkraftwerk
- ⛏ Erdölförderung
- — Erdölpipeline
- 🟡 Erdölraffinerie
- ⛴ Ölverladehafen (Offshore)
- ⊕ Seehafen

Landwirtschaft

- 🌴 Dattelpalmen
- ⚲ Baumwolle
- Erdnüsse
- Hirse/Sorghum
- ↑ Mais
- Reis
- 🟠 Gummi Arabicum

- 🐫 Kamele
- 🐂 Rinder
- 🐐 Kleinvieh
- 🐑 Schafe

Bergbau/Rohstoffe

- ◆ Eisenerz
- ◇ Gold
- ◆ Steinkohle
- ⬥ Uran
- ◇ Soda
- ◇ Steinsalz

0   500 km

Quelle: Diercke Weltatlas, 2015.

©ZMSBw
08464-04

Kleinbauern bestellen ihre Felder weiterhin mit traditionellem Werkzeug wie Hacken oder Grabstöcken. Eine Intensivierung der Landwirtschaft im Sahel ist aus verschiedenen Gründen schwierig. Dazu gehören stark schwankende Niederschlagsmengen während der Regenzeit, abnehmende Bodenfruchtbarkeit, schwankende Erntemengen, Heuschreckenplagen, lange Transportwege sowie fehlende Kühl- und Lagermöglichkeiten für landwirtschaftliche Produkte. Es kommt immer wieder zu Dürreperioden und Nahrungskrisen.

In den meisten Ländern haben die Bauern keinen Eigentumstitel für das Land, das sie bewirtschaften. Es gehört dem Staat, auch wenn der Staat die Regelung von Nutzungsrechten und Landkonflikten faktisch der lokalen Ebene überlässt. Grundsätzlich besteht Rechtsunsicherheit und daher wenig Anreiz, zu investieren. Für einzelne Kleinbauern ist es zudem so gut wie unmöglich, Kredite für Dünger, Pestizide und landwirtschaftliche Geräte zu erhalten, es sei denn, sie sind Mitglieder von Kooperativen, die landwirtschaftliche Produkte für den Verkauf anbauen. Phänomene wie Desertifikation (siehe den Beitrag von Thomas Krings), zunehmender demographischer Druck oder auch große Infrastrukturprojekte und Bergbau ziehen eine Verringerung von Anbauflächen nach sich. In allen fünf Ländern kommt es immer wieder zu Konflikten zwischen Bauern und Viehhaltern oder zwischen verschiedenen Bevölkerungsgruppen um Wanderkorridore, Weideflächen und Wasserstellen.

Ein großes Problem für die Vermarktung landwirtschaftlicher und anderer Produkte sind Transportwege. Nur Mauretanien hat eine Küste. Burkina Faso, Mali, Niger und Tschad sind Binnenländer. Die meisten Flüsse sind nicht ganzjährig schiffbar. Das Straßennetz ist in den fünf Ländern nur teilweise ausgebaut. Viele Straßen sind nicht geteert oder in einem schlechten Zustand und während der Regenzeit unpassierbar. Auch das Schienennetz in der Region ist noch wenig ausgebaut. Die Hauptverbindungen mit der Eisenbahn sind Dakar (Senegal)–Bamako (Mali) und Ouagadougou (Burkina Faso)–Abidjan (Côte d'Ivoire). Dazu transportiert einer der längsten und schwersten Züge der Welt Eisenerz zwischen dem mauretanischen Hafen Nouadhibou und den Bergwerken bei Zouérat im Norden des Landes. 2005 hat Mauretanien zudem das letzte Teilstück zwischen Nouadhibou und Nouakchott des Trans-African-Highway Kairo–Dakar, eines internationalen Fernstraßennetzwerks, eingeweiht. In Niger ist eine Eisenbahnverbindung zwischen der Hauptstadt Niamey und Parakou in Benin geplant, von wo aus eine Schienenverbindung bis nach Cotonou an der Küste Benins besteht. Mali plant eine Eisenbahnlinie von Bamako nach Conakry (Guinea).

Fischerei ist vor allem in Mauretanien bedeutend. Einkünfte erhält das Land aus Zahlungen für die Gewährung von Fischereirechten an ausländische Fangflotten. Bis zu 95 Prozent des gesamten Fischfangs wird ausgeführt. Die Küstengewässer Mauretaniens gelten allerdings bereits als überfischt. Im Tschad und in Niger wird am Tschadsee Fisch gefangen und frisch oder konserviert (d.h. getrocknet oder geräuchert) verkauft.

Baumwolle: Fluch und Segen

Bewässerungsfeldbau in größerem Stil wird in Mali vom Office du Niger im südwestlichen Nigerbinnendelta betrieben. Das 1932 noch in der französischen Kolonialzeit begonnene Vorhaben ist das größte landwirtschaftliche Entwicklungsprojekt Malis. Ursprünglich sollte eine Million Hektar Land bewässert werden, um mehrere hunderttausend Tonnen Baumwolle zu erwirtschaften. Dafür wäre die Ansiedlung von 300 000 Menschen erforderlich gewesen. Auch mit brutalen Zwangsmaßnahmen haben die Franzosen dieses Ziel nie erreicht. Statt Baumwolle werden heute auf verschiedenen Teilgebieten des Bewässerungslandes Reis, Zuckerrohr oder Zwiebeln angebaut. Seit der Unabhängigkeit wird Office du Niger von einer staatlichen Firma verwaltet, die nicht immer transparent agiert. Die Regierung versucht seit den 1990er Jahren zunehmend, private Investoren anzuziehen.

In Burkina Faso, Mali und Niger ist Baumwolle seit der Kolonialzeit das wichtigste landwirtschaftliche Exporterzeugnis. Die Franzosen forcierten den Baumwollanbau durch Vorschriften für Anbaumengen und durch Zwangsarbeit. Bis heute sind französische Firmen und Finanzinstitutionen die wichtigsten Handelspartner für den Baumwollexport. Die französische Kolonialmacht führte ein Produktions- und Vermarktungssystem ein, das bis heute existiert: Eine staatliche oder halbstaatliche, heute zum Teil auch private Firma ist Hauptaufkäufer der Baumwolle im ganzen Land oder in einer Region. Die Firma streckt den Produzenten Kredite für Dünger und Pestizide vor. Für die Bauern hat das den Vorteil, dass der Abnahmepreis garantiert ist und die Firma im Einkauf Rabatte auf Dünger und Pestizide aushandeln kann. Der Nachteil ist der notorisch niedrige Kaufpreis für die Baumwolle. Das Einkommen aus der Baumwollproduktion reicht meistens nicht aus, um eine Familie zu ernähren, Kredite abzubezahlen und für Notfälle vorzusorgen. Höhere Preise lassen sich auf dem Weltmarkt aber nicht erzielen, da afrikanische Baumwolle mit der hochsubventionierten Baumwolle aus den USA konkurriert. Darüber hinaus ist der Baumwollanbau riskant. Niederschläge sind unregelmäßig, die Pflanzen werden von Krankheiten und Insekten befallen. Baumwollanbau ist zudem arbeitsaufwendig. Ein Mangel an Arbeitskräften macht es schwierig, gleichzeitig Nahrungspflanzen anzubauen. Außerdem besteht ein hohes Risiko der Verschuldung. Manche Bauern bauen Baumwolle nur noch an, um Schulden zu begleichen. Andere verkaufen deswegen etwa Zugochsen, was wiederum den Ertrag verringert. Fair-Trade- oder Bio-Baumwolle spielen bislang keine große Rolle. Experimente mit gentechnisch veränderter Baumwolle in Burkina Faso sind vorerst gescheitert.

Bodenschätze

Die Länder des westlichen Sahel verfügen über etliche Bodenschätze wie beispielsweise Gold, Öl, Uran, Phosphat, Gips, Kalk, Diamanten, Marmor, Eisenerz und Steinkohle. Einige Bodenschätze wie Gold und Steinsalz werden bereits seit langer Zeit gefördert. Seit Beginn der 2000er Jahre hat sich die Rohstoffproduktion intensiviert. Niger ist heute einer der größten Uranexporteure der Welt. Das führende Unternehmen ist hier die französische Orano (früher Areva) (siehe den Beitrag von Hans-Georg Ehrhart). Das Unternehmen steht wegen intransparenter Vereinbarungen mit der nigrischen Regierung (Neokolonialismus) sowie wegen der mit dem Abbau verbundenen Gesundheits- und Umweltschäden seit Jahren in der Kritik.

Der Tschad und Niger verfügen über Erdöl. Im Tschad wird Erdöl seit 2003 gefördert. Eine 1070 km lange Pipeline führt von den Erdölfeldern des Doba-Beckens im südlichen Tschad bis zum Verladehafen Kribi am Golf von Guinea im Süden Kameruns. Die internationale Gemeinschaft versuchte zunächst, einen »Rohstofffluch« zu verhindern. Hiermit ist das Phänomen gemeint, dass bedeutende Rohstoffvorkommen in Entwicklungsländern oft nicht zu steigendem Wohlstand führen, sondern im Gegenteil zu Korruption und Konflikten. Ein Konsortium von Unternehmen wie ExxonMobil, Petronas, Chevron und die Weltbank vereinbarten mit der Regierung des Tschad, dass Öleinnahmen der Armutsbekämpfung und Entwicklung zugutekommen sollten. Die Einkünfte sollten auf ein Londoner Treuhandkonto eingezahlt und zehn Prozent davon als »Zukunftfonds« zurückgehalten werden. Mit den ersten Einnahmen aus der Erdölproduktion kaufte Präsident Idriss Déby (*1952) jedoch Waffen. Anhaltende Meinungsverschiedenheiten und die Weigerung der tschadischen Regierung, sich an die Vereinbarungen zu halten, führten im September 2008 schließlich zu einem Rückzug der Weltbank aus dem gemeinsamen Projekt. Der Tschad zahlte 65,7 Mio. US-Dollar an die Weltbank zurück. Die Regierung publiziert seitdem keine Informationen über Öleinkünfte.

2011 wurde in Niger die erste Erdölraffinerie in Zinder, der zweitgrößten Stadt des Landes, eröffnet. Wichtigster Partner des Joint-Venture-Projekts Soraz ist das chinesische Staatsunternehmen China National Petroleum Corporation (CNPC), das 60 Prozent der Anteile hält. Das Rohöl wird durch eine Pipeline von Agadem (Region Diffa) aus nach Zinder gepumpt. Erwartungen an baldiges Wirtschaftswachstum haben sich allerdings noch nicht erfüllt, die Raffinerie ist hoch verschuldet.

Die größten Goldexporteure unter den Sahelländern sind Mali und Burkina Faso. Mali, drittgrößter Goldexporteur Afrikas nach Südafrika und Ghana, hat eine lange Geschichte des vorkolonialen, handwerklichen Goldbergbaus. Der industrielle Goldbergbau wächst dort seit den 1990er Jahren. Im Süden und Südwesten Malis erschlossen ausländische Investoren große Goldlagerstätten. Seit 2015 gibt es zwei Goldraffinerien in der Hauptstadt Bamako. In Burkina Faso breitete sich der handwerkliche Goldbergbau seit den 1980er Jahren in verschiedenen

Landesteilen aus. Seit 2007 eröffneten australische, britische, kanadische, russische und südafrikanische Firmen neun industrielle Goldminen; weitere sind im Aufbau. Burkina Faso wurde innerhalb weniger Jahre zum viertgrößten Goldexporteur Subsahara-Afrikas. Das in Burkina Faso und Mali geförderte Gold wird zu fast 100 Prozent exportiert, u.a. nach Südafrika und in die Schweiz. Während die Baumwollproduktion in beiden Ländern Einkommen für viele Kleinbauern schafft, profitieren von den Goldexporten nur wenige. Beide Länder sind nach wie vor in hohem Maße abhängig von Entwicklungshilfe und Rücküberweisungen. In beiden Ländern gibt es immer wieder Proteste gegen den industriellen Goldbergbau, der mit Vertreibungen der lokalen Bevölkerung und handwerklicher Schürfer einhergeht.

Industrie und Dienstleistungen

Industrielle Produktion beschränkt sich in den fünf Ländern hauptsächlich auf die Weiterverarbeitung landwirtschaftlicher Produkte, wobei die Veredelung meist außerhalb der Region stattfindet. So gibt es in den baumwollexportierenden Ländern zwar Entkörnungsfabriken, aber kaum Textilindustrien. Vorhandene Industrien sind etwa die Produktion von Zement, Getränken, Zucker, Seife und Zigaretten. Die Energiewirtschaft war bis in die 1990er Jahre hauptsächlich in staatlicher Hand. Im Zuge von Liberalisierung und Privatisierung wurden einige staatliche Betriebe privatisiert oder teilprivatisiert.

Im Dienstleistungssektor dominieren Handel, Handwerk, Transport, Finanzinstitute, Kommunikation und Gastronomie. Neue Kommunikationstechnologien schaffen in allen fünf Ländern vielfältige Möglichkeiten für den Zugang zu Informationen, für die Verbesserung von Verwaltung, für Vernetzung im öffentlichen und privaten Sektor und für den Geldtransfer. Gute Internetverbindungen sind allerdings nach wie vor ein Privileg der städtischen Bevölkerung. Die Mobiltelefonie hingegen erreicht auch ländliche Regionen und trägt dazu bei, dass Kleinbauern und Getreidehändler sich beispielsweise rechtzeitig über Wetterbedingungen oder Marktpreise für landwirtschaftliche

Produkte informieren können. Der Tourismus kommt aufgrund der derzeitigen Sicherheitslage aber immer mehr zum Erliegen.

Der formelle Sektor, also der Teil der Volkswirtschaft, in dem formalisierte Beschäftigungsverhältnisse gelten und der statistisch erfasst wird, ist in allen fünf Ländern eher klein. Der Anteil der in Staat, Industrie und Dienstleistungen regulär Beschäftigten beträgt in allen Ländern etwa 20 Prozent. Unter den regulär Beschäftigten sind Frauen wiederum unterrepräsentiert (etwa ein Viertel). Hochschulabsolventen streben in den Staatsdienst, in Organisationen der Entwicklungszusammenarbeit und in die Privatwirtschaft. Der größte Anteil der Beschäftigungen in Städten ist informell, d.h. Tätigkeiten und Betriebe sind nicht offiziell registriert. Die in der informellen Wirtschaft tätigen Personen zahlen keine Steuern und genießen keine Rechte wie z.B. Arbeits- oder Mutterschutz. Der Widerstand gegen Registrierung und Besteuerung beruht meist darauf, dass Steuergelder nicht in für die Bevölkerung sichtbare oder relevante Vorhaben fließen. Viele informelle Tätigkeiten sind Überlebensstrategien in Form von Gelegenheitsarbeit oder Mehrfachbeschäftigungen. Oft üben auch Staatsangestellte Nebentätigkeiten aus, weil ihr Gehalt zu niedrig ist oder unregelmäßig ausgezahlt wird. Informelle Tätigkeiten umfassen Heimarbeit, Straßenhandel, Zwischenhandel mit Klein- und Kleinstprodukten und Dienstleistungen aller Art. Die im informellen Sektor erzielten Einkommen sind meist gering und der Zugang zu Krediten schwierig. Frauen sind eher in informellen Beschäftigungen tätig als Manner, was mit ihrem generell niedrigeren Bildungsniveau oder geringerem Kapitalbesitz zusammenhängt. Doch informelle Beschäftigungen haben auch Vorteile für Frauen. Sie sind selbstständig und lassen sich besser mit Familienarbeit vereinbaren. Nicht alle Frauen sind im Handel so erfolgreich wie die legendären »Nana Benz« oder »Mama Benz«, die mit dem Verkauf von bedruckten Stoffen aus den Niederlanden in Senegal, Togo oder Ghana so viel Geld verdienen, dass sie sich deutsche Luxuswagen leisten können. Doch ohne die Frauen, die auf dem Land Lebensmittel produzieren und die Händlerinnen, die diese auf- und weiterverkaufen, wäre die Versorgungslage in den Städten nicht gewährleistet.

Katja Werthmann

Im westlichen Sahel leben eine Vielzahl von Ethnien mit sehr unterschiedlichen Sprachen, Kulturen und Lebensweisen. Die Grenzen der Nationalstaaten, die durch die Kolonialmächte gezogen und von der Organisation of African Unity (OAU) bei ihrer Gründung in den 1960er Jahren bestätigt wurden, decken sich dabei nicht notwendigerweise mit kulturellen, sprachlichen oder ethnischen Grenzen. Daraus ergaben sich für Wirtschaft und Lebensweise der verschiedenen Bevölkerungsgruppen völlig unterschiedliche Voraussetzungen. Im folgenden Beitrag sind einige Ethnien der Region exemplarisch herausgegriffen. An diesen Beispielen soll das Spannungsfeld zwischen sozialer und politischer Organisation auf Gruppenebene, nationalstaatlicher Zugehörigkeit und regionalen Zusammenhängen verdeutlicht werden.

■■■■ Ethnische Vielfalt und Lebenswelten

Mit der Dekolonisation und Staatengründung in den 1960er Jahren wurden aus Verwaltungs- mit einem Mal Staatsgrenzen (siehe den Beitrag von Rainer Tetzlaff). Diese nationalen Grenzen behinderten plötzlich regionale, saisonale und wirtschaftliche Migrationsbewegungen. Traditionelle Herrschaftsgebiete verteilten sich über mehr als ein Land, und Menschen, die sich als zusammengehörig fühlten, wurden durch diese neu definierten Grenzen zu Bürgern unterschiedlicher Staaten. Anders gestaltete sich die Situation für kleinere, aber auch größere Völker, die als sesshafte Bodenbauern in nur einem Staat lebten.

Unterschiedliche Formen der politischen und sozialen Organisation auf der Ebene der ethnischen Gruppen machen gültige Aussagen über die gesamte Region oder einzelne Staaten schwierig. Die soziale Organisation der ethnischen Gruppen im westlichen Afrika nimmt wenig Rücksicht darauf, welche Staatsform durch den Kolonialismus oder später die unabhängigen afrikanischen Staaten eingeführt wurde. Zudem vermischen sich ökonomische Interessen mit Ethnonationalismus, dschihadistischen Ideen und der Abgrenzung zu als anders wahrgenommenen Gruppen zu einer gefährlichen Gemengelage. Oft eskalieren Konflikte entlang dieser Linien gewaltsam; sie lassen sich nur sehr schwer auf eine einzige Ursache reduzieren.

Wie überall auf der Welt gehen aber auch internationale Entwicklungen nicht spurlos an den Menschen vorbei; sie betreffen die Region als Ganzes. Rezente wirtschaftliche und soziale Prozesse, die das Produkt von historischen Entwicklungen und gegenwärtigen Umständen sind, beeinflussen die lebensweltlichen Bedingungen der Menschen maßgeblich. Klimatische Veränderungen tragen dazu bei, dass sich Konflikte um Ressourcen verschärfen (siehe den Beitrag von Thomas Krings).

Mobile Bevölkerungsgruppen

Die Fulani (Peul/Fulbe) sind eine ursprünglich nomadisierende Gruppe, die sich über den gesamten westafrikanischen Sahel verteilen und deren Siedlungsgebiete in Guinea, Nigeria, Kamerun, Senegal, Gambia, Guinea-Bissau, Mauretanien, Mali, Niger, im Tschad und im Sudan liegen. Schätzungen gehen derzeit von ca. 40 Millionen Menschen aus, die den Fulani zuzurechnen sind. Ein Drittel von ihnen lebt nomadisch, beispielsweise die Wodaabe (Volk des Tabus), einer der letzten Ethnien Afrikas mit vollnomadischer Lebensweise, die vorwiegend in Niger wandern (das Eingansbild des Beitrags zeigt Wodaabe-Frauen). Die anderen zwei Drittel leben halbnomadisch oder sesshaft. Die Lebensweise als nomadische bzw. halbnomadische Viehzüchter bringt die Fulani immer wieder in Konflikt mit lokalen sesshaften Gruppen, die Ackerbau betreiben. Davon dürften auch die negativen Stereotype und Narrative über die Fulani herrühren. Gleichzeitig sind sie immer wieder Opfer von Übergriffen durch andere Gruppen, wie sich am Beispiel Mali zeigt. Erst im März 2019 eskalierte ein Landrechtskonflikt zwischen Fulani und Dogon mit mehr als einhundert Toten, worüber auch die die internationale Presse berichtete. Immer öfter wirken in diese Auseinandersetzungen auch religiöse Konflikte hinein. Dschihadistische Gruppen, die mit al-Qaida oder dem Islamischen Staat bzw. deren Ablegern verbunden sind, nutzen ethnische Differenzen zur Rekrutierung (siehe den Beitrag von Torsten Konopka).

Unter der Bezeichnung Fulani werden unterschiedliche Menschen subsummiert. Fulani waren früher Angehörige ganz unterschiedlicher Kasten oder beruflicher Vereinigungen. Es wurde wiederholt darauf hingewiesen, dass es eine individu-

picture alliance/africamediaonline/Ariadne Van Zandbergen

Eine Frau aus der Ethnie der Fulani in Mali mit traditionellen Ohrringen aus Gold, Djenné, 2008.

elle Willensentscheidung ist, ob jemand zu dieser Gesellschaft gehören will oder nicht. In den nördlichen Gebieten Westafrikas sind die Fulani Teil der muslimischen Gemeinschaften und haben oft Führungsfunktionen inne. In Nordnigeria etwa kontrollieren sie mehrere Emirate. In den staatlichen Systemen des westafrikanischen Sahelraumes spielen sie eine wichtige Rolle.

Die Tuareg sind nomadische Viehzüchter. Sie gelten als »Spediteure« zwischen Nord- und Westafrika. Seit Jahrhunderten bedienen sie die Handelsrouten durch die Sahara. Neben dem Transport von Waren sind sie aber auch als lokale Händler im gesamten Westafrika aktiv. Sie leben hauptsächlich in Algerien, Libyen, Mali, Burkina Faso und Niger. Ihre Zahl wird auf ca. drei Millionen Menschen geschätzt, wobei die Angaben stark schwanken. Seit der Mitte des 20. Jahrhunderts wurden viele Tuareg freiwillig oder unfreiwillig sesshaft; unfreiwillig deshalb, weil die Ansiedelung häufig unter dem Druck der Regierungen stattfand. Tuareg-Rebellionen sind seit Beginn der europäischen Kolonisierung der Region bekannt: als Reaktion auf das Weltmachtstreben der Franzosen auch im Sahel (seit 1916/17) oder auf staatliche Landreformen in ihren traditionellen Siedlungsgebieten wie in Mali (1961 bis 1964). Diverse Autonomiebestrebungen in den postkolonialen Staaten wurden ebenfalls von Gewalt begleitet (siehe die Beiträge von Georg Klute/Baz Lecocq und von Torsten Konopka sowie den Infokasten auf S. 82 f.). Wie auch in anderen lokalen Auseinandersetzungen werden ethnische Konflikte und die Konkurrenz um Land von dschihadistischen Gruppen für ihre Zwecke genutzt.

Die Tuareg leben in mehreren großen Konföderationen in einem multiethnischen Umfeld, das es ihnen in der Vergangenheit erlaubte, Menschen anderer ethnischer Herkunft in ihr System zu integrieren. Die soziale Organisation ermöglichte ihnen zwar, wirtschaftliche Entscheidungen in die Hände weniger Individuen zu legen; politische Macht blieb hingegen fragmentiert. Von der niedrigsten Ebene mit nur fünf oder sechs Familien über Abstammungsgruppen und Clans bis hin zu den Konföderationen waren die politischen Ämter und ihre Aufgaben festgelegt. Auf Ebene der Konföderationen wurde der Amenokal (Sultan) gewählt. Seine heutige Aufgabe ist maßgeblich die eines Verbindungsglieds zu den Zentralregierungen.

picture alliance/Jazz Archiv/Michi Reimers

In Deutschland und in Europa haben einige Tuareg mit ihrem unverkennbaren Desert Blues Bekanntheit erlangt, etwa die 1982 gegründete Band Tinariwen, die in traditionellen Gewändern auftritt, wie hier bei einem Konzert im Hamburg-Altona im Sommer 2017.

Grenzüberschreitende Gruppen

Ethnien, die durch die koloniale Grenzziehung getrennt wurden, haben ihre verwandtschaftlichen und sonstigen Kontakte nicht aufgegeben, sondern ihre sozialen Interaktionen beibehalten. Beziehungen, die bereits vor der Grenzziehung bestanden haben, sind noch immer vorhanden und werden auch gelebt. Handels- und andere Netzwerke des Austauschs funktionieren dabei erstaunlich gut. Nationalstaatliche Grenzen haben hier nur eine geringe Bedeutung (siehe den Beitrag von Fransje Molenaar und Anna Schmauder). Im Kontext des Handels und sozialen Austauschs bedeutet dies für Individuen und Gruppen, dass die lokalen Regeln des Zusammenlebens wichtiger sind als die Regeln und Gesetze eines oder mehrerer als abstrakt wahrgenommener Staaten. Diese Beziehungen über Staatsgrenzen hinweg werden international, aber auch innerafrikanisch erst als problematisch wahrgenommen, wenn irregulärer Handel oder Konflikte ein gewisses Ausmaß überschreiten.

Ein Beispiel für in verschiedenen Staaten des Sahel heimische Gruppen sind die Kanuri. Sie leben in der Region um den

Tschadsee im Nordosten Nigerias, im Südosten Nigers, in der nigerianisch-nigrischen Grenzregion sowie in Nordkamerun und im Südwesten des Tschad. Ihrem Selbstverständnis nach sind sie Nachkommen des mittelalterlichen Bornu-Reichs, auf das sie auch ihre Abstammungslinien zurückführen. Sie leben als Ackerbauern und Viehzüchter, aber auch als Fischer am Tschadsee. Die Austrocknung des Sees während der letzten 50 Jahre hat der Fischerei allerdings beträchtlich zugesetzt und ihre Bedeutung verschwinden lassen. Die Kanuri erlangten international vor allem Bekanntheit, weil sie die Basis der extremistischen Gruppierung »Boko Haram« bilden. Der Zulauf ist auch durch die klimatischen Veränderungen in der Region bedingt, die den Menschen die Lebensgrundlagen mehr und mehr entzogen haben. Dass sich Boko Haram von einer nigerianischen zu einer grenzüberschreitenden Gruppe entwickeln konnte, ist den sozialen und Handelskontakten über die Grenzen hinweg geschuldet. Die Internationalisierung von Boko Haram scheint Lösungsansätze bzw. die Transformation der Konflikte zu erschweren (siehe auch den Infokasten auf S. 95 f.).

Innerstaatliche Diversität

Innerstaatliche Diversität ist in den Staaten der Sahelregion nicht die Ausnahme, sondern die Regel. Verschiedene Ethnien leben unter dem Dach eines Nationalstaats zusammen. Aufgrund fehlender staatlicher Autorität bilden traditionelle Formen sozialer Organisation und ihre Autoritäten häufig das rechtliche und soziale Referenzsystem für die Menschen. Wie die einzelnen Gruppen organisiert sind, ist sehr unterschiedlich und historisch gewachsen. Auf Ebene des Staates gründen Wirtschaft und Politik mehr auf ethnischen Zugehörigkeiten als auf ideologischen Gemeinsamkeiten. Politiker verlassen sich daher zuvorderst auf ethnische Zugehörigkeiten, um ihre Machtbasis zu erhalten. In einigen Staaten der Sahelregion können aber durch sogenannte Scherzbeziehungen (La parenté à plaisanterie) Studien zufolge rein ethnopolitische Überlegungen überwunden werden. Scherzbeziehungen sind formalisierte Scherze und Formen des Umgangs zwischen verschiedenen Subgruppen einer Gesellschaft,

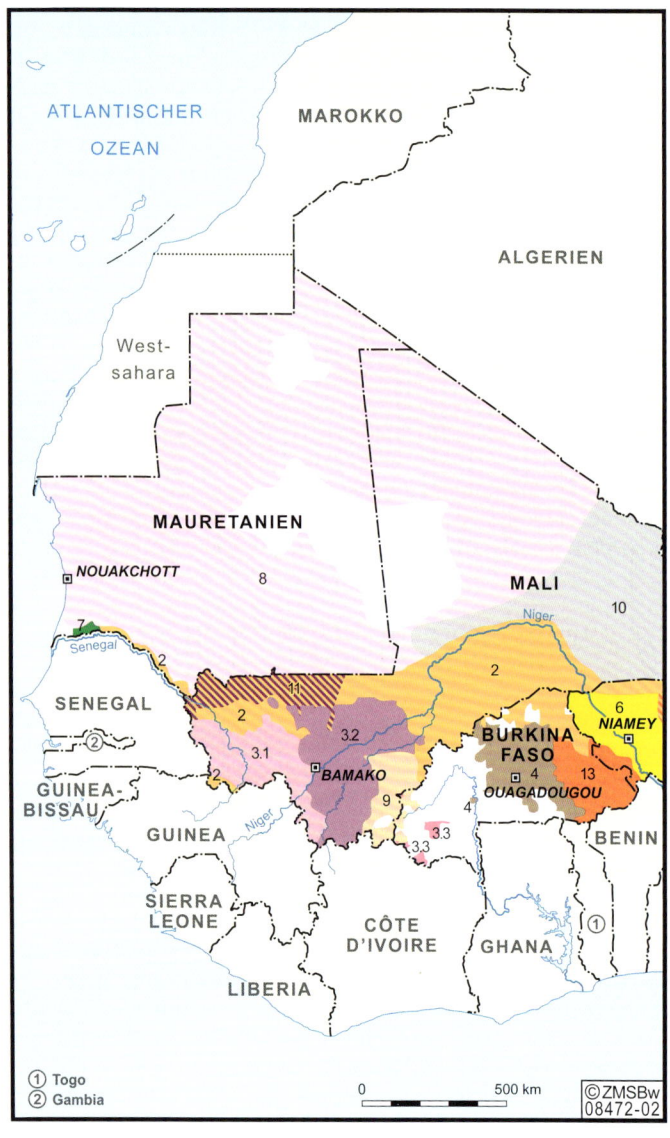

ATLANTISCHER
OZEAN

MAROKKO

ALGERIEN

West-
sahara

MAURETANIEN

NOUAKCHOTT   8

MALI

Niger   10

7
Senegal

2

SENEGAL

2   11
2
3.2
3.1
BAMAKO
9

Niger

BURKINA
FASO
NIAMEY   6

2

4   13
OUAGADOUGOU
4

3.3
3.3

GUINEA-
BISSAU

GUINEA

SIERRA
LEONE

CÔTE
D'IVOIRE

GHANA

BENIN

1

LIBERIA

① Togo
② Gambia

0   500 km

©ZMSBw
08472-02

142

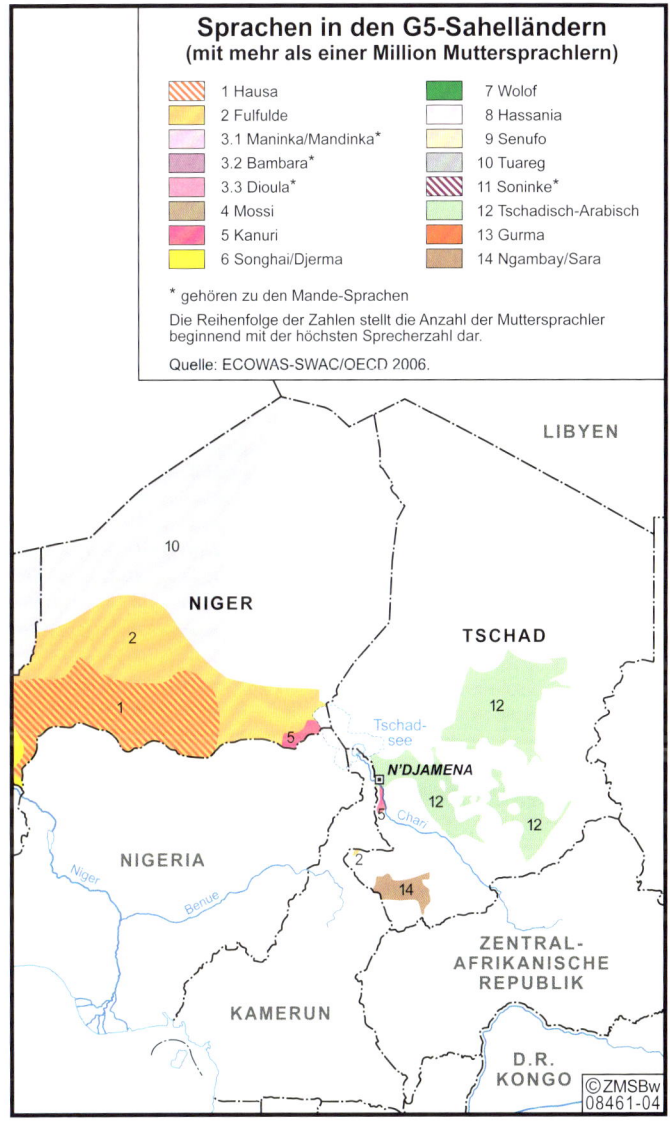

Sprachen in den G5-Sahelländern
(mit mehr als einer Million Muttersprachlern)

1 Hausa
2 Fulfulde
3.1 Maninka/Mandinka*
3.2 Bambara*
3.3 Dioula*
4 Mossi
5 Kanuri
6 Songhai/Djerma

7 Wolof
8 Hassania
9 Senufo
10 Tuareg
11 Soninke*
12 Tschadisch-Arabisch
13 Gurma
14 Ngambay/Sara

* gehören zu den Mande-Sprachen

Die Reihenfolge der Zahlen stellt die Anzahl der Muttersprachler beginnend mit der höchsten Sprecherzahl dar.

Quelle: ECOWAS-SWAC/OECD 2006.

LIBYEN

NIGER

TSCHAD

Tschad-see

N'DJAMENA

Chari

NIGERIA

Niger

Benue

ZENTRAL-AFRIKANISCHE REPUBLIK

KAMERUN

D.R. KONGO

©ZMSBw
08461-04

die auch ethnische Grenzen oder Berufsgruppen überschreiten können. Sie werden in vielen Teilen Westafrikas praktiziert und haben unterschiedliche Bezeichnungen. Sie heißen zum Beispiel in Mali »Sinankunya« (Bambara/Manding), »Dendiraagu« (Fulfulde) oder »Mango« (Dogon). Die Scherze sind niemals sehr verletzend und thematisieren inhaltlich in vielen Fällen Überlegenheit, Unbeholfenheit oder schlechte Essgewohnheiten. Die Scherze dienen maßgeblich als Mittel der sozialen Entspannung und sind für Außenstehende oft nur schwer zu verstehen.

Sehr oft dominiert eine Ethnie einen bestimmten Lebensbereich oder es wird ihr die Dominanz von anderen Gruppen zugeschrieben. Falls es an der Staatsspitze oder im gesamten politischen System einen Wechsel gibt, muss das nicht notwendigerweise bedeuten, dass auch der Einfluss in anderen Bereichen zurückgeht. Sicherheitskräfte oder die Wirtschaft des Landes können nach wie vor von früheren politischen Eliten dominiert werden. In Nigeria ist das Ungleichgewicht zwischen Norden und Süden, Muslimen und Christen immer wieder politisches Thema. Und in Staaten, in denen ein Putsch stattgefunden hat, wird zwar meist die politische und militärische, nicht aber die wirtschaftliche Elite ausgetauscht.

Bestimmende Faktoren des Zusammenlebens in der Sahelregion

Während des Ost-West-Konflikts waren viele innerstaatliche Entwicklungen von ideologischen Auseinandersetzungen bestimmt, deren Ursprung außerhalb Afrikas lag. Konflikte zwischen »dem Westen« und »dem Osten« wurden als Stellvertreterkonflikte und -kriege in Afrika ausgetragen. Auch in afrikanischen Staaten positionierte sich die politische Führung meist entlang dieser Differenzierung. Ab den 1990er Jahren wurde jedoch rasch klar, dass sich zwar die Eliten der einzelnen Länder für eine ideologische Richtung hatten gewinnen lassen, die tatsächlich bestimmenden Konfliktursachen jedoch durch Ethnizität, Religion und andere Gruppenzugehörigkeiten determiniert werden.

Die Staaten Westafrikas haben sich nach der Unabhängigkeit durchwegs unterschiedlich entwickelt, wenngleich einige Parallelen gezogen werden können. Vor allem im Sahelraum lassen sich einige Gemeinsamkeiten feststellen. Wie überall in der heutigen Welt zieht es die Menschen auf der Suche nach Arbeit und nach einem besseren Leben, auf der Flucht vor Konflikten und sich verändernden Lebensbedingungen in die Städte. Die in den letzten Jahren stark steigenden Urbanisierungsraten in Westafrika haben einen großen Einfluss auf das Zusammenleben der Menschen. Waren schon in früheren Zeiten die Grenzen zwischen Zugehörigkeiten fließend, können diese im Kontext einer Stadt entweder verstärkt oder abgeschwächt werden. Verstärkt werden sie dann, wenn aufgrund externen Drucks die Mitglieder einer Gruppe näher zusammenrücken, während sie abgeschwächt werden, wenn kein Druck vorhanden ist. Externer Druck kann zum Beispiel von einer größeren ethnischen oder religiösen Gruppe gegenüber einer kleineren ausgeübt werden. Andererseits scheint bei annähernder politischer Gleichberechtigung und gleichen politischen und wirtschaftlichen Umständen die Gruppenzugehörigkeit eine geringere Rolle zu spielen. Ehen über ethnische Grenzen hinweg sind beispielsweise in vielen Kontexten kein Tabu und werden immer seltener nach traditionellen Gesichtspunkten geschlossen.

Insgesamt ist der Sahel eine Region der Vielfalt. Ethnische Vielfalt, unterschiedliche Formen der sozialen Organisation und historisch gewachsene Wirtschaftsformen machen es schwierig, den gesamten Raum als zusammengehörend zu charakterisieren und der Komplexität gerecht zu werden. In einer Region, in der staatliche Strukturen nur sehr begrenzt auf das Leben der Menschen Einfluss nehmen, bleiben traditionelle Formen der sozialen Organisation ein wichtiges Element für die Menschen, das ihnen hilft, Probleme des täglichen Lebens zu bewältigen. Das reicht von Sicherheit über ökonomische Möglichkeiten bis hin zur Rechtsprechung.

Gerald Hainzl

Der Islam – im Bild betende Muslime in Niger während des »Opferfestes« (Eid ul-Adha) – ist die vorherrschende Religion in allen Staaten des
westlichen Sahel. Auslegung und religiöses Alltagsleben sind jedoch vielfältig und variieren zwischen Ländern, Regionen und Bevölkerungsgruppen. Den »einen« Islam gibt es nicht. Die weltoffene, spirituell orientierte
muslimische Glaubensrichtung des Sufismus spielt vielerorts eine große
Rolle. Reformströmungen wie der Salafismus kämpfen für eine rigidere
Auslegung des Islam. Externe Akteure versuchen ihre jeweiligen religiösen Vorstellungen in der Region zu fördern. Mit Ausnahme Mauretaniens, einer islamischen Republik, sind die Staaten der G5-Sahelgruppe
jedoch säkular. Trotz zahlreicher Querverbindungen und gegenseitiger
Abhängigkeiten wird die Trennung von Staat und Religion angestrebt.

■■■■ Religion im Sahelraum

Bei den Staaten des westlichen Sahel handelt es sich um säkulare Republiken nach französischem Vorbild. Ziel ist eine strikte Trennung von Staat und Religionen. Einzig Mauretanien versteht sich als islamische Republik. Aufgrund der enormen geographischen Ausdehnung der Region herrscht eine große politische, ethnische, sprachliche und kulturelle Vielfalt vor.

Die Islamisierung des Sahel hat sich über Jahrhunderte hingezogen. Eine wichtige Rolle hat hierbei der Transsaharahandel gespielt. Da ab dem 10. Jahrhundert die meisten Händler Muslime aus Nordafrika waren, fand die Islamisierung in der Regel auf diesem Wege statt. Im Laufe der Jahrhunderte nahmen die Herrscher afrikanischer Staaten sowie deren Bevölkerung den Islam als Religion an (siehe den Beitrag von Arno Sonderegger). Islamische Reformbewegungen, durchaus auch militanter Art, haben ab dem 18. Jahrhundert diesen Prozess beschleunigt (siehe den Beitrag von Michael Pesek). Vor allem unter der europäischen Fremdherrschaft nahm der Anteil von Muslimen unter der afrikanischen Bevölkerung enorm zu.

Afrikanisch Traditionale Religionen (ATR) spielen im Sahel zahlenmäßig nur mehr eine sehr untergeordnete Rolle. Jedoch lassen sich Elemente dieser Religionen in der täglichen religiösen Praxis der Muslime und Christen feststellen.

Versuche während der Kolonialzeit, Muslime zum Christentum zu bekehren, waren nicht erfolgreich. Bestrebungen gab es ab dem Ende des 19. Jahrhunderts durch die »Gesellschaft der Missionare von Afrika«, auch als »Weiße Väter« und »Weiße Schwestern« bekannt. Weitaus erfolgreicher waren diese Missionsbestrebungen bei den ATR-Anhängern. Die christliche Mission wirkte sich dadurch auf die religiöse Zusammensetzung der Bevölkerung der zeitgenössischen Sahelstaaten aus. Mit Ausnahme von Mauretanien, das den Islam zur Staatsreligion erhoben hat und nahezu ausschließlich von Muslimen bewohnt ist, leben in allen Sahelstaaten Anhänger unterschiedlicher Religionsgemeinschaften zusammen.

Allerdings spiegelt die zahlenmäßige Stärke einer Religionsgemeinschaft nicht zwangsläufig den tatsächlichen Einfluss wider, den sie auf Politik und Gesellschaft ausübt. Der erste Präsident des Senegal nach Erlangung der staatlichen Unabhängigkeit, Léopold Sédar Senghor (Amtszeit 1960–1980), war Katholik. Die Muslime stellen im Senegal ca. 95 % der Bevölkerung. Auch in dem mehrheitlich von Muslimen bewohnten Burkina Faso waren bislang lediglich zwei der acht Präsidenten Muslime. Anders verhält es sich im Tschad. Bei etwa ähnlichen Mehrheitsverhältnissen – über die Hälfte Muslime – waren bislang lediglich zwei der sechs Präsidenten Christen. Selbst wenn in Ländern wie Burkina Faso oder Mali ATR-Anhänger eine kleine Minderheit stellen, ist ihr tatsächlicher Einfluss auf Politik und Gesellschaft nur schwer konkret greifbar. Zu unterschätzen ist ihr Einfluss nicht.

Islam und Alltag

Im westlichen und zentralen Sahel stellen die Muslime eindeutig die Mehrheit. Sie bestimmen die religiöse Alltagspraxis in der Region. Das zentrale Buch des Islam, der Koran, verfügt in den Augen der Muslime über einen heiligen Charakter: Er sei Mohammed wörtlich von Gott offenbart worden, weswegen dem Propheten eine besondere Verehrung zukommt. Wichtige Bestandteile der religiösen Alltagspraxis sind die fünf täglichen rituellen Gebete, die öffentliche Predigt in den Moscheen an Freitagen, dem islamischen Ruhetag, das Fasten während des Monats Ramadan und die große Pilgerfahrt nach Mekka, auf Arabisch als Haddsch bezeichnet. Der Haddsch findet zu einem festen Zeitpunkt im islamischen Jahreslauf statt. Die Abfolge islamischer Feiertage und Feste richtet sich nach dem islamischen Mondkalender, der im Gegensatz zum in Europa üblichen gregorianischen Kalender elf Tage kürzer ist. Dadurch variiert der islamische Festkalender. Die wichtigsten islamischen Feiertage sind das Opferfest (Eid ul-Adha) – in Westafrika auch als Tabaski-Fest bezeichnet – und das Fest des Fastenbrechens (Id al-Fitr), das das Ende des Fastenmonats Ramadan markiert. Das augenscheinlichste Merkmal des Opferfests ist die Schlachtung eines Schafs durch das Familienoberhaupt. Der Zeitpunkt des

picture alliance/Ton Koene

Katholische Messe in Bahai im Tschad, Oktober 2007.

Opferfestes fällt in den Zeitraum der großen Pilgerfahrt und ist auch Teil der Rituale des Haddsch. Ferner befolgen alle Muslime Speisevorschriften. So essen sie nur Fleisch von Tieren, die nach strikten Vorschriften geschlachtet wurden. Schweinefleisch zu essen ist religiös verboten, ebenso der Konsum von Alkohol.

Nahezu alle Muslime in dem geographischen Großraum gehören der sunnitischen Glaubensrichtung an. Zudem folgen sie der malikitischen Rechtsschule, d.h. religiös-rechtliche und auch religiös-rituelle Regelungen folgen der gleichen Lehrtradition. Dennoch ist es nicht möglich, von einem einheitlichen »afrikanischen Islam« zu sprechen. Einerseits gibt es im Islam nicht die Tradition einer hierarchisch aufgebauten Kirche, andererseits ist die räumliche und ethnische Vielfalt groß und die historischen Erfahrungen sind unterschiedlich. Es gibt eine große Bandbreite an Interpretationen von »Islam«. Einflüsse unterschiedlichster Art, wie etwa ATR, lokale Traditionen und der Zeitpunkt der Islamisierung formten den Islam vor Ort. Zudem verlief bzw. verläuft die Islamisierung, abhängig von den Rahmenbedingungen, in unterschiedlicher Geschwindigkeit.

Sufismus und Salafismus

In weiten Teilen des Sahel spielen Sufi-Bruderschaften eine große Rolle. Im Mittelpunkt des Sufismus steht nicht der offensichtliche oder äußere, sondern der innere Sinn des Korans. Die Bruderschaften sind hierarchisch organisiert. An ihrer Spitze steht ein spiritueller Führer. Der Scheich, in der französischen Literatur auch als Marabout bezeichnet, zeichnet sich durch seine besondere Nähe zu Gott aus und fungiert als Mittler zwischen den Gläubigen und Gott. Er unterweist seine Anhänger in speziellen Glaubensübungen und Ritualen, die sich von Bruderschaft zu Bruderschaft unterscheiden. Weiteres Kennzeichen der Sufi-Bruderschaften ist die Verehrung ihrer spirituellen Führer als »Heilige«. Deren Grabstätten sind häufig Wallfahrtszentren.

Während für die Mehrheit der Muslime die Freitagspredigt in der Moschee der rituelle Höhepunkt der Woche ist, stellt für Anhänger der Sufi-Bruderschaften das »Gedenken Gottes« die bedeutendste rituelle Übung dar. Sie findet in der Regel an den Versammlungsorten der Bruderschaften (arab. *zawiya*) statt. Die Bandbreite dieser religiösen Praxis reicht von stillen meditativen bis hin zu mit Musik begleiteten ekstatischen Übungen. Häufig wird die Leitung der Sufi-Bruderschaften innerhalb führender Familien vererbt, da sie in den Augen ihrer Anhänger über eine besondere Segenskraft verfügen. Mit der Ausnahme der Tidschaniya-Bruderschaft sind Mehrfachmitgliedschaften möglich. Diese im Sahelbereich einflussreiche Sufi-Gemeinschaft versteht sich als exklusiv und grenzt sich von allen anderen Bruderschaften ab. Die Beziehungen zwischen den einzelnen Bruderschaften sind nicht immer frei von Konflikten, selbst innerhalb ein und derselben Bruderschaft können Spannungen und Abspaltungen auftreten. Die Auseinandersetzungen werden häufig mit religiösen Argumenten geführt, im Grunde können sie jedoch auch Ausdruck von Streitigkeiten im Zusammenhang mit dem Zugang zu wirtschaftlichen oder politischen Ressourcen sein. Auch Nachfolgestreitigkeiten innerhalb führender Sufi-Familien sind häufig eine Quelle von Konflikten.

Seit dem Beginn der europäischen Eroberung des Sahel ab der zweiten Hälfte des 19. Jahrhunderts waren es in erster Linie diese Sufi-Bruderschaften, die den Widerstand gegen die eu-

Sufi-Anhänger beim Gebet während des Eid ul-Adha, Bamako, 31. Juli 2020.

ropäischen Mächte organisiert haben. Nach ihrer militärischen Niederlage und der anschließenden Etablierung der europäischen Mächte im Sahel arrangierten sie sich weitgehend mit der Fremdherrschaft. Ihre Nähe zu den Kolonialherren brachte die Bruderschaften nach der Wiedererlangung staatlicher Unabhängigkeit im Jahr 1960 unter Druck. Unter den neuen politischen Eliten waren sie zeitweise marginalisiert. Allerdings sind sie zum Beispiel im Senegal nach wie vor durch ihre wirtschaftliche Macht und ihre hohe Anhängerzahl ein bedeutender politischer Faktor. In den anderen Staaten des Sahel waren die politischen Eliten – selbst wenn sie sich als modernisierende Kräfte in Szene setzten und die Führer der Sufi-Bruderschaften als überkommene Relikte vergangener Zeiten bezeichneten – auf die transnationalen Netzwerke der Bruderschaften angewiesen. Zudem tendierten diese neu gegründeten Staaten dazu, möglichst große Bereiche des öffentlichen Lebens zu kontrollieren, so auch die Religionen, was in einem gewissen Widerspruch zu den säkularen Verfassungen der Staaten stand.

Eine andere Form von Druck auf die etablierten religiösen Strukturen üben seit den 1980er Jahren Anhänger unterschiedlicher Reformströmungen des Islam aus. Das Ausland versucht, Einfluss auf die religiöse Infrastruktur der Sahelstaaten zu nehmen. Teilweise geht dies Hand in Hand mit nationalen islamischen Reformbewegungen, teilweise berufen sich die nationalen

Reformbewegungen auf ihre eigenen religiösen Traditionen. Im Kern haben die Reformbewegungen das Ziel, ihre Interpretationen des Islam auf staatlicher Ebene zu etablieren. Meist sind sie gegen die vorherrschende religiöse Praxis der Sufi-Bruderschaften oder des jeweiligen Staates gerichtet. So steht eine wortwörtliche Interpretation heiliger Texte im Vordergrund. Die herausragende Stellung von Sufi-Führern wird abgelehnt, zwischen den Gläubigen und Gott dürfe es keine Mittler geben. Die Verehrung von Heiligen wird bekämpft. Der Geburtstag des Propheten ist bei Sufi-Brüdern und auch bei nicht organisierten Muslimen ein willkommener Anlass zu feiern; die Reformbewegungen lehnen das Feiern ab. Auch die Herstellung von Amuletten – meistens handelt es sich um auf Papier geschriebene und in Leder eingewickelte Verse des Korans, die Schutzfunktionen besitzen sollen – wird bekämpft. Teilweise nehmen diese Reformbewegungen militante Züge an, und auch vor der Zerstörung von Heiligengräbern machen sie keinen Halt. In der Regel sind ihre Anhänger dem Salafismus zuzurechnen. Der Salafismus fordert eine geistig-religiöse Rückbesinnung auf die Frühzeit des Islam, die von seinen Anhängern als religiös unverfälscht angesehen wird.

Einflussnahme externer Akteure

Auf staatlicher Ebene hat ab den 1960er Jahren Ägypten durch die Gründung internationaler islamischer Organisationen begonnen, seinen politischen Einfluss im Sahel auszubauen. Studierende aus den Sahelstaaten bekamen für ein Studium in Ägypten Stipendien und kehrten mit neuen Vorstellungen vom »wahren« Islam nach Hause zurück. Ein weiterer Akteur ist das Königreich Saudi-Arabien und die unter seiner Kontrolle stehende »Islamische Weltliga«. Als eine von Saudi-Arabien finanzierte internationale islamische Organisation versteht sie sich als kulturelle und religiöse Vertretung der islamischen Völker. Seit der Gründung der »Islamischen Weltliga« im Jahr 1962 nahm die Anzahl der aus dem Sahel stammenden Delegierten stetig zu. Diese Nähe zum saudischen Staat bedingt auch eine religiös-ideologische Anlehnung an die in Saudi-Arabien vorherrschende Interpretation des Islam, den Wahhabismus, der den Islam besonders rigide auslegt. Hierfür steht auch die »Islamische Universität« von Medina, die Stipendien – unter anderem für Studierende aus Subsahara-Afrika – anbietet. Eine weitere weitgehend unter saudischer Kontrolle stehende internationale islamische Organisation ist die »Organisation der Islamischen Zusammenarbeit« (ehedem »Organisation der Islamischen Konferenz«). Sie wurde 1969 im marokkanischen Rabat gegründet und hat ihren Hauptsitz im saudischen Dschidda.

In eine andere religiös-ideologische Richtung strebte der libysche Staat unter der Herrschaft von Muammar al-Gaddafi (1969–2011). Im sogenannten Grünen Buch propagierte Gaddafi seine Ideologie als Alternative zum Kommunismus und Kapitalismus. Sie war sozialistisch-egalitär geprägt und mit islamischen Prinzipien verbunden. Gewicht erhielt Gaddafis Weltanschauung durch Libyens enormen wirtschaftlichen Einfluss in den Sahelstaaten.

Die Republik Sudan versuchte während der Herrschaft von Omar al-Bashir (1989–2019) als Vorbild und Modell eines islamischen Staates ebenfalls politischen und religiösen Einfluss auf die Sahelstaaten auszuüben. Der Einfluss erfolgte vor allem durch die »Internationale Universität von Afrika« mit Sitz in Khartum, der Hauptstadt des Sudan. Seit ihrer Gründung 1992 hat sie die islamische Universitätsbildung für Studierende aus Subsahara-Afrika zum Ziel.

Das Königreich Marokko steht für den aktuellsten Versuch, religiösen Einfluss auf die Sahelstaaten zu nehmen. Aufbauend auf den historischen Beziehungen zwischen Marokko und Teilen des westlichen Sahel – so beherrschte Marokko im 16. und 17. Jahrhundert Teile der Region – sieht sich Marokko unter der Herrschaft von König Mohammed VI. (seit 1999) als Vorreiter gegen militante Bewegungen, die unter islamischen Vorzeichen die herrschenden Eliten der Sahelstaaten zu bekämpfen versuchen. So bietet Marokko afrikanischen Studierenden eine islamische Ausbildung an, die sich an der marokkanischen Interpretation des Islam orientiert. Diese ist dem eigenen Selbstverständnis nach tolerant und weltoffen. Auf diese Art und Weise versucht der marokkanische Staat, religiöse Intoleranz im westlichen Sahel zu bekämpfen.

Franz Kogelmann

Bevor der westafrikanische Staat Mali seit 2013 durch die Stabilisierungsmission der Vereinten Nationen (Mission multidimensionnelle intégrée des Nations unies pour la stabilisation au Mali, MINUSMA) verstärkt mediale Aufmerksamkeit erfahren hat, wurde er vielfach als Musterdemokratie und Vorbild für einen gelungenen Demokratisierungsprozess in der Region angesehen. Die regelmäßig und in friedlicher Umgebung stattfindenden Wahlen galten international als Beweis für die malische Demokratie.

Zum Zerfall staatlicher Institutionen in Mali haben auch äußere Faktoren maßgeblich beigetragen, doch wurden vor allem innermalische Entwicklungslinien über Jahrzehnte in ihrer Gesamtwirkung unterschätzt. Heute weiß man, dass eine fatale Verkettung von internen wie externen Faktoren die aktuelle Krise herbeigeführt hat. Im folgenden Beitrag werden diese Entwicklungen und Faktoren aufgearbeitet und Parallelen zu weiteren Staaten des westlichen Sahel aufgezeigt.

Ursachen fragiler Staatlichkeit im westlichen Sahel

Die Staaten des westlichen Sahel weisen neben der französischen Kolonialherrschaft, regionalen Disparitäten mit einem starken Süd-Nord-Entwicklungsgefälle sowie vom Islam geprägten Gesellschaften eine Reihe gemeinsamer Entwicklungsmerkmale auf, die in Mali geradezu charakteristisch ausgeprägt sind, sodass das Land als Strukturmodellbeispiel gelten kann.

Mali ist geprägt von einer ausgesprochenen Vielfalt an Sprachen und Ethnien. Dies ist bedingt durch die nahezu unveränderte Übernahme der alten kolonialen Verwaltungsgrenzen des ehemaligen Französisch-Westafrika. Seit der Staatsgründung Malis 1960 wurden so einerseits Bevölkerungsgruppen politisch zusammengefasst, die vorher nie zusammengehört hatten, und andererseits Grenzen durch ethnisch homogene Gebiete gezogen (siehe den Beitrag von Gerhard Hainzl). Insbesondere für Mali und Niger muss daher bis heute eine nur in geringem Maße erfolgreiche Nationenbildung konstatiert werden. Seit der Unabhängigkeit ist dies eine der Hauptursachen für die Auflehnung gegen den Staat und für zwischenethnische Spannungen.

Besonders deutlich wird dies am Beispiel der Tuareg. Ihre traditionell nomadische Lebens- und Wirtschaftsweise sahen einzelne Tuareg-Föderationen (Ettebel) durch die neuen Staatsgründungen bedroht, schränken doch nationale Grenzen ihre von jeher gelebte Bewegungsfreiheit ein. Zudem sind die Tuareg in den neuen politischen Systemen nahezu nicht repräsentiert. Dies ist insbesondere deshalb ein erhebliches Konfliktpotenzial, da Tuareg nun offiziell von Repräsentanten jener Bevölkerungsgruppen regiert werden, die historisch stets unter Übergriffen und Machtspielen verschiedener Tuareg-Gruppen zu leiden hatten. Das Ziehen von Staatsgrenzen und die Demokratisierung haben vielfach traditionelle Machtverhältnisse im Übergangsbereich zwischen Sahel- und Saharabewohnern umgekehrt. Vor allem in Niger und Mali haben darunter die Tuareg gelitten, mehr noch als die Mauren in Mauretanien oder die Tubu im Tschad. Zur historisch begründbaren Furcht der subsaharischen Sahelbewohner vor den hellhäutigeren, berberischen Tuareg kommt noch die hierarchisch-feudale Gesellschaftsstruktur der Sahara- und Sahelnomaden hinzu, bei der sich traditionell die Klassen der Sklaven (Iklan) und zum Teil der Handwerker (Inadan) aus Menschen zusammensetzten, deren Vorfahren in der Vergangenheit einmal geraubt worden oder auf andere Weise in Tuareg-Abhängigkeitsverhältnisse geraten waren. Ein tiefes Misstrauen der Bevölkerungen des Südens der meisten heutigen Sahelstaaten gegenüber berberischen oder anderen nomadischen Bevölkerungsgruppen aus dem Sahara-Sahel-Grenzbereich kennzeichnet daher bis heute auch das politische Klima. Die Selbstständigkeits- und Unabhängigkeitsbestrebungen der Tuareg und ihr Verlangen nach besserer Integration und Teilhabe stieß daher nicht ausschließlich auf Gegenliebe (ausführlich zum Separatismus der Tuareg siehe den Beitrag von Georg Klute und Baz Lecocq).

Konflikte zwischen Feldbauern und Nomaden

Verschärft wurde das Verhältnis zwischen einer überwiegend Feldbau betreibenden Bevölkerung im Süden der Sahelländer und überwiegend nomadischen Hirtenvölkern durch eine insgesamt zunächst positive Klimaanomalie. Ende der 1950er bis Anfang der 1960er Jahre erhielt der Westliche Sahel überdurchschnittlich große Mengen an Niederschlag, was Ackerbauern dazu brachte, auch nördlichere, zuvor nicht für sie nutzbare Gegenden zu bewirtschaften und dort Feldbau zu betreiben, wo traditionell eigentlich exklusive Weidegründe der Nomaden lagen. Durch diese Nordverlagerung der agronomischen Regenfeldbaugrenze entstanden bereits vor über 50 Jahren zwischenethnische Konflikte um wirtschaftlich nutzbares Land in allen Ländern des westlichen Sahel. Ab Ende der 1960er Jahre kehrte sich der regenreiche Trend um in eine massive Dürreperiode, wodurch zum Teil traditionelle Wirtschafts- und Lebensgrundlagen angepasst werden mussten. Nicht nur die Feldbauern mussten ihre nach Norden vorangetriebenen Gebiete aufgeben und sich wieder nach Süden zurückziehen, sondern auch Tuareg sahen sich gezwungen, ihre angestammten Lebensbereiche zu verlassen.

Die Bevölkerung der Tuareg verlagerte sich in zwei Richtungen. Tuareg auf malischem und nigrischem Staatsterritorium emigrierten zu großen Teilen in Städte im südlichen und südöstlichen Algerien (Raum um Tamanrasset und In-Amenas) sowie ins westliche Libyen (Ghat und Ghadames), da durch massenhaftes Verenden ihrer Nutztiere die traditionelle Lebens- und Wirtschaftsweise nicht mehr aufrechterhalten werden konnte. Staatliche Unterstützung für die nördlichen Regionen Malis und Nigers blieb weitestgehend aus. Die Mittel der internationalen Entwicklungshilfe verließen damals oftmals nicht die Stadtgrenzen Bamakos bzw. Niameys. Auch mit der Etablierung des Mehrparteiensystems in der neuen malischen Verfassung von 1992 und den ersten freien Wahlen im selben Jahr wurde der Korruption im Staatsapparat nicht wesentlich entgegengewirkt. Die Klientelwirtschaft, Grundlage der malischen Politik, und der Einsatz staatlicher Ressourcen zur Aufrechterhaltung von Patronagenetzwerken gaben trotz des langfristigen Engagements für ein demokratisches System ein falsches Gefühl von Stabilität, das durch das Ausbrechen der Krise 2012 endgültig zunichtegemacht wurde.

Obwohl die Werte des »Corruption Perception Index« von Transparency International insbesondere für die Staaten Mali und Niger – weniger für Burkina Faso – zwischen 2004 und 2018 durchgehend die Politik hätten alarmieren sollen, blieben diese Strukturen bis zum Kollaps des Sicherheitsapparats 2012 im Zuge des Putsches von Amadou Sanogo im Schatten der »Musterdemokratie« bestehen. Die ohnehin schon vorgegebenen regionalen Disparitäten zwischen einem relativ besser gestellten Süden und einem zum Ende des 20. Jahrhunderts noch weiter ins Hintertreffen geratenden Norden der Sahelländer verstärkten sich weiter. Eine zweite Bevölkerungsverlagerung der Tuareg fand nach Süden statt. Erstmals wanderten Tuareg jetzt auch in größerer Zahl in Gebiete des nördlichen Nigerias und nach Burkina Faso ab.

Die Rallye Paris–Dakar und ihre Nachfolger

Spätestens seit Jutta Kleinschmidt (*1962) im Januar 2001 als erste Frau überhaupt und als erste Deutsche gemeinsam mit ihrem ebenfalls deutschen Beifahrer Andreas Schulz die Hauptfahrzeugklasse der Rallye Paris–Dakar gewinnen konnte, ist dieses Langstreckenrennen (rally raid) auch in Deutschland bekannt geworden – weit über den Kreis der Motorsport-Fachleute hinaus.

Die Rallye Paris–Dakar wurde von 1978 bis 2007 jeweils im Januar entlang und in der Sahara selbst zunächst zwischen der französischen und der senegalesischen Hauptstadt ausgetragen. Im Jahre 1977 verirrte sich der französische Motoradfahrer Thierry Sabine (1949–1986) bei der Rallye Abidjan–Nizza in der libyschen Wüste; er wurde in letzter Minute gefunden. Er kehrte mit der damals verrückten Idee nach Frankreich zurück, eine »Wettfahrt durch das Sandmeer« zu organisieren. Dakar wählte er als Ziel, da der Senegal seit seiner Unabhängigkeit 1960 als eine der politisch stabilsten Demokratien auf dem Kontinent gilt und zudem bis heute stark französisch geprägt ist.

Die Rallye Paris–Dakar galt unter Piloten, Serviceteams und Fahrzeugherstellern aufgrund der großen Belastungen für Mensch und Material lange Zeit als Königsdisziplin. Die »Dakar« wurde zum ultimativen Test. In der Öffentlichkeit hingegen wurde sie hauptsächlich aufgrund der eindrucksvollen Szenerie, der häufig faszinierenden Bilder und spektakulärer Unfälle bekannt. Dabei wirkte der Gegensatz zwischen modernsten Rennboliden und rückständiger Umwelt nicht selten skurril.

Die politische, wirtschaftliche und soziale Situation entlang der einzelnen Streckenabschnitte führte immer wieder zur kritischen Begleitung der internationalen Großveranstaltung in den Medien. Aufgrund der stetig wechselnden Sicherheitslage musste die Streckenführung sechs Mal neu ausgeplant werden und tangierte so im Laufe der Jahre alle fünf in diesem Band betrachteten afrikanischen Staaten.

Die ökologischen Schäden, die die Rennkarawane jedes Jahr in dieser sonst sehr unberührten Landschaft hinterließ, führten seit Anfang der 1990er Jahre zu einem immer lauter werdenden Protest von Umweltschutzorganisationen. Im Gegensatz dazu stand der ökonomische Nutzen für die Regionen, der hauptsächlich auf der Grundlage des durch die faszinierenden Bilder generierten Tourismus erzeugt wurde.

Als das Rennen im Jahr 2008 wegen einer Bombendrohung kurzfristig abgesagt werden musste, entschied sich der Veranstalter, die französische »Amaury Sport Organisation«, die Rallye zukünftig nicht mehr in Afrika stattfinden zu lassen. So ist seit 2009 Lateinamerika Austragungsort des Rennens, das nur noch dem Namen nach an seine Ursprünge erinnert. Ehemalige Sieger der Rallye Paris−Dakar organisierten eine neue Austragung, die den Geist des ursprünglichen Langstreckenrennens über die nördliche Hälfte des afrikanischen Kontinents mit dem neuen Zeitgeist von Umweltbewusstsein, Nachhaltigkeit und sozialer Verantwortung verbinden soll: das »Africa Eco Race«. Daran nahmen 2018 gut 200 Rennfahrer teil, während 335 Teilnehmer im gleichen Zeitraum in Lateinamerika ihr fahrerisches Können zur Schau stellten. Die größte Teilnehmerzahl hatte die Rallye 1988, als 603 Piloten und Co-Piloten die Rennen in den Klassen Auto, Motorrad und Lastwagen aufnahmen. Nur einmal konnte eine Gesamtwertung von Afrikanern gewonnen werden, als das Team des algerischen Fahrers Zohra Ataouat (1946−2005) im Jahr 1980 die LKW-Wertung für sich entschied.

Für viele Rennfahrer ist die »Dakar« ein einmaliges Abenteuer. Sie folgen dabei häufig dem Motto des Gründers der Veranstaltung, dem Franzosen Thierry Sabine: »If life gets boring, risk it!« Im Laufe der Jahre starben 28 Rennteilnehmer und 45 Zuschauer entlang der Strecken – darunter auch Sabine, dessen Hubschrauber 1986 in einem Sandsturm an einer Düne im Südosten Malis zerschellte.

DHK

picture alliance/ASA/D.P.P.I.

Der Mitsubishi Pajero T2 von Jutta Kleinschmidt auf der Rallye Paris−Dakar 2001, hier auf dem Streckenabschnitt Atar−Nouakchott (Mauretanien), 12. Januar 2001.

Azawad-Separatisten und islamistische Extremisten

Im Jahr 1990 griffen aus einer gestärkten Position und mit Waffen aus Libyen ausgerüstete Tuareg-Rebellen staatliche Einrichtungen in den nördlichen Regionen Malis an. Die »Flamme des Friedens«, ein symbolischer Akt zur Beendigung des Konflikts, in dem demilitarisierte Gruppen 1996 ihre Waffen öffentlichkeitswirksam in Timbuktu verbrannten, konnte jedoch nur kurzfristig über die nach wie vor fragile Sicherheitslage in Mali hinwegtäuschen. Fatal waren die Signale, die von einem schwachen, zur Beherrschung seines eigenen Territoriums nicht mehr fähigen Staat ausgingen. Dadurch wurden neue Akteure, vornehmlich islamistisch-extremistischer Prägung, angelockt (siehe den Beitrag von Marc Engelhardt). Mit zunehmendem Unvermögen des malischen Staates, sein Monopol der Besteuerung, der Gewaltkontrolle und der Rechtsetzung durchzusetzen, gewannen bewaffnete Kombattanten eben jene Monopole für sich.

Die durch das Etikett der »Musterdemokratie« verdeckten, in vielen Bereichen schwachen staatlichen Strukturen wurden in diesem Zeitraum besonders deutlich und lassen sich auch in anderen Staaten des westlichen Sahels erkennen. Der schnelle Gewinn der Kontrolle über die nördlichen Regionen Malis durch eine Koalition aus aufständischen Tuareg, AQIM (Al-Qaeda in the Islamic Maghreb), Ansar Dine und MUJAO (Mouvement pour l'unicité et le jihad en Afrique de l'Ouest) im Jahr 2012 verdeutlicht die nur schwache Durchsetzungsfähigkeit des malischen Staates dort (siehe den Beitrag von Georg Klute und Baz Lecocq).

Die sehr dünn besiedelten, weiten Gebiete im Norden der Sahara-Sahel-Staaten stellen deren Regierungen vor die große Herausforderung, diese peripheren Regionen überhaupt zu erreichen. Von Wissenschaft und Politik werden solche Räume auch als »ungoverned spaces« bezeichnet, die, so die Argumentation, sichere Rückzugsgebiete für extremistische Gruppierungen darstellen. Die geringe Präsenz polizeilicher und militärischer Kräfte im Norden Malis, die durch das Friedensabkommen von 1992 und in einem erneuerten Friedens- und Entwicklungspro-

picture alliance/dpa/Str

Der Anführer des Militärputsches von 2012, Hauptmann Amadou Haya Sanogo (zweiter von rechts), in der Kaserne in Kati in der Nähe der malischen Hauptstadt Bamako, 2. April 2012.

gramm von 2010 festgehalten wurde, vereinfachte die Übernahme der Kontrolle durch die MNLA (Mouvement National pour la Libération de l'Azawad), AQIM und Ansar Dine. Als infolge der Arabellion in Libyen 2011 eine große Zahl von Kombattanten samt Bewaffnung und Kampferfahrung Libyen verließ und in die nördlichen Regionen Malis einzog, wo sie sich der MNLA, AQIM oder Ansar Dine anschlossen, standen ihnen malische Sicherheitskräfte gegenüber, die in Ausstattung, Strategieplanung und Kampferfahrung hoffnungslos unterlegen waren. Die Situation verschärfte sich mit dem Putsch gegen den malischen Präsidenten im März 2012. Die Regierung sowie das Militär wurden so auch von innen geschwächt, was die Kontrolle durch die koordinierten Gruppierungen im Norden beschleunigte. Der Putschist Amadou Sanogo legitimierte sein Vorgehen mit den Missstände, die im Militär und im gesamten Staatsapparat vorlägen; ein roter Faden in seiner Argumentationslinie war, dass die klientelistische Politik und korrupte Staatsbedienstete maßgeblich mitverantwortlich dafür seien, dass die Bevölkerung den die nördlichen Regionen kontrollierenden islamistischen Gruppierungen schutzlos ausgeliefert wären.

Heutige Situation

Im Januar 2013 gelang durch eine von Frankreich unterstützte militärische Mission der Sahelstaaten ein Zurückdrängen der Dschihadisten aus den Städten der nördlichen Regionen Malis. Seither laufen in Mali und dem weiteren westlichen Sahel verschiedene militärische und zivile Missionen zur Sicherheitsgewährleistung und Stabilisierung mit der Beteiligung internationaler Akteure (siehe den Beitrag von Signe M. Cold-Ravnkilde). Zudem ist eine Initiative zur Sicherheitsgewährleistung im westlichen Sahel, die G5-Sahel, von den Sahelstaaten Mauretanien, Mali, Burkina Faso, Niger und Tschad initiiert worden (siehe den Beitrag von Denis M. Tull). Für die Sahelstaaten bedeuten die Reform und der Ausbau des Sicherheitsapparats unabhängig von der internationalen militärischen, zivilen und finanziellen Unterstützung zur Konfliktbearbeitung eine besondere Herausforderung. Bereiche wie Bildung oder Wirtschaftsentwicklung, in denen der Staat Gelder in Programme investiert, werden mit relativen Kürzungen des Anteils am generell sehr niedrigen Staatshaushalt bedacht. Dies sind unter anderem jene Bereiche, für die ein Staat als Governance-Dienstleister auftreten sollte und welche über die vergangenen Jahrzehnte insbesondere in Mali nicht umfassend adressiert wurden. Die durch hohe Geburtenraten bedingte junge Bevölkerung trägt insofern ein zusätzliches Konfliktpotenzial in sich, als daraus eine schwache Wirtschaftsstruktur und hohe Arbeitslosenquoten resultieren. Die daraus erwachsende Perspektivlosigkeit kann in Radikalisierung oder Migration münden, was die Gesamtsituation verschärft. Gleichzeitig stellt eine Beteiligung an beiden genannten Optionen alternative Einkommensmöglichkeiten dar. Einkünfte aus der Arbeit in Schlepper- und Drogennetzwerken, die Menschen und Drogen aus dem Sahel durch die Sahara ans Mittelmeer transportieren, liegen deutlich höher als ein normales landestypisches Einkommen. Korrupte Staatsbedienstete waren und sind in jenen Strukturen ebenfalls involviert, wodurch sich ein nachhaltiges Misstrauen der Bevölkerung in den Staatsapparat erklärt (siehe den Beitrag von Rikke Haugegaard).

Zusammenfassend lassen sich sieben Hauptursachen sowohl für die fragilen staatlichen Strukturen Malis als auch für die Instabilität in weiteren Staaten der Region identifizieren:

1. Koloniale Grenzziehung und Zusammenfassung von verschiedenen ethnischen Gruppen, die vorher politisch nie zusammengehört haben, innerhalb gemeinsamer neuer Staatsgebiete bei gleichzeitiger Zerteilung gewachsener Lebensräume.

2. Einführung demokratischer Strukturen und damit Schaffung neuer Mehrheits- und Machtverhältnisse, bei denen ehemals unabhängig Herrschende (z.B. Tuareg) zu beherrschten Minderheiten wurden.

3. Fortsetzung der bereits kolonial angelegten Benachteiligung des Nordens der neuen Staaten (Niger, Mali, Tschad und Mauretanien) bei einer gleichzeitigen Konzentration externer Aufbau- und Hilfsmaßnahmen auf den jeweils bevölkerungsreicheren Süden und damit Schaffung regionaler Disparitäten.

4. Zementierung der strukturellen Benachteiligung des Nordens durch internationale Entwicklungszusammenarbeit.

5. Unabhängigkeitsbestrebungen von Tuareg (vor allem in Mali) und Sezessionspläne (Azawad).

6. Instrumentalisierung der Tuareg-Unabhängigkeitsbewegungen durch internationale, islamistisch ausgerichtete Organisationen und politischer Kontrollverlust der Tuareg über ihre eigene Bewegung und ihr Gebiet.

7. Unprofessionelles und undifferenziertes Vorgehen sowohl des malischen Staates als auch internationaler Akteure zusammengefasst gegen alle rebellischen und extremistischen Gruppen aus dem saharischen Norden der Sahelstaaten.

Andreas Dittmann und Jonas Schaaf

Die westlichen Sahelländer liegen in den nördlichen Randtropen im Übergangsbereich vom wechselfeuchten Trockensavannenklima West-afrikas zur Sahara-Wüste. Die jährlichen Niederschlagsmengen nehmen von 600 mm im Süd-Sahel auf unter 150 mm im Nord-Sahel ab. Die Nordgrenze für den auf Regen basierenden Getreideanbau verläuft im Sahel etwa zwischen dem 14. und 15. Grad nördlicher Breite. Die klima-tischen Bedingungen stellen die Gesellschaften und Volkswirtschaften des westlichen Sahel vor eine Reihe von Herausforderungen, darunter der unregelmäßige Verlauf von Niederschlägen, Dürren, Desertifikation, Ernteausfälle und Hungersnöte.

Wetterextreme im Sahel. Herausforderung für Bevölkerungen und Volkswirtschaften

Das Sahelklima wird durch den jahreszeitlichen Wechsel zwischen einer langen Trockenzeit von Oktober bis Juni und einer relativ kurzen Regenzeit von Juli bis September geprägt. Die größten Niederschlagsmengen fallen im August. Die sommerliche Regenzeit kann sehr unterschiedlich intensiv ausfallen, da nicht jedes Jahr die innertropischen Regenfronten mit gleicher Intensität bis in die Sahelzone vordringen. Deshalb kommt es häufig zu Trocken- und Feuchtjahren mit zum Teil hohen Abweichungen vom langjährigen Jahresniederschlagsmittel. Die Regen fallen im Sommer im Zuge von heftigen Gewittern, oftmals in Form von Platzregen, die zu flächen- und linienhaften Überschwemmungen führen und große Schäden an den aus Lehm erbauten Dörfern und an den Erdpisten verursachen. In der Trockenzeit weht über viele Monate der Nordostpassat, der sogenannte Harmattan. Die heftigen Winde führen große Mengen an Staub mit sich und verdunkeln tagsüber die Atmosphäre. Die Staubfracht rührt in erster Linie von der Ausblasung von fruchtbaren feinen Bodenpartikeln aus den Feldern her.

Für den Erfolg oder Misserfolg im Getreideanbau ist nicht die absolute Höhe des Niederschlags während der Regenzeit relevant, sondern der Niederschlagsverlauf, d.h. eine günstige Verteilung des Regens während der Wachstumsperiode der Kulturpflanzen. Für den Regenfeldbau sind längere niederschlagsfreie Perioden in der Regenzeit schädlich. Fällt über Wochen kein Regen, verdorren die Hirsepflänzchen. Vertrocknet das junge Getreide, müssen die Bauern oft mehrmals aussäen, bis im schlimmsten Fall das gesamte Saatgut aufgebraucht ist. Verspätete Niederschläge im September und Oktober sind besonders gefürchtet, weil sie zu Fäulnisschäden an der heranreifenden Hirse führen können.

Ein weiteres Charakteristikum des Niederschlagsgeschehens im Sahel ist seine ausgeprägte räumliche Variabilität: So kann es im Umkreis eines bestimmten Dorfes sehr stark regnen, während in einer nur wenige Kilometer entfernten Nachbarsiedlung kein einziger Tropfen Regen fällt. Es herrscht ein randtropisches

Tageszeitenklima, d.h. die Temperaturspanne zwischen Tag und Nacht ist höher als zwischen der heißen und kühlen Jahreszeit. Die durchschnittliche Jahresmitteltemperatur ist mit 20 Grad Celsius hoch. Vor dem Einsetzen der Regenzeit liegen die absoluten Temperaturen über 40 Grad Celsius. Die kühle Jahreszeit dauert von November bis Januar. Nachts kann es in diesem Zeitraum im Nord-Sahel, dem Lebensraum der Nomaden, empfindlich kühl werden, sodass sich die Viehhirten in Wolldecken hüllen und neben dem Lagerfeuer liegend nächtigen, wohingegen sich die sesshafte Bevölkerung in ihre Lehmhäuser zurückzieht.

Die großen Dürren im 20. Jahrhundert als natürliche und humanitäre Krisen

Bereits einzelne Trockenjahre mit zu geringen oder ungünstig verteilten Niederschlägen bedingen Ernteausfälle und saisonalen Nahrungsmangel. Noch stärker wirken diese Effekte im Verlauf von Dürren. Als Dürren bezeichnet man längere Perioden mit unterdurchschnittlichen Niederschlagsmengen, die mit einem Rückgang der pflanzlichen Produktion (Biomasse) einhergehen und die menschliche wie tierische Lebensgrundlagen beeinträchtigen. Dürren sind im Sahel keine einmaligen Erscheinungen, sondern immer wiederkehrende klimatische Ereignisse. Sie entstehen dadurch, dass über mehrere Jahre das Nordwärtswandern der tropischen Regenfronten in den Sahel hinein unterbrochen ist. Diese Dürreperioden sind nicht lokal begrenzt, sondern betreffen den ganzen Sahel vom Senegal bis Eritrea.

Im 20. Jahrhundert gab es immer wieder Dürren und Hungerkrisen, so beispielsweise 1913/14 die große Kakalaba-Hungersnot im West-Sahel, bei der Zehntausende Menschen an Hunger, Entkräftung oder Infektionskrankheiten starben. Die französische Kolonialmacht, die damals noch am Anfang ihrer administrativen Raumdurchdringung stand, hatte noch nicht die Möglichkeit, Hungernothilfe in entlegenen Gebieten zu leisten. Zu einer weiteren Dürre kam es zwischen 1941 und 1943, die zusätzlich noch durch Heuschreckenplagen verschlimmert wurde. Die bekannteste Dürre war die von 1969 bis 1974; damals galt der Sahel als größte afrikanische Krisenregion überhaupt. Seitdem bemühte man sich mit internationaler Hilfe, eine präventive Hungernothilfe in größeren Auffangzentren von Dürreflüchtlingen wie etwa Agadez, Tahoua, Gao, Timbuktu und Nouakchott zu organisieren. Dort wurden große Lagerhallen für Getreidenothilfe errichtet.

Dürren sind einerseits natürliche, andererseits aber auch sozial-humanitäre Katastrophen. Dies zeigte sich insbesondere im Verlauf der Dürreperiode von 1981 bis 1984, als viele Nomaden gezwungen waren, ihre Tiere zu veräußern, um sich aus den Erlösen Nahrungsmittel zu kaufen. Mit der weiteren Verschlimmerung der Dürre wurden Blätter von wilden Büschen und Samen von Gräsern als Hungernahrung gegessen. Außerdem wurden zusätzliche Einkommensstrategien angewandt, wie z.B. das Betteln, die Migration in die Hauptstädte und die Abwanderung ganzer Familien in Nachbarländer. Tausende Frauen und alte Menschen landeten in Flüchtlingslagern und mussten durch Katastrophenhilfsprogramme unterstützt werden. Seit den 1980er Jahren kam es zu sozialen Auflösungserscheinungen in vielen nomadischen Großfamilien. Vor allem aus dem Niger und Mali wanderten junge Tuareg als Gastarbeiter nach Libyen und kamen so frühzeitig mit radikalislamischen Vorstellungen in Berührung.

Die extreme und allgegenwärtige Wirkung einer Dürre auf das Leben der Menschen ist sozioökonomisch zu erklären. Durch die mageren oder ausfallenden Hirseernten steigen die Marktpreise für Getreide im Verlauf einer Dürreperiode stark an. Diese Teuerung bedingt massive Viehverkäufe durch die Nomaden, die versuchen, an Bargeld zu gelangen. Da ein Überangebot an magerem Vieh auf dem Markt besteht, verschlechtern sich die Austauschbedingungen von Vieh gegen Getreide dramatisch. Eine rasch fortschreitende Verarmung der Nomaden ist die Folge.

Durch die Großräumigkeit der Saheldürren, deren Auswirkungen bis weit in die Trockensavanne hineinreichen, kommen auch die (Flucht-)Migrationen von Mensch und Vieh an ihre Grenzen. Die hohen Getreidepreise äußern sich in Geldmangel für die Bevölkerung, die dadurch nur noch in unzureichendem Maße Nahrungsmittel auf dem Markt erwerben kann. Die Folgen sind Mangelernährung und Hunger. Aufgrund von fehlendem Futterangebot und wegen zu wenig Tränkwasser geben Ziegen, Schafe und Rinder immer weniger Milch. Dies wirkt sich auf den Ernährungsstatus der jungen Nomadenbevölkerung negativ aus.

In vielen Fällen kam externe Nothilfe wegen logistischer Engpässe, aber auch wegen der Umlenkung von Hilfsgütern durch korrupte Staatsangestellte verspätet oder gar nicht bei den Betroffenen an. Dies schürte die Skepsis der Sahelbevölkerung gegenüber der Verwaltung, ganz besonders aber gegenüber den als bestechlich bekannten Politikern in den weit entfernten Hauptstädten.

Nicht nur Dürren, sondern auch extreme Feuchtjahre wirken sich im Sahel verheerend aus, wenn in einem kurzen Zeitabschnitt so viel Niederschlag fällt wie sonst in einem ganzen Jahr. Dies war im Gebiet von Ouagadougou im August 2009 der Fall, als dort 150 000 Menschen obdachlos wurden. Reißende Fluten hatten viele Lehmhäuser zerstört. Auch im Senegal verloren in der Regenzeit 2009 über 250 000 Menschen ihre Wohnungen. Viele Brunnen waren durch die Regenfluten mit Keimen belastet, sodass es zu Seuchen kam. Im Jahr 2015 wurden schwere Überschwemmungen im Umkreis von Gao und Ménaka in Nordmali registriert, in Gebieten, wo die Menschen seit 2012 durch die Attacken islamistischer Gruppen zu leiden haben.

Desertifikation im Sahel

Die Dürrekatastrophe von 1969 bis 1974 war der Auslöser für wissenschaftliche Diskussionen über die Ursachen von Dürren. Viele Forscher sahen den Grund für die Dürren in der schleichenden Zerstörung des »Ökosystems Sahel«, ein Forschungsthema, das in Frankreich bereits seit 1927 bearbeitet wird. Seit der Desertifikationskonferenz der Vereinten Nationen (United Nations Conference on Desertification, UNCOD) im Jahr 1977 in Nairobi ist der Begriff Desertifikation in aller Munde. Man versteht darunter die Ausbreitung wüstenähnlicher Verhältnisse im Sahel und in anderen Wüstenrandgebieten der Erde. Als Hauptverantwortlicher für die Desertifikation wird der Mensch angesehen,

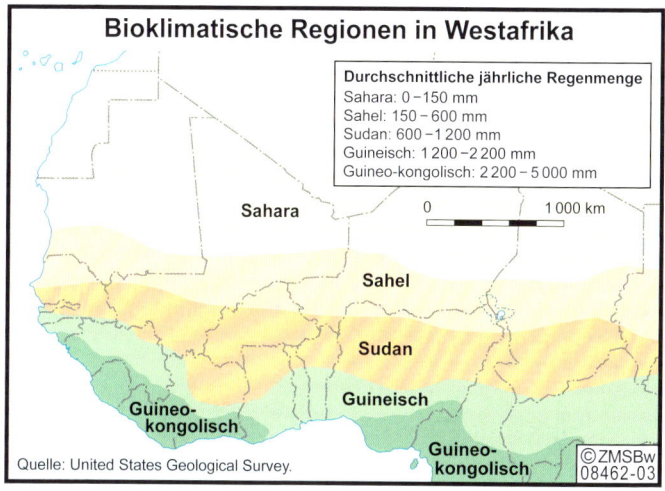

Bioklimatische Regionen in Westafrika

Durchschnittliche jährliche Regenmenge
Sahara: 0–150 mm
Sahel: 150–600 mm
Sudan: 600–1 200 mm
Guineisch: 1 200–2 200 mm
Guineo-kongolisch: 2 200–5 000 mm

Sahara

Sahel

Sudan

Guineisch

Guineo-kongolisch

Guineo-kongolisch

0   1 000 km

Quelle: United States Geological Survey.

© ZMSBw
08462-03

der durch unangepasste Landnutzungsformen die Ressourcen zerstört. Hierzu zählen die landwirtschaftliche Übernutzung von Ackerflächen, die Zerstörung von Grasdecken durch Überweidung im Umkreis von Siedlungen sowie von Wasserstellen und Brunnen, flächenhafte Rodungen von natürlichen Gehölzfluren zur Brennholzgewinnung, die Ausbeutung von Grundwasservorkommen sowie problematische Bewässerungsformen, die zu Bodenversalzung führen. Sichtbar wird Desertifikation durch die oberflächige Austrocknung und Verhärtung der Böden bis hin zur Bildung von zementharten Eisenkrusten (Laterit). Auf verhärteten Böden kann das Regenwasser nicht mehr im Boden versickern und der Oberflächenabfluss nimmt zu. Der fruchtbare Oberboden aus Humus- und Feinerde-Bestandteilen wird abgetragen und es entstehen sterile vegetationsfreie Flächen. Früher durch Grasdecken festliegende alte Sanddünen werden durch Überweidung und Feldbau reaktiviert und durch die Windwirkung entstehen wieder Wanderdünen. Derartige Schäden zeigen sich auf vielen von West nach Ost verlaufenden Altdünengürteln von Mauretanien über Mali, Niger, dem Tschad bis in den Westen der Republik Sudan. Betroffen sind vor allem Flächen im Umkreis von Siedlungen.

Die tieferen Ursachen der Desertifikation sind politischer und sozioökonomischer Natur. Dazu zählen unter anderem wirtschaftliche Zwänge und Gewinnstreben wie etwa die Ausweitung der marktorientierten Hirseproduktion, die drastische Zunahme von Viehbeständen seit 1950, das anhaltend hohe Bevölkerungswachstum und das staatlich verordnete Sesshaftmachen von mobilen tierhaltenden Volksgruppen, aber auch die soziale Emanzipation der dunkelhäutigen Sklavenkasten in nomadischen Gesellschaften seit dem Ende der Kolonialzeit. Viele der befreiten einstigen Sklaven betreiben heute einen Ressourcen zerstörenden Hirseanbau in großem Stil, mit dem Ziel, möglichst viel Bargeld auf den Märkten zu erwirtschaften.

Sinkende Pegelstände des Senegal- und Nigerflusses und Austrocknung des Tschadsees

Klimaforscher gehen davon aus, dass sich die vom Menschen gemachte Desertifikation durch den zu erwartenden globalen Temperaturanstieg von 1,5 bis 5 Grad Celsius bis zum Jahr 2100 noch verstärken wird. Bereits seit Ende der 1960er Jahre zeigt sich eine zunehmende Austrocknung des Sahel durch die Häufung von extrem trockenen Jahren. Die sommerlichen Höchstpegelstände des Senegal- und des Nigerflusses sind seit 1960 kontinuierlich gesunken. Die Niger-Schifffahrt zwischen Mopti und Timbuktu wird zunehmend durch Niedrigwasser beeinträchtigt und die Fischbestände gehen kontinuierlich zurück. Arme Bevölkerungsgruppen können sich den Kauf von Fisch nicht mehr leisten. Die großen Seen im Randbereich des Nigerbinnendeltas in Mali wie beispielsweise der Lac Faguibine rund 100 Kilometer westlich von Timbuktu werden nicht mehr von der jährlichen Nigerflutwelle erreicht. Riesige Überschwemmungsflächen gingen verloren.

Es ist jedoch noch nicht eindeutig bewiesen, dass die große Zahl von Trockenjahren zwischen 1968 und 1985 im Sahel eine Folge der globalen Erderwärmung ist. Erwähnenswert sind nämlich auch mehrere extreme Feuchtjahre seit 1990, in denen Hochwässer und Schichtfluten schwere Schäden an der Infra-

Rainer Unkel/SZ Photo

Dürreperioden sind widerkehrende Phänomene in Westafrika: Ein Bauer aus Burkina Faso vor seinen vertrockneten Hirsepflanzen.

struktur und in der Landwirtschaft verursacht haben. Es ist deshalb durchaus denkbar, dass die globale Klimaerwärmung zu einem regenreicheren Sahel führen könnte.

Die fortschreitende Austrocknung des Tschadsees ist in diesem Zusammenhang besonders auffällig. Es handelt sich um eine der markantesten ökologischen Veränderungen in Zentralafrika, die gravierende Folgen für die Landnutzungsrechte der lokalen Bevölkerungsgruppen in den Anrainerstaaten Niger, Tschad, Kamerun und Nigeria hat. Die Seefläche, die sich von 25 000 km² in den 1960er Jahren auf 4 800 km² im Jahr 2014 verkleinert hat, liegt heute im Südosten des Tschadbeckens im Grenzbereich der Republik Tschad und Kamerun. Gründe für die Schrumpfung des Sees sind zum einen die geringen Niederschläge zwischen 1970 und 1990, zum anderen die zu große Wasserentnahme für Bewässerungszwecke. Es mehren sich Konflikte zwischen muslimischen Hirten und christlichen Bauern. Armut und Hunger treiben viele arbeitslos gewordene junge Männer in die Arme radikaler islamistischer Gruppen wie »Boko Haram«. Dass der Tschadsee jemals wieder eine so große Ausdehnung wie vor 60 Jahren erfahren wird, gilt als äußerst unwahrscheinlich.

Thomas Krings

Souleymane AG Anara/AFP via Getty Images

In den letzten Jahren hat sich die Aufmerksamkeit der europäischen Politik vor allem aufgrund von zwei Ereignissen auf die Migration im Sahel gerichtet: erstens durch die Ankunft von über einer Million (vor allem syrischer) Flüchtlinge und Migranten in Europa im Jahr 2015, was zu politischer und gesellschaftlicher Unzufriedenheit sowie zu dem Bemühen führte, Europas Grenzen zu schließen. Diese Lage verschärfte sich zweitens dadurch, dass infolge des Sturzes des libyschen Machthabers Muammar al-Gaddafi im Jahr 2011 und eines weiteren Bürgerkrieges seit 2014 mehr und mehr Migranten und Flüchtlinge Libyens Küste Richtung Europa verließen. Als Konsequenz daraus sind Diskussionen über ein Migrationsmanagement im westlichen Sahel und über die Gründe, warum sich Menschen aus Subsahara-Afrika auf den Weg nach Europa machen, zu prominenten Themen in europäischen Politikkreisen und im öffentlichen Diskurs geworden. Vor diesem Hintergrund wird in dem folgenden Kapitel erläutert, wie das Phänomen der Migration im Sahel – im Bild eine Gruppe junger Männer im Norden Nigers auf ihrem Weg in Richtung libysche Grenze – zu verstehen ist und mit welchen Herausforderungen die Region heute zu kämpfen hat.

Migration im Sahel

Regionaler Handel kann im Sahel bis in das Jahr 300 v.Chr. zurückverfolgt werden. Er lief über Kamelkarawanen, die Afrika südlich der Sahara mit Nordafrika und dem Nahen Osten verbanden (siehe den Beitrag von Arno Sonderegger). Die Region war (und ist bis heute) die Heimat halbsesshafter Nomadengemeinschaften, deren Lebensgrundlage sich auf Ackerbau, Viehzucht und Handel gründet. In postkolonialen Zeiten bildeten sich unabhängige Staaten mit Grenzen, die durch die Gebiete dieser Stämme, Clans und ethnischen Gruppen hindurchgehen (siehe den Beitrag von Gerald Hainzl). Als Konsequenz sind heute mehrere Hauptgemeinschaften, die vorher den Großraum Wüste durchzogen, in verschiedene Staatsgebilde aufgespalten. Die Tuareg-Gemeinschaft erstreckt sich über die Grenzregionen von Algerien, Mali, Niger und Libyen; die Tubu und Gorane sind in Tschad, Niger und Libyen vertreten; und die Zaghawa-Gemeinschaften verteilen sich auf den Tschad und den Sudan.

Aufgrund der grenzüberschreitenden Beziehungen dieser Ethnien, ihrer halbsesshaften Kultur sowie der wirtschaftlichen Bedeutung transnationaler Handelsnetzwerke für ihre Lebensgrundlage war und ist die Mobilität der Menschen und Güter ein bestimmendes Merkmal der Sahelregion. Diese Mobilität – oder Migration – verschärft sich in Zeiten schwerer klimatischer Herausforderungen, wie der Variabilität der Regenfälle, zyklischer Dürre und zunehmender Wüstenbildung (siehe den Beitrag von Thomas Krings). Die binnen- und grenzüberschreitende Migration zwischen Gemeinschaften der Region dient den Menschen zur Abfederung der schlimmsten Erschütterungen ihrer Lebensgrundlagen.

Zudem stellt die Arbeitsmigration in west- und nordafrikanische Länder für Sahelbewohner seit Langem eine Strategie zur Aufbesserung des Einkommens dar. Diese Migration ist oft zeitlich begrenzt: Migranten arbeiten in Nachbarländern für einige Jahre, bevor sie wieder in die Heimat zurückkehren und dort ein eigenes Geschäft eröffnen. Alternativ können die Bauern während der Trockenzeit in Nachbarländern arbeiten und für die Ernte- und Regenzeit in den Sahel zurückkommen. Eine solche

Arbeitsmigration wird durch den Bedarf an billigen Arbeitskräften in Ländern wie Algerien und Libyen gefördert, wo Menschen aus Subsahara-Afrika vor allem in der Landwirtschaft, auf dem Bau und als Reinigungskräfte arbeiten. Die beiden Länder beherbergen derzeit geschätzte 25 000 bis 100 000 bzw. 670 000 Migranten und Flüchtlinge. In letzter Zeit wurde die Arbeitsmigration in der Region auch von der Erschließung von Goldvorkommen in Libyen, Tschad, dem Sudan, Niger und Mali angekurbelt. Junge Männer nutzen bestehende Handels- und Migrationsrouten, um in diesen Minen ihr Glück zu suchen.

Die Mehrheit der Migranten im Sahel hat somit nicht Europa als Ziel. Vielmehr ist innerregionale Migration eine essenzielle Überlebensstrategie für die Menschen der Region. Die Migration aus dem westlichen Sahel in nordafrikanische Staaten nahm in den 1990er Jahren zwar zu, allerdings wollten nur geschätzte 10 bis 20 Prozent der Migranten weiter nach Europa. Für das Jahr 2016, in dem die nordwärts gerichtete Migration durch den Niger mit ca. 335 000 Migranten ihren Höhepunkt erreichte, zeigen Berechnungen, dass zwischen 20 und 35 Prozent dieser Migranten am Ende in Europa ankommen würden.

Der Einfluss europäischer Migrationspolitik

Die europäische Migrationspolitik unterscheidet selten zwischen afrikanischer Binnenmigration, Wirtschaftsmigration mit dem Ziel Europa und Formen erzwungener Wanderungsbewegung, wie etwa Flüchtlingsströmen und Menschenhandel. Als Konsequenz äußert sich der dominante Politikansatz in dem Versuch, die gesamte Migration im Sahel zu stoppen, um subsaharische Afrikaner daran zu hindern, Europa zu erreichen.

Ein Schlüsseldokument für diesen Ansatz ist der Aktionsplan des Sondergipfels vom November 2015 zwischen Vertretern Europas und Afrikas auf der Mittelmeerinsel Malta. Die Vereinbarung von Valetta setzt die europäische Migrationsagenda – die sich darauf konzentriert, Anreize für Migration zu reduzieren und die Grenzen zu sichern – in afrikanischen Transit- und Herkunftsländern um. Im Juni 2016 beschloss die Europäische Union (EU) außerdem eine europäische Migrationsagenda (Migration

Binnenvertriebene, Flüchtlinge und Migranten

In der Berichterstattung über die seit einigen Jahren zu beobachtende Zuwanderung hunderttausender Menschen nach Europa werden die Begriffe (Binnen-)Vertriebene, Flüchtlinge und Migranten zusehends als Synonyme verwendet. Tatsächlich haben sie aber verschiedene Bedeutungen, auch wenn es zum Beispiel für »Migranten« bisher keine weltweit anerkannte Definition gibt.

Unter Binnenvertriebenen (Internally Displaced People, IDP) verstehen die Vereinten Nationen Menschen, die gezwungenermaßen aufgrund von bewaffneten Konflikten, Menschenrechtsvergehen oder infolge von Naturkatastrophen von ihren primären Lebensorten vertrieben wurden, aber keine international anerkannte Staatsgrenze überquert haben.

Laut Flüchtlingshilfswerk der Vereinten Nationen (UNHCR) sind Flüchtlinge – im deutschsprachigen Raum auch als »Geflüchtete« bezeichnet – dagegen Menschen, die aufgrund bewaffneter Konflikte, von Gewalt oder wegen politischer, religiöser oder sozialer Verfolgung aus ihrer staatsbürgerlichen Wohngegend fliehen mussten und zu ihrem eigenen Schutz international anerkannte Staatsgrenzen überquert haben. Nach geltendem Völkerrecht sind sie durch die Flüchtlingskonvention von 1951, ein ergänzendes Protokoll von 1967 und andere Gesetzestexte international geschützt. Sie dürfen nicht in Herkunftsgebiete zurückgeschickt werden, in denen Gefahr für ihre Freiheit und ihr Leben besteht.

Unter Migrant kann laut der Internationalen Organisation für Migration (IOM) jede Personen verstanden werden, die sich von ihrem gewöhnlichen Lebensmittelpunkt innerhalb eines Staates oder über eine international anerkannte Staatsgrenze hinweg bewegt. Migrant zu sein ist nach diesem Verständnis losgelöst von der Rechtsstellung einer Person, den freiwilligen oder erzwungenen Gründen für die Wanderung oder der Dauer des Aufenthalts.

FAW

Partnership Framework). Diese zielt auf die Neuausrichtung der bilateralen Beziehungen zwischen EU und afrikanischen Staaten in der Migrationsverwaltung ab. Sie soll die afrikanischen Länder unter anderem bei der Kontrolle der Grenzen, bei Asylverfahren, Schmuggelabwehr und Wiedereingliederung stärken. Die Finanzierung wird größtenteils über den neu geschaffenen EU Trust Fund for Africa (EUTF) abgewickelt.

Ein wesentlicher Teil dieser Maßnahmen konzentriert sich auf den Niger als wichtigem Durchgangsland auf der zentralen Mittelmeerroute, die die nordwärts gerichtete Migration durch den Sahel und die Sahara ermöglicht. Die EU unterstützte Niger bei der Erstellung einer nationalen Strategie zur Verhinderung »irregulärer Migration« und investierte in den Fähigkeitsaufbau der nigrischen Polizeikräfte mit dem Ziel, Personen verhaften zu lassen, die die Bewegungen von Migranten von Nordniger nach Libyen und Algerien unterstützen. Diese Maßnahmen resultierten in der Beschlagnahme Hunderter Allrad-Geländewagen, die für den Transport von Migranten durch die Wüste verwendet wurden, in der Inhaftierung Hunderter Fahrer sowie von Personen, die Migranten in Agadez (Nordniger) Unterkünfte zur Verfügung gestellt hatten. Die nordwärts gerichtete Migrationsroute brach daraufhin zusammen und die Bewegungen reduzierten sich um geschätzte 75 Prozent.

Dieser Paradigmenwechsel traf Migranten und die örtliche Bevölkerung völlig unerwartet. Viele Migranten reisen gewöhnlich ohne offizielle Reisedokumente – nicht zuletzt deswegen, weil das Fehlen staatlicher Institutionen in vielen entlegenen Regionen des Sahel es praktisch erschwert, Personalausweise oder Reisepässe zu beschaffen. Eine solche Migration wurde jedoch im Allgemeinen nicht als irreguläre Aktivität angesehen. Migranten konnten Grenzkontrollpunkte frei überschreiten, und wenn ein Grenzbeamter Fragen stellte, reichte eine kleine Geldsumme oft zur Beschwichtigung aus. Ohne Unterscheidung der verschiedenen Arten regionaler Mobilität wurde nun die gesamte Migration plötzlich zum schädlichen Phänomen erklärt, das unterbunden werde müsse. Dieses Vorgehen fand bei den örtlichen Gemeinschaften keinen Anklang. Lokale Behörden beklagten, Europa wolle »das eigene Problem zu unserem machen«.

Derselbe Paradigmenwechsel zeigte sich gegenüber Personen, die Migranten helfen. Fahrer und Händler, die Menschen beförderten, wurden zu skrupellosen »Menschenschmugglern«, die aufgehalten werden müssten. Dies wirkte sich nicht nur auf jene aus, die verhaftet wurden, sondern auch auf deren Familien

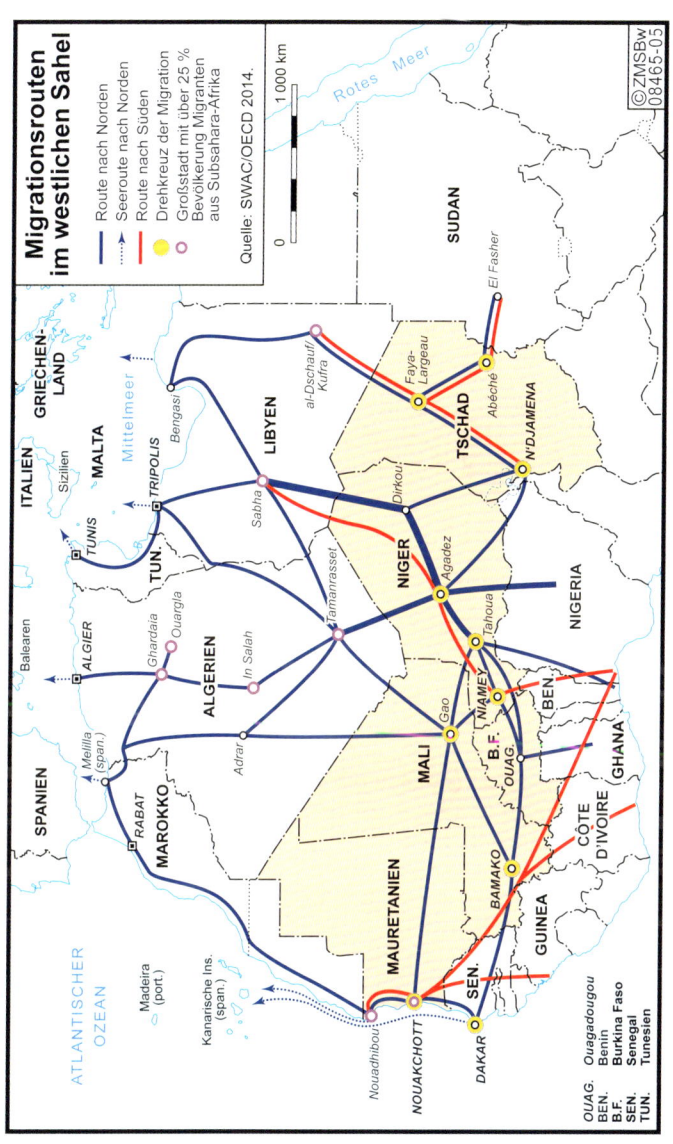

Migrationsrouten im westlichen Sahel

Legende:
— Route nach Norden
⇢ Seeroute nach Norden
— Route nach Süden
● Drehkreuz der Migration
● Großstadt mit über 25 % Bevölkerung Migranten aus Subsahara-Afrika

Quelle: SWAC/OECD 2014.

©ZMSBw
08465-05

1 000 km

OUAG.   Ouagadougou
BEN.   Benin
B.F.   Burkina Faso
SEN.   Senegal
TUN.   Tunesien

sowie die größere Gruppe an Menschen, für die die Versorgung von Migranten die Lebensgrundlage darstellte. Allein in Agadez verdienten zum Beispiel ca. 30 Prozent der Bevölkerung Geld durch die Präsenz von Migranten, unter anderem durch den Verkauf von Wasser, Essen und Handyguthaben oder durch die Erbringung von Dienstleistungen wie Geldüberweisungen und den Betrieb von Telefoncafés.

Darunter litt am Ende die Stabilität der Sahelregion, welche bereits von einer Reihe an bewaffneten Aufständen schwer getroffen war. Die Einwohner von Agadez fühlten sich von ihren Behörden verraten, die als Komplizen der EU statt als Volksvertreter empfunden wurden. Viele Männer verließen ihre Familien auf der Suche nach wirtschaftlichen Einkommensmöglichkeiten in anderen Gebieten. Die zunehmende Durchsetzung der Grenzkontrollen hat der Wirtschaft zudem geschadet, da sich der grenzübergreifende Handel verteuerte und verkomplizierte. In der Folge schlossen sich junge Männer in der nordöstlichen Kaouar-Region in Agadez, die vormals im Migrantentransfer oder im Goldabbau beschäftigt waren, libyschen Milizen als einer der wenigen attraktiven Beschäftigungsmöglichkeiten an.

Die Kriminalisierung der Migration hat darüber hinaus negative Auswirkungen auf die Migranten selbst. Migration hat sich in den Untergrund verlagert, was einer Professionalisierung des Schmugglergeschäfts und einer Dominanz organisierter Kriminalität in dem Metier Vorschub leistet. Die Verlagerung auf weniger benutzte Routen, um Wüstenpatrouillen zu umgehen, macht die Reise zunehmend riskant – oder tödlich. Analysen der Internationalen Organisation für Migration (IOM) zeigen, dass die Zahl registrierter Todesfälle unter Migranten in der Wüste zwischen Agadez im Süden und Südlibyen und Algerien im Norden im Zeitraum von 2015 bis 2017 um das Sechsfache gestiegen ist, von 71 auf 427. Zudem verstecken Schmuggler die Migranten zunehmend in Häusern ohne zureichende Infrastruktur und mit begrenzter Versorgung mit Essen, Wasser und sanitären Anlagen. Der Zugang zum Gesundheitswesen hat sich so sehr verschlechtert, dass die mangelnde medizinische Versorgung inzwischen die Hauptodesursache für Migranten bereits vor Erreichen der Wüste darstellt.

picture alliance/dpa/Ali Abdou

Ehe im Niger Migration kriminalisiert wurde, hielten sich viele Migranten auf ihrem Weg in Richtung Libyen oder Algerien in Agadez auf – nicht selten, um das notwendige Geld zur Fortsetzung ihrer Reise zu verdienen.

Die wachsende Isolation durch die Verlagerung der Routen hat die Anfälligkeit der Migranten gegenüber Menschenhandel, Zwangsarbeit und Geiselnahme zur Lösegelderpressung erhöht. Diese Entwicklung wird nun langsam in Agadez sichtbar, sie ist aber vor allem in Nordmali stark ausgeprägt, wo das Fehlen staatlicher Strukturen Schmugglerringen in der Ausbeutung von Migranten freie Hand lässt. Viele Migranten berichten davon, wie sie in Einrichtungen an der Grenze zu Algerien eingesperrt und solange gefoltert wurden, bis ihre Familie Lösegeld zahlte. Die Misshandlung von Migranten liegt jedoch nicht nur in den Händen von Schmugglern. Befragungen von Migranten zeigen, dass auch staatliche Sicherheitskräfte in Mali und Niger die Kriminalisierung der Migration als Gelegenheit nutzten, die von Migranten und Schmugglern zu zahlenden Schmiergelder zu erhöhen. Diese Kriminalisierung trägt damit zur Untergrabung der Rechtsstaatlichkeit in den Staaten des Sahel bei.

Südwärtsbewegung und Vertreibung

Die hier dargestellten Probleme werden durch den Druck von südwärts gerichteten Migrationsbewegungen und Vertreibungen auf die Sahelregion weiter verstärkt. Algerien sieht sich inzwischen als befugt an, Massendeportationen von Menschen aus Subsahara-Afrika in die Grenzregionen zu Niger und Mali durchzuführen. Sicherheitskräfte laden die Migranten in der Wüste ab und weisen sie an, zur nächsten Siedlung über der Grenze zu laufen, wenn sie überleben wollen. Allein 2018 wurden über 25 000 Menschen, einschließlich Flüchtlinge und Asylsuchende, aus Algerien vertrieben. Viele von ihnen wurden in der nigrischen Wüste nahe der algerischen Grenze abgesetzt.

Ähnlich verhält es sich mit Libyen, das als erdölreiches Land jahrzehntelang Bevölkerungsgruppen als Wirtschaftsmigranten aufgenommen hat. Nach konfliktreichen Jahren steht Libyen nun vor dem wirtschaftlichen Zusammenbruch und selbst die eigene Bevölkerung findet kaum noch Arbeit. Die Fremdenfeindlichkeit gegenüber subsaharischen Afrikanern in Libyen ist infolgedessen ausgeufert. Des Weiteren hat sich durch europäische Bemühungen, die Abfahrt von Migranten von der libyschen Küste zu unterbinden, eine Verlagerung der Geschäftsmodelle von Schmugglern herausgebildet. Diese profitieren nun nicht mehr von der Weiterfahrt der Migranten, sondern von ihrer Internierung. Internierte Migranten werden durch Zwangsarbeit, Prostitution und Lösegelderpressung ausgebeutet. Anfang 2018 führte die immer katastrophaler werdende Lage von Ausländern in Libyen dazu, dass Flüchtlinge und Asylsuchende plötzlich von Libyen nach Agadez zogen. Jüngste militärische Entwicklungen könnten weitere Menschen zur Flucht aus dem Land veranlassen. Auf der Berlin-Konferenz am 19. Januar 2020 hatten die Teilnehmer zwar die Durchsetzung des UN-Waffenembargos aus dem Jahr 2011 bekräftigt, aber der Stellvertreterkrieg in Libyen ging unvermindert weiter. Ob das europäische Engagement mit der EUNAVFOR MED IRINI (Mission European Union Naval Force Mediterranean Irini – »Irini« ist Griechisch und heißt »Frieden«) Abhilfe schafft, bleibt abzuwarten.

Viele Länder des Sahel beherbergen Flüchtlinge aus anderen Ländern sowie Binnenvertriebene, die in ihrem eigenen Land entwurzelt wurden. Vor dem Hintergrund anhaltender bewaffneter Gewalt in Mali, dem Tschadsee-Becken und der Region Liptako-Gourma, die sich über die Grenzgebiete von Mali, Niger und Burkina Faso erstreckt, stieg die Zahl der Vertriebenen im westlichen Sahel bis Anfang 2019 auf 4,2 Millionen – ein Zuwachs von 1 Million gegenüber dem Vorjahr. Im Vergleich: 2014 gab es dort nur 1,4 Millionen Flüchtlinge und Binnenvertriebene. Die Vertriebenen setzen die lokalen Gemeinschaften unter Druck, die mit der Versorgung nicht nachkommen. Des Weiteren fürchten die Gemeinschaften, dass die Präsenz bewaffneter Kämpfer unter den Vertriebenen Unsicherheit und Konflikte in der eigenen Region schüren kann.

Ausblick

Migration und Vertreibung umfasst im Sahel viele verschiedene Arten von Menschenbewegungen. Oft beschränkt sich die internationale Staatengemeinschaft jedoch darauf, jegliche Migration zu unterbinden, um subsaharische Afrikaner am Erreichen des europäischen Kontinents zu hindern. Diese Herangehensweise hat sich negativ auf die Region ausgewirkt. Der kontinuierliche Rückgang der auf dem Seeweg über das Mittelmeer in Griechenland, Italien und Spanien ankommenden Flüchtlinge und Migranten von über einer Million Menschen im Jahr 2015 auf knapp 100 000 im Jahr 2019 bietet die Chance eines komplexeren Ansatzes für ein Migrationsmanagement im Sahel. Ausgangspunkte sollten die Förderung wirtschaftlicher Entwicklung, der Schutz von Menschenrechten sowie die Stabilisierung der Region sein.

Fransje Molenaar und Anna Schmauder

Im Sahel leistet die Schattenwirtschaft einen großen Beitrag zum Einkommen der Bürger. Oft haben Familien mehrere Einkommensquellen. Die Gehälter im öffentlichen Dienst sind im Allgemeinen niedrig. Aus diesem Grund fühlen sich viele Polizisten, Soldaten und Beamte dazu ermutigt, sich nach anderen Einkommensquellen umzusehen, um ihr tägliches Überleben zu sichern. Die Kriegswirtschaft vieler fragiler Staaten in der Region bietet einen guten Nährboden für die organisierte Kriminalität. EU-Angaben zufolge verdienen Schmuggler mit Drogenschmuggel durch die westafrikanischen Staaten viel Geld. Territoriale Mobilität und die Verwendung moderner Navigationstechnologie haben in der Region zu einem Anstieg der organisierten Kriminalität geführt. Häufig vermischen sich legaler und illegaler Handel durch die Sahara, der vor allem für die nördlichen Regionen der Sahelstaaten von essenzieller Bedeutung ist.

◼️ Schmuggel und organisierte Kriminalität

Die Staaten des westlichen Sahel stehen angesichts eines hohen Anteils junger Menschen an der Bevölkerung und der damit einhergehenden Jugendarbeitslosigkeit vor einer ernstzunehmenden Herausforderung. In Ländern wie Mali sind ca. 60 Prozent der Bevölkerung funktionale Analphabeten, das heißt, sie können ihre schriftliche Kompetenz nur sehr eingeschränkt nutzen. Aufgrund von wiederholten Dürren oder Überschwemmungen entwickelt sich in vielen Gebieten eine Nahrungsmittelkrise: Monatelange Dürren führen zu Ernteausfällen, Hungersnöten von Mensch und Tier, Binnenmigration über weite Entfernungen und Konflikten wegen knapper Ressourcen. Auch die Tourismusindustrie ist aufgrund von Entführungsdrohungen gegen westliche Touristen sowie mehrerer Terrorattacken und Zusammenstöße militanter Gruppen kollabiert. Im westlichen Sahel, wo die Instabilität zunimmt und die Ernährungssicherheit mangelhaft ist, entscheidet das Tageseinkommen über das Überleben von Familien. Arbeit ist in den ländlichen und Wüstengegenden oftmals nur in der Landwirtschaft und im Transportgewerbe – einschließlich Schmuggel – zu finden. Der stete Strom von Drogen, Waffen und Migranten hat zudem lokale Gemeindestrukturen untergraben. In Regionen, in denen es zu gewaltsamen Auseinandersetzungen gekommen ist, sind die Schulen seit Jahren geschlossen. Lokale Autoritäten werden verdrängt, da sie der jungen Generation weder Sicherheit noch Arbeit bieten können. Auf der Suche nach Beschäftigungsmöglichkeiten wenden sich junge Menschen verstärkt kriminellen Netzwerken zu.

Organisierte Kriminalität sowie Waffen-, Drogen-, Haschisch- und Zigarettenschmuggel nehmen in der Wirtschaft vieler Sahelstaaten großen Raum ein. Auch das illegale Schleusen von Migranten ist ein ertragreiches Geschäftsfeld für gut organisierte, transnational agierende kriminelle Netzwerke. Junge Männer steigen in das Schmuggelgeschäft ein, da die Entlohnung hier deutlich höher ist als die Durchschnittsgehälter für Handwerker, Lehrer, Regierungsangestellte, Landwirte oder Kleinunternehmer. Als Fahrer für Schmuggler zu arbeiten ist für die Menschen im Sahel ein lohnendes Geschäft. In den ärmeren Regionen gelten die Schmuggler häufig als Vorbilder. Für die Jugendlichen sind die protzigen Häuser der Schmuggler und ihre Autos sichtbarer Beweis dafür, dass eine kriminelle Karriere ein Weg sein kann, Status und Wohlstand zu erlangen.

Der Drogenschmuggel beginnt auf See oder beim Lufttransport der Drogen aus Lateinamerika. Ein Großteil des Kokains, das auf dem Weg nach Europa durch Westafrika transportiert wird, kommt in Guinea und Guinea-Bissau, aber auch in Togo, Benin, Ghana und Nigeria an. Für die lateinamerikanischen Drogenhändler ist Westafrika das Drogen-Drehkreuz. Hier werden die Drogen auf ihrem Weg nach Europa auf Land- oder Lufttransportmittel umgeladen. Nach Schätzungen des United Nations Office on Drugs and Crime (UNODC) aus dem Jahr 2008 werden jährlich rund 50 Tonnen Kokain durch West- bzw. Nordafrika geschleust – etwa ein Viertel des Verbrauchs in Europa.

Das Transportgewerbe war schon immer ein wichtiger Handelszweig im Sahel. Waren früher die Konvois mit Gold und Salz beladen, besteht die Fracht heutzutage aus Waffen, Menschen und Drogen. In vielen Grenzregionen befördert ein und derselbe Fahrer Drogen oder Waffen zusammen mit legalen Waren, beispielsweise Früchten, Gemüse oder anderen Nahrungsmitteln. Die Grenze zwischen Kriminalität und legalem Wirtschaften ist fließend. Nicht alles, was internationalen Beobachtern als Kriminalität erscheint, gilt in armen Regionen als Verbrechen. Kriminelle Aktivitäten bieten schlichtweg ein Einkommen, mit dem das Überleben der Familie gesichert werden kann.

Verflechtung von Staat und organisierter Kriminalität

Aktuelle Beschlagnahmungen und Verhaftungen zeigen, dass sich Politiker und lokale Sicherheitskräfte an kriminellen Geschäften, Drogenhandel und Schmuggel beteiligen. In kriegsgebeutelten, fragilen Staaten nehmen mächtige »Schattennetzwerke« Einfluss darauf, wie Macht und Wohlstand verteilt werden. Lokale kriminelle Netzwerke sind wiederum mit global agierenden kriminellen Organisationen verknüpft, sprich: internationale Verbrecher sichern sich lokale Unterstützung für ihre Tätigkeiten. Oft ist es daher nicht möglich, klar zwischen legal und illegal, staatlich und nicht staatlich, lokal oder national und international zu unterscheiden. Die Schattennetzwerke sind regionale *und* globale Beziehungsgeflechte zwischen Regierungsvertretern – vor allem Militär, Polizei und Zoll – und Kriminellen. Die Regierungsvertreter nutzen ihre Positionen, um die Kriminellen zu unterstützen, etwa indem sie Güter unkontrolliert eine Grenze passieren lassen oder falsche Transportdokumente ausstellen. Eine Anstellung im Öffentlichen Dienst kann somit einen Einstieg in die Zusammenarbeit mit kriminellen Netzwerken darstellen und lukrative Einkommensmöglichkeiten bieten. Auf diese Weise agieren die Schattennetzwerke sowohl in die Regierungsinstitutionen hinein als auch an ihnen vorbei.

Auch auf anderem Weg beeinflusst die organisierte Kriminalität die nationale und lokale Politik. So versuchen Kriminelle über Spenden und Nahrungsmittelpakete für Dörfer politischen Einfluss zu erkaufen; manche von ihnen treten sogar bei lokalen oder nationalen Wahlen an. Lokale politische Abläufe sind mit der persönlichen und wirtschaftlichen Macht von »Big Men« verknüpft. Diese »Big Men«, also einflußreiche Männer, sind zu gleichen Teilen Politiker, Wohltäter, »Community Leader« und Kriminelle. Sie gewinnen ihre Anhänger über ihre Fähigkeit, Einkommensmöglichkeiten und Beistand zu verteilen und Menschen mit weniger Einfluss bei allen möglichen Problemen zu helfen. Für die Menschen im Sahel ist es wiederum ein pragmatischer, taktischer Ansatz, Beziehungen zu mehreren »Big Men« zu unterhalten, da sie in der Lage sein müssen, sich Wohlstand und Beistand aus verschiedenen Quellen zu sichern.

Politik und Kriminalität im Sahel sind eng miteinander verzahnt: Lokale Drahtzieher machen sich legale Netzwerke zunutze, um ihre kriminellen Machenschaften voranzutreiben, da sich offizielle und informelle Netzwerke in der Gesellschaft überschneiden. Führungskräfte, Politiker, Militärs, Polizei und militante Gruppierungen – alle sind am Schmuggel von Waffen, Kokain, Zigaretten und Menschen beteiligt.

Schmuggel und organisierte Kriminalität als Sicherheitsbedrohung

Die transnational agierende organisierte Kriminalität ist für die Menschen der Region eine Möglichkeit, der Armut zu entkommen, aber sie ist auch eine der Grundursachen für die derzeitige Instabilität des westlichen Sahel. Der zunehmende Konkurrenzkampf der am Schmuggel beteiligten Akteure beeinträchtigt die lokale Sicherheitslage. Bewaffnete Gruppen kämpfen um freie Fahrt für Schmuggelkonvois. Sie blockieren Straßen, damit Drogen, Waffen und andere Güter die Wüstengebiete passieren können. Die Art und Weise, wie sich die Schmuggelaktivitäten entwickeln, kann als »Seekrieg in der Wüste« beschrieben werden: Kriminelle Netzwerke kämpfen um wichtige Knotenpunkte und »Häfen«, wo das Schmuggelgut geladen und für den weiteren Transport vorbereitet wird. Die Netzwerke sind sehr mobil und bewegen sich frei in den riesigen Wüstengebieten. Sie überqueren Staatsgrenzen unkontrolliert; einer regionsübergreifenden Kooperation der organisierten Kriminalität steht wenig im Weg.

Zur organisierten Kriminalität gehören auch Entführungen mit dem Ziel der Lösegelderpressung. Kleinere militante Gruppen entführen Touristen, zumeist aus der sogenannten Ersten Welt, und »verkaufen« sie an größere dschihadistische Netzwerke. Wegen der Gefahr, entführt zu werden, meiden Touristen viele Orte in der Region. In der Folge leidet die örtliche Wirtschaft unter den fehlenden Einnahmen aus der Tourismusbranche. Hierbei handelt es sich um eine bewusste Strategie der dschihadistischen militanten Gruppierungen, da eine Abnahme des Tourismus und der damit verbundenen Geschäftsfelder dafür sorgt, dass größere Investitionen ausländischer Investoren in andere Märkte außerhalb der Region abwandern. Der Mangel an Investitionen wiederum verstärkt die negative wirtschaftliche Entwicklung: Die Arbeitslosigkeit nimmt zu, und arbeitslose Menschen lassen sich leichter rekrutieren. Zudem schafft das Schmuggelgeschäft verwandte Geschäftsfelder: Die nordwärts Richtung Europa ziehenden Migranten zahlen auf ihrem Weg für Nahrung, Wasser, Unterkunft und auch den Transport, oft-

picture alliance/ZB/Tom Schulze

Nicht alle Güter, die in Westafrika geschmuggelt werden, sind grundsätzlich verboten. Neben Nahrungsmitteln wird beispielsweise auch Treibstoff vor allem aus Algerien illegal nach Mali und in den Niger verbracht und dort wie vielerorts üblich in Flaschen verkauft.

mals jedoch nur einer Teilstrecke. Dann halten sie an und arbeiten, um wieder Geld für den weiteren Weg zu verdienen.

Dschihadisten, die in den Wüstengebieten schnell und mühelos agieren, sind am Schmuggelgeschäft beteiligt. Arbeitslosigkeit, Dürre und soziale Stagnation grassieren in diesen Gegenden. Für diese religiös-militanten Gruppen ist es nicht schwer, aus diesem »Vorrat« an unzufriedenen jungen Männern, die Status, Geld und Macht suchen, Anhänger zu rekrutieren.

Kriminelle und Dschihadisten verbinden dabei gemeinsame Interessen. »Gewöhnliche« Kriminelle helfen den Dschihadisten, indem sie Waffen, Munition und Ausrüstung kaufen. Im Gegenzug sorgen die Dschihadisten dafür, dass sich Menschenhändler und Schmuggler in den von ihnen kontrollierten Gebieten frei bewegen können. Die dschihadistischen Gruppierungen fungieren als Ersatz für lokale Sicherheitskräfte und Investoren. Die Schmuggelnetzwerke dienen im Gegenzug als logistisches Unterstützungselement für die Dschihadisten, indem sie Nahrungsmittel und andere Waren für die Dschihadisten auf den lokalen Märkten kaufen, sodass diese in der Wüste, weitab von den Stadtzentren, agieren können. Diese Kooperationen kommen aber selten freiwillig, sondern meist mithilfe von Drohungen zustande.

Schmuggel und organisierte Kriminalität sind für die Menschen des westlichen Sahel eine schwere Last. Die Verbreitung von Handfeuerwaffen und die Formierung gewalttätiger Gruppen leisten einer Militarisierung der Jugend Vorschub. Parallel dazu breiten sich Drogen aus: Die Anzahl Drogenabhängiger nimmt entlang der Schmuggelrouten zu, da die Arbeit für die Schmuggelnetzwerke oft mit Kokain entlohnt wird. Auch die Prostitution wächst im Umfeld der Schmuggelzentren.

Internationale Reaktionen

Nach Auffassung internationaler Expertenkommissionen, zu deren Mitgliedern ehemalige Präsidenten der Sahelstaaten gehören, sind die transnational agierende organisierte Kriminalität und der Drogenschmuggel die größte Bedrohung für die Stabilität im westlichen Sahel und eine globale Herausforderung. Internationale Akteure sollten ihre Bemühungen um eine Stabilisierung der Region und ihren Kampf gegen Korruption und die Infiltrierung des Staates durch kriminelle Netzwerke aufeinander abstimmen. UNODC hat daher zusammen mit anderen internationalen und regionalen Organisationen 2009 die West African Coast Initiative (WACI) gegründet, die mithilfe sogenannter Transnational Crime Units (TCUs) operiert. Die TCUs sind ressortübergreifende Eliteeinheiten, deren Ausbildung und Ausrüstung speziell auf die Bekämpfung transnational agierender organisierter Kriminalität sowie auf die internationale Koordination von Maßnahmen ausgerichtet ist. Laut UNODC verbessern die TCUs die nationale und internationale Koordination und sie ermöglichen Untersuchungen auf Grundlage nachrichtendienstlicher Erkenntnisse. 2016 gab es einsatzbereite TCUs in Liberia, Sierra Leone und Guinea-Bissau; in Côte d'Ivoire (Elfenbeinküste) lief die Aufstellungsphase. UNODC zufolge erzielten die TCUs gute Ergebnisse: Sie beschlagnahmten große Mengen Drogen und ermöglichten die strafrechtliche Verfolgung und

Verurteilung einer großen Anzahl Krimineller. Es ist geplant, das WACI-Programm über die ursprünglichen Zielstaaten – Côte d'Ivoire, Guinea, Guinea-Bissau, Liberia und Sierra Leone – an der westafrikanischen Küste hinaus zu erweitern. Die UNODC baut dabei auf Erfahrungen auf, die sie in anderen Regionen der Welt gemacht hat. Dennoch wird die Implementierung der TCU-Initiative in allen Staaten durch Korruption und die Schwäche der Regierungsinstitutionen sowie der Wirtschaft gebremst – also von denselben Faktoren, die das Erstarken der organisierten Kriminalität in der Region begünstigen.

Fazit

Organisierte Kriminalität, Schmuggel, Entführungen und illegaler Menschenhandel beeinträchtigen die Stabilität des westlichen Sahel. Die in die organisierte Kriminalität involvierten Schattennetzwerke sind eine Bedrohung für eine sogenannte Gute Regierungsführung (Good Governance) und tragen zur hohen Korruption bei. Viele der Akteure, die die internationale Gemeinschaft gerne als Partner betrachten würde, sind selbst in diese Schattennetzwerke verwickelt. Dies ist eine alarmierende Entwicklung. So bleibt letztlich nur das, was der unabhängige Journalist und Migrationsexperte Peter Tinti konstatiert: »Die internationale Gemeinschaft wird das Ausmaß anerkennen müssen, in welchem illegaler Handel und organisierte Kriminalität Sicherheit und Regierungsführung beeinflussen.«

Rikke Haugegaard

Souleymane AG Anara/AFP via Getty Image

Seit der französischen Militäroperation »Serval« im Jahr 2013 ist der Sahel Schauplatz zahlreicher externer Interventionen geworden. Trotz der Präsenz einer Vielzahl militärischer Akteure ist Nordmali noch immer einer der gefährlichsten Einsatzorte für Friedenstruppen der Vereinten Nationen, wie beispielsweise für senegalesische Soldaten der Mission multidimensionelle integrée des Nations Unies pour la stabilisation au Mali (MINUSMA), die einen Tag nach einem Selbstmordattentat am 24. Juli 2019 durch die Straßen von Gao patrouillieren.

Die Aktivität dschihadistischer Gruppierungen verzeichnet im gesamten westlichen Sahel einen kontinuierlichen Anstieg. Während sich die öffentliche und wissenschaftliche Debatte meist mit grenzüberschreitenden terroristischen Bedrohungen, mit irregulärer Migration und organisiertem Verbrechen befasst, wurde der internen Dynamik der zahlreichen Militär- und Friedenssicherungsmissionen bislang wenig Aufmerksamkeit gewidmet. Ungleichheit und Zersplitterung innerhalb der militärischen Organisationen schränken deren Fähigkeit ein, in einem zunehmend gefährlichen Umfeld Fortschritte für Frieden und Sicherheit zu erwirken.

Sicherheit im westlichen Sahel: Ein Versuchsfeld für ungleiche Interventionen

Am 10. Januar 2013, als dschihadistische Gruppierungen in den Süden Malis vorstießen und ein Angriff auf die Hauptstadt Bamako drohte, startete Frankreich auf Bitten der malischen Übergangsregierung im Alleingang die militärische Operation »Serval« (siehe den Beitrag von Hans-Georg Ehrhart). Bis dahin waren sowohl die Westafrikanische Wirtschaftsgemeinschaft (Economic Community of West African States, ECOWAS) als auch die von der Afrikanischen Union (AU) geführten Kräfte durch unzureichende Kapazitäten und mangelnde Unterstützung an einen toten Punkt gelangt.

Serval hat die Aufstellung der African-led International Support Mission to Mali (AFISMA) beschleunigt, die die französischen und malischen Truppen bei der Rückeroberung des Nordens des Landes und beim Übergang zu Stabilisierungsmaßnahmen unterstützte. Unterdessen hatte vor allem Frankreich Zweifel an der Fähigkeit von AFISMA, die wiedergewonnenen Gebiete zu halten. Folglich sah sich der Sicherheitsrat der Vereinten Nationen (VN) unter Druck, eine Mission in Mali ins Leben zu rufen, die »Mission multidimensionelle intégrée des Nations Unies pour la Stabilisation au Mali« (MINUSMA), die laut Mandat Malis Übergangsbehörden unterstützen und wichtige Siedlungsräume stabilisieren soll. Zu einer Anti-Terror Intervention waren die VN trotz der prekären Sicherheitslage in Mali jedoch nicht bereit.

Im Juli 2013 begann MINUSMA – parallel zum Einsatz französischer Anti-Terror-Kräfte, die auf Anforderung des VN-Generalsekretärs zur Intervention berechtigt waren – als Nachfolgemission von AFISMA. Unter dem treibenden Einfluss der französischen Außenpolitik engagierte sich in der Folge ein breites Spektrum internationaler Akteure in Mali. Begründet und legitimiert wurden die Interventionen mit dem »Kampf gegen den Terror«, der Kontrolle irregulärer Migration und der Eindämmung organisierter Kriminalität. Dabei spielten die möglichen unmittelbaren Auswirkungen der Entwicklungen im westlichen Sahel auf die Sicherheit Europas eine wichtige Rolle.

Zwar wurde Serval offiziell Erfolg beschieden, jedoch waren die dschihadistischen Gruppierungen keineswegs besiegt. Deshalb »regionalisierte« Frankreich 2014 mit der Anti-Terror-Operation »Barkhane« sein Engagement. Das Engagement der Europäischen Union (EU) im westlichen Sahel war vor 2011 hauptsächlich auf Entwicklungszusammenarbeit ausgerichtet. Wegen der Sicherheitskrise in Mali entsandte die EU 2013 jedoch eine eigene Ausbildungsmission, um den Wiederaufbau der malischen Streitkräfte zu unterstützen (European Union Training Mission Mali, EUTM Mali). Darüber hinaus wurden die zivilen »European Union Training Capacity Building Missions« EUCAP Sahel Niger (2012) und EUCAP Sahel Mali (2014) zur Unterstützung interner Sicherheitskräfte wie Polizei, Gendarmerie und Nationalgarde sowie der entsprechenden Ministerien etabliert. Außerhalb Europas wurde der Sahel als eine »neue Front« im globalen »Krieg gegen den Terror« bezeichnet. Die USA etwa engagierten sich nach dem 11. September 2001 mit Ausbildungs- und Unterstützungsprogrammen in der Region. Zudem zeigen nationalstaatliche Akteure wie China, Russland und die Golfstaaten im strategisch wichtigen Sahel Präsenz. Die Sorge darüber, wer das Machtvakuum füllen würde, wenn sich die westlichen Mächte zurückzögen, bewegt letztere zum Bleiben. Somit ist der westliche Sahel eine Arena verschiedenster internationaler Akteure geworden.

Trotz der Vielzahl militärischer Engagements in der Region verschlechtert sich die Sicherheitslage. Die dschihadistischen Gruppierungen haben sich schnell an die militärische Präsenz ausländischer Akteure angepasst und sich in die ländlichen Regionen Zentralmalis zurückgezogen, die für externe und malische Sicherheitskräfte schwer zugänglich sind. Zentralmali ist für die Dschihadisten besonders wichtig, weil seine südlichen Ausläufer ihnen die Möglichkeit eröffnen, weit nach Burkina Faso hinein und bis an die Küstenstaaten Westafrikas zu agieren. In diesen entlegenen Grenzgebieten gewinnen sie vor Ort Rekruten, indem sie langjährige Versäumnisse des Staates nutzen und den Gemeinden Schutz und Unterstützung versprechen (siehe den Beitrag von Rikke Haugegaard).

Die in der Region präsenten Organisationen sind oft einer Meinung bei ihrer Einschätzung der Bedrohung und der Identifizierung staatlicher Instabilität als Hauptursache der Destabilisierung der Region. Dennoch existieren Reibungspunkte bei den unterschiedlichen Interventionsprinzipien, den Vorstellungen von Sicherheitszusammenarbeit, bei Einsatzregeln und Befehlsketten, beim Willen und bei der Fähigkeit zur Entsendung von Truppen und bei den manchmal unklaren Zielsetzungen für das eigene Engagement (Terrorismusbekämpfung, Migration, Stabilisierung, usw.). Streng überwachte Budgets, gescheiterte Interventionen und eine militärischen Einsätzen gegenüber kritisch eingestellte Bevölkerung in der Heimat setzen dem Engagement williger Akteure aus Europa Grenzen. Als Reaktion auf beträchtliche Verluste im Irak und in Afghanistan sind die europäischen Truppensteller darum bemüht, die Zahl ihrer Soldaten vor Ort und ihre Verwendung begrenzt zu halten. Dies führt dazu, dass ihre afrikanischen Kameraden in MINUSMA ein ungleich höheres Risiko schultern.

Ungleichheiten und Zersplitterung bei MINUSMA

Ab den 1990er Jahren hielten sich westliche Länder bei der direkten Entsendung von Soldaten für VN-Missonen mehr und mehr zurück. Mit dem Beginn von MINUSMA im April 2013 kehrte Europa jedoch in den Kreis der aktiven Truppensteller zurück. Dennoch kommen aus afrikanischen Ländern derzeit immer noch mehr als die Hälfte der an der Mission beteiligten Soldaten – ein Novum in der Geschichte der Vereinten Nationen. Bei der Aufstellung von MINUSMA wurden 6300 der ursprünglich mandatierten 11 200 Soldaten von AFISMA übernommen; die meisten von ihnen stammten aus den unmittelbaren Nachbarländern Malis. Im Mai 2020 kamen 6260 MINUSMA-Soldaten aus Burkina Faso, dem Tschad, Niger, Senegal, Togo und Guinea. Genau wie Mali haben die meisten dieser Länder mit extremer Armut, staatlicher Instabilität und einer wachsenden Bedrohung durch dschihadistische Gruppierungen zu kämpfen.

Der Einsatz europäischer Soldaten, die im Irak und in Afghanistan Kampferfahrung gesammelt hatten, sowie die militärischen Fähigkeiten, die die europäischen Länder in die Mission einbrachten, haben zu einer militärischen Professionalisierung von MINUSMA beigetragen. Und dennoch haben die hochspezialisierten westlichen Kräfte und Mittel, etwa die All Sources Information Intelligence Fusion Unit (ASIFU) oder Überwachungsdrohnen, den afrikanischen Soldaten keinen angemessenen Nutzen gebracht. Dies ist zum Teil den nationalen Vorbehalten geschuldet, die bestimmen, wo und wie europäische Soldaten in der Mission eingesetzt werden dürfen. So sorgte die besondere Position der ASIFU in der Kommandostruktur für eine strikte Trennung der westeuropäischen nachrichtendienstlichen Ressourcen von denen der anderen VN-Truppensteller, wodurch die Geschlossenheit der gesamten Mission untergraben wurde.

Die europäischen Kräfte sind bei MINUSMA hauptsächlich mit strategischen und koordinierenden Aufgaben im Hauptquartier in Bamako betraut und werden für Spezialoperationen oder in nachrichtendienstlichen, Überwachungs- oder Aufklärungseinheiten eingesetzt. Der Einsatz dieser Soldaten ist an die Bedingung geknüpft, dass Helikopterunterstützung verfügbar und die Erreichbarkeit gut ausgestatteter Krankenhäuser bzw. Lazarette innerhalb kurzer Zeit gewährleistet ist, was nicht für das gesamte Operationsgebiet von MINUSMA gilt. Die Helikopterunterstützung ihrerseits unterliegt Einschränkungen, die einer effizienten Unterstützung afrikanischer Truppen entgegenstehen. Länder wie Niger, Guinea und der Tschad dagegen haben bezüglich des Einsatzgebiets und der Aufgaben ihrer Soldaten weniger strenge Auflagen. Diese werden daher häufig an den entlegensten Standorten der Mission stationiert und übernehmen die gefährlichsten Aufgaben. Zeitgleich profitieren die afrikanischen Staaten wirtschaftlich und politisch von der Bereitschaft ihrer Soldaten, Risiken auf sich zu nehmen. Sie steigen in der Gunst ihrer internationalen politischen Partner außerhalb der Region und können auf größere finanzielle Unterstützung hoffen.

Dieses System führt dazu, dass afrikanische Soldaten häufiger Angriffen ausgesetzt sind, und es reduziert die Verfügbarkeit angemessener Logistikunterstützung, etwa in Form von gepanzerten Fahrzeugen für Patrouillenfahrten und bewaffnetem Geleitschutz. Insgesamt sind die afrikanischen Truppen nicht angemessen auf die Gefahren vorbereitet, mit denen sie im Rahmen der Mission konfrontiert werden. Diese Beobachtung spiegelt sich in den Verlustzahlen der Mission wider. Afrikanische Soldaten machen mehr als 85 Prozent der 216 VN-Soldaten aus, die bis Ende Mai 2020 im Rahmen von MINUSMA in Mali gestorben sind.

Zudem bestehen Unterschiede im Ausbildungs- und Ausrüstungsstand der Truppen verschiedener Länder. Die Heimatländer afrikanischer Soldaten kommen ihrer Versorgungspflicht für die Soldaten im Felde häufig nicht nach und Soldzahlungen bleiben aus. MINUSMA kann dies nicht kompensieren und bei den VN ist ein Zahlungsmechanismus für solche Fälle nicht vorgesehen. Der Tschad stationiert als einziges Land dauerhaft Infanteriebataillone in einer der am stärksten gefährdeten Gegenden der Mission, in Aguelhok und Tessalit im Sektor Nord bei Kidal. Diese Situation fordert den dort eingesetzten Soldaten sehr viel ab. Nach sechs Jahren unter rauen Bedingungen, ohne angemessene Unterstützung und Versorgung stehen die Soldaten psychisch und körperlich unter einem enormen Druck, was bei den Truppen häufig zu einem Mangel an Disziplin führt. Die Versorgung der tschadischen Soldaten im äußersten Norden ist eine anstrengende und gefährliche Aufgabe, die zu übernehmen wiederum nur andere afrikanische Soldaten bereit sind.

Gefährlicher Geleitschutz für Konvois

Bei MINUSMA hat es sich als schwierig erwiesen, Treibstoff, Verpflegung und Wasser zu den Feldlagern im Nordsektor zu transportieren, in denen tschadische und guineische Kontingente stationiert sind. Erschwerend kommt die mangelhafte Infrastruktur in diesem Teil des Landes hinzu, weshalb der Versorgungsweg zwischen Gao im Sektor Ost und Kidal im Sektor Nord eine besondere Herausforderung darstellt. Das hat zu katastrophalen Mobilitätseinbußen für MINUSMA geführt. Die Entfernung zwischen Gao und Kidal beträgt nur etwa 350 km, aber der Weg führt durch eines der unwegsamsten Wüstengebiete der Welt. Ein afrikanischer Kommandeur, verantwortlich für den Geleitschutz von Konvois auf dem Weg von Gao nach Kidal, äußerte 2016, die Aufgabe gestalte sich »durch das unwirtliche, heiße Klima, die ständige Bedrohung durch Minen, behelfsmäßige Sprengvorrichtungen und Anschläge schwierig«. Die gesamte Operation kann, abhängig von den Wetterbedingungen, zwei bis drei Wochen in Anspruch nehmen und wird oft durch den Ausfall von Ausrüstung und Material behindert. Die Sicherung der Konvois und Versorgungsgüter zehrt an den Ressourcen von MINUSMA – nicht selten zum Nachteil der afrikanischen Soldaten, die zu schlecht ausgerüstet und ausgebildet sind, um den asymmetrischen Angriffen dschihadistischer Gruppierungen die Stirn zu bieten.

Die Tatsache, dass MINUSMA bislang nur mäßige Ergebnisse erzielen konnte, hat das Vertrauen der Nachbarländer, dass die Mission einen positiven Einfluss auf die Stabilität der Region entfalten wird, merklich geschmälert. MINUSMA war bislang nicht fähig, die Lücke zwischen den derzeit eingeschränkten Möglichkeiten der Luftunterstützung, den vorhandenen Logistikkapazitäten sowie der mangelnden Ausbildung und Ausrüstung zu schließen. Da weder MINUSMA noch Barkhane die dschihadistische Gewalt in den malischen Gebieten eindämmen konnten, reagierten die benachbarten Truppensteller mit der Bildung eines neuen regionalen Ad-hoc-Bündnisses.

Regionale Perspektiven für Frieden und Sicherheit

Da dschihadistische Gruppierungen immer ausgeklügeltere Angriffe auf die VN-Truppen, französische Soldaten und die malischen Streitkräfte ausüben, stehen die VN zunehmend unter dem Druck der malischen Regierung und der Nachbarländer, eine schnelle Eingreiftruppe zur Terrorismusbekämpfung aufzustellen. Während der Sicherheitsrat der Vereinten Nationen dies im Jahr 2014 ablehnte, bildete die G5-Sahelgruppe (Mali, Burkina Faso, Niger, Mauretanien und Tschad) mit französischer Unterstützung die regionale Force Conjointe G5 Sahel (FC-G5S), um den Extremismus sowie den Drogen- und Menschenhandel zu bekämpfen (siehe den Beitrag von Denis M. Tull). Das aber droht die offiziellen Führungslinien von MINUSMA zu untergraben.

Im Jahre 2018 erhielt MINUSMA offiziell das Mandat für die Bereitstellung logistischer Unterstützungsleistungen für die FC-G5S. Angesichts der Tatsache, dass MINUSMA bereits an den Grenzen der Belastbarkeit steht, bleibt zu befürchten, dass die zusätzlichen Aufgaben MINUSMA an der Ausführung ihrer Kernaufgaben hindert. Die vielen Parallelstrukturen zur VN-Mission haben sogar die Frage aufkommen lassen, inwieweit die VN ihre Rolle als eigenständige Friedenstruppe aufrechterhalten können, deren Daseinszweck darin besteht, politische Lösungen, Konfliktregelung und den Schutz der Zivilbevölkerung zu unterstützen. Die aktuellen Entwicklungen deuten darauf hin, dass MINUSMA zunehmend zum Dienstleister für andere Anti-Terror-Kräfte wird und damit direkt den Sicherheitsinteressen der Nachbarstaaten Malis entgegenkommt. Außerdem drohen die Konzentration auf die unmittelbare Bekämpfung grenzüberschreitender Bedrohungen und die beträchtlichen finanziellen Mittel, die die truppenstellenden Länder für MINUSMA aufzubringen haben, die Eigenmotivation der Staaten in der Region zu untergraben, politische Lösungen zu finden und die Zivilbevölkerung in den Konfliktzonen zu schützen.

Damit MINUSMA die elementaren Aufgaben der Friedenssicherung erfüllen kann, müssen für afrikanische und europäische Soldaten ähnliche Voraussetzungen geschaffen werden. Das bedeutet vor allem eine Angleichung der Verfügbarkeit spezialisierter Ausrüstung und Fähigkeiten. Nur dann ist damit zu rechnen, dass das Ziel von MINUSMA, nämlich Frieden und Sicherheit zu bringen, in Mali in die Tat umgesetzt werden kann.

Signe M. Cold-Ravnkilde

(Der Beitrag basiert u.a. auf einem Feldforschungsprojekt über afrikanische Soldaten bei MINUSMA, das die Autorin mit Peter Albrecht und Rikke Haugegaard im Juni 2016 in Mali durchgeführt hat.)

Frankreich hat unzählige Male in Afrika interveniert. Als ehemalige Kolonialmacht und langjährige Verfechterin einer Politik, die mit dem Begriff »Françeafrique« beschrieben wurde, pflegt Paris bis heute enge Beziehungen zu den frankophonen Staaten Afrikas. Bedeutete Françeafrique früher indirekte Kontrolle und gegebenenfalls militärische Einmischung in die politischen Angelegenheiten, basierend auf engen persönlichen Beziehungen zwischen den herrschenden Eliten beider Länder, so gilt dieser Ansatz mittlerweile als überholt. Dennoch ist die Sahelregion für Frankreich nach wie vor von höchstem Interesse. Frankreichs Politik ist wiederum ein gewichtiger Faktor für die Politik der Sahelstaaten. So fanden zuletzt im Januar 2020 in der südfranzösischen Stadt Pau auf politischer Ebene Gespräche zwischen den G5-Sahelstaaten und Frankreich statt (v.l.n.r.: Mohamed Ould Ghazouani, Mauretanien; Ibrahim Boubacar Keïta, Mali; Idriss Déby, Tschad; Emmanuel Macron, Frankreich; Mahamadou Issoufou, Niger; Roch Marc Kaboré, Burkina Faso).

■■■ Frankreichs Politik im westlichen Sahel

Nach der Dekolonisation hatte sich Frankreich als der »Gendarm Afrikas« positioniert, der in seinem »Hinterhof« für Ruhe und Ordnung sorgte und dabei seine nationalen Interessen verfolgte. Diese Politik änderte sich 1994 mit dem Völkermord in Ruanda und der unrühmlichen Rolle, die Paris dabei spielte. Die daraus resultierende innerfranzösische Kritik und grundlegende Veränderungen im internationalen System wie das Ende des Ost-West-Konflikts und die auch Afrika erfassende dritte Demokratisierungswelle trugen zu diesem Wandel bei. Nach einer bis Anfang der 2000er Jahre reichenden Phase der Zurückhaltung begann Paris sich jedoch wieder stärker militärisch zu engagieren. Vor dem Hintergrund der Anschläge vom 11. September 2001 in den USA, Entführungen von Franzosen in Nordafrika und im Sahel sowie Anschlägen in Frankreich wandelte sich das Land vom »Gendarm« zum »Feuerwehrmann« Afrikas.

Tatsächlich hatte Frankreich die engen Bindungen auf dem afrikanischen Kontinent nie aufgegeben. Sie bilden die Grundlage für über 60 militärische Interventionen in Afrika seit den frühen 1960er Jahren. Von besonderer Bedeutung sind gegenwärtig die fünf Staaten des westlichen Sahel: Mauretanien, Mali, Burkina Faso, Niger und der Tschad. Deshalb war es kein Zufall, dass die erste Auslandsreise außerhalb Europas den französischen Staatspräsident Emmanuel Macron am 19. Mai 2017, also wenige Tage nach seiner Amtseinführung, nach Gao in Mali führte. Seine Botschaft lautete: Afrika spielt immer noch eine große Rolle und der »Kampf gegen den Terrorismus« muss intensiviert werden. In seiner vielbeachteten Sorbonne-Rede am 26. September 2017 forderte er nicht nur eine Neuausrichtung der Europäischen Union. Er warb auch dafür, Afrika als strategischen Partner Europas zu sehen.

Afrika und die Sahelstaaten in der französischen Außen- und Sicherheitspolitik

Für Frankreich ist der Sahel aufgrund historischer Bindungen, der Präsenz französischer Staatsangehöriger und der sicherheitspolitischen Auswirkungen der Lage in der Region von prioritärem Interesse. Paris befürchtet, dass ganze Territorien sich staatlicher Kontrolle entziehen könnten. Es sieht darin ein Risiko von größter strategischer Bedeutung und will daher fragile Staaten mit einem zivil-militärischen Ansatz stabilisieren. Offiziell dienen Interventionen dem Ziel, Menschen französischer Nationalität zu schützen, strategische Interessen zu verteidigen und internationale Verantwortung wahrzunehmen. Dafür brauche Frankreich militärische Fähigkeiten wie schnelle Reaktionskräfte, Spezialkräfte und Militärbasen, die es ermöglichen, in Regionen von vitalem Interesse einzugreifen. Der französische Blick geht also über die hier näher betrachteten fünf Staaten des westlichen Sahel hinaus. Er ist durch drei Besonderheiten gekennzeichnet:

Erstens ist Frankreich ständiges Mitglied des Sicherheitsrats der Vereinten Nationen (VN). Daraus leitet es eine weltpolitische Verantwortung ab, die seinem Selbstbild als globalem Akteur entspricht. Zweitens ist Frankreich einer von neun Staaten, die über Nuklearwaffen verfügen. Die atomare Abschreckung ist nicht nur Garant der nationalen Sicherheit und Unabhängigkeit, sondern sie soll auch zur atlantischen und europäischen Sicherheit beitragen. Drittens verfolgt Paris eine Konzeption nationaler strategischer Autonomie. Es will die Fähigkeit behalten, alleine zu handeln, um seine Interessen zu verteidigen. Frankreich ist bereit, seine Fähigkeiten einzubringen, wenn es bei seinen europäischen Nachbarn gemeinsame Bedrohungsvorstellungen und einen gemeinsamen Willen zu einer europäischen Autonomie geben sollte.

Vor diesem Hintergrund ist Afrika für Frankreich aus vier Gründen von besonderem Interesse: Erstens nimmt es drei Prozent der französischen Exporte auf und ist wichtiger Lieferant von Rohstoffen. Zweitens leben dort eine Viertel Million Franzosen. Drittens stärkt es die Rolle und das Bild Frankreichs als größere Mittelmacht, etwa wenn afrikanische Staaten französische Initiativen in den VN unterstützen. Viertens ermöglichen militärische Stützpunkte in Gabun (450 Einsatzkräfte), Côte d'Ivoire (600), Senegal (350) und Dschibuti (1700) die von Paris gewünschte permanente Vornestationierung, die ein schnelles Eingreifen bei Krisenlagen erlaubt.

Frankreichs Engagement im westlichen Sahel

Das jüngste Engagement Frankreichs in den fünf Ländern des westlichen Sahels wird geleitet durch primär sicherheitspolitische, aber auch humanitäre und wirtschaftspolitische Motive. Die maßgeblich von Frankreich und Großbritannien betriebene internationale Intervention in Libyen 2011 und der sich anschließende Staatszerfall waren ein wesentlicher Beschleuniger der Krise in der Region. Mit dem Sturz des libyschen Machthabers Muammar al-Gaddafi (1942–2011) verloren die ihm als Kämpfer dienenden Tuareg ihren Beschützer. Tausende von ihnen zogen mit ihren Familien zurück in die westlichen Sahelstaaten. Zudem gelangten große Mengen Waffen auf den Markt. Dadurch wurde eine fragile Region, die bereits mit vielfältigen Problemen zu ringen hatte, zusätzlich destabilisiert. Insbesondere Mali, das lange trotz endemischer Korruption als demokratisches Musterland galt, wurde von inneren Problemen (Militärputsch im Süden, Aufstandsbewegung im Norden) politisch zerrissen (siehe den Beitrag von Andreas Dittmann und Jonas Schaaf). Dies führte zur Intervention Frankreichs und zur Ausdehnung seines Engagements auf den westlichen Sahel.

Tschad

Der Tschad galt lange Zeit als der »Flugzeugträger« Frankreichs in der Wüste. Grund für diese Einschätzung war die Operation »Épervier«, die 1986 begann und erst 2014 endete. Das militärische Eingreifen basierte auf einem bilateralen Verteidigungsabkommen und hatte ursprünglich zum Ziel, ein zuvor erfolgtes libysches Eindringen in ein umstrittenes Gebiet einzudämmen. Im September 1987 kam es zu einem Waffenstillstandsabkommen zwischen Libyen und dem Tschad. Frankreich blieb mit etwa 1000 Soldaten und der Begründung präsent, die Umstrukturierung der tschadischen Armee zu unterstützen, den Demokratisierungsprozesses im Lande zu fördern und potenzielle Aggressoren abzuschrecken. Nach der Machtübernahme durch den bis heute autokratisch regierenden Idriss Déby 1990 leistete Paris Unterstützung während des Konflikts zwischen dem Tschad und dem Sudan und bei internen Rebellionen. Zudem setzte es sich erfolgreich für eine der größten Militäroperationen im Rahmen der Gemeinsamen Europäischen Sicherheits- und Verteidigungspolitik (GSVP) der Europäischen Union (EU) ein, der Operation EUFOR Tchad/RCA von 2008 bis 2009. Das humanitäre Hauptargument war die Versorgung von Flüchtlingen aus dem sudanesischen Darfur. In ähnlicher Weise hatte Frankreich bereits zuvor zwei Mal in der Demokratischen Republik Kongo mit den Operationen Artémis 2003 und EUFOR RD Congo 2006 agiert (siehe hierzu den Weg-

Mike Nelson/AFP via Getty Images

Ein französischer Soldat instruiert im Jahr 1986 einen tschadischen Soldaten im Umgang mit einer MILAN-Panzerabwehrrakete.

weiser zur Geschichte: Demokratische Republik Kongo, 3. Aufl.
2008).

Noch 2014, kurz vor Ende der Operation »Épervier«, beschrieb das französische Verteidigungsministerium seine Hauptaufgaben mit der Verteidigung französischer Interessen, insbesondere der Sicherheit der Franzosen im Tschad, logistischer Unterstützung der tschadischen Sicherheitskräfte und der Unterstützung nationaler und internationaler Einsätze. Einem französischen Parlamentsbericht aus dem Jahr 2015 zufolge hat die Präsenz im Lande zum Aufbau einer Armee geführt, die zu den solidesten in der Region gehört. Tschadische Kräfte galten bei der Eroberung der Zitadelle der Dschihadisten in den Bergen Nordmalis während der Operation »Serval« als das schlagkräftigste afrikanische Kontingent. Gleichzeitig bewertet die Nichtregierungsorganisation Freedom House den Tschad als unfreies, autokratisch geführtes Land.

Niger

Nigers geostrategische Relevanz ergibt sich aus seiner Lage im Herzen des Sahel. Durch Niger verlaufen wichtige Verbindungs- und Transportlinien für alle und alles – Kriminelle, Kämpfer, Schmuggelware und Migranten. Ebenso wichtig sind die nigrischen Uranvorkommen, denen Frankreich strategische Bedeutung beimisst. Uran wird für französische Kernkraftwerke und Atomwaffen benötigt. Im Niger liegen acht Prozent der globalen Uranvorkommen. Sie sind das wichtigste Exportgut des sehr armen Landes. Die französische Konzern Areva kontrolliert einen großen Teil des Abbaus. 2015 schlossen Niger und Areva einen bis 2043 laufenden Vertrag, der Areva umfangreiche Abbaurechte garantiert.

Mit Mahamadou Issoufou hat Niger einen autoritären Präsidenten, der sicherheitspolitischen Aspekten in seiner Politik den Vorrang vor entwicklungspolitischen Reformen gibt. Niger ist mittlerweile der für Frankreich wichtigste Staat im westlichen Sahel. Neben Frankreich sind die USA, Italien, Kanada und Deutschland militärisch präsent. Niger wird deshalb auch als das am stärksten militarisierte Land Afrikas bezeichnet. Seit

2010 erfährt es französische Unterstützung mit militärischer Ausbildung und Waffen. Wiederholte Anschläge, die Entführung von Franzosen und die Auswirkungen des libyschen Bürgerkriegs trugen dazu bei, dass die zunächst als nur vorübergehend gedachte Präsenz zu einer permanenten Militärbasis wurde. Diese gilt Paris als unverzichtbar.

Zunächst war Niger für Frankreich jedoch eine Alternativlösung für die Stationierung militärischer Kräfte in der Region. Mali hatte zuvor eine französische und US-amerikanische Militärpräsenz abgelehnt. Heute verfügt Paris über vier Basen im Niger: in Niamey, Aguelal und Madama nahe der algerischen und libyschen Grenze sowie in Diffa im Süden. In Niger sind insbesondere französische Aufklärungs- und Zielerfassungsfähigkeiten (ISR/ISTAR) wie Reaper MALE-Drohnen stationiert.

Mali

Mali ist für Frankreich spätestens seit der Eroberung von Nordmali durch Dschihadisten und Tuareg eine akute sicherheitspolitische Herausforderung (siehe die Beiträge von Georg Klute/Baz Lecocq und von Torsten Konopka). Der marginalisierte Norden und die Konflikte im Land wurden zuvor als innere Angelegenheit angesehen, solange die Regierung in Bamako sie mit einer Politik des »teile und herrsche« im Zaum hielt. Es ist eine Ironie der Geschichte, dass zwei Präsidenten, die eigentlich die überkommene Politik des Françeafrique endgültig beenden wollten, dazu beitrugen, dass sich Frankreich militärisch stärker in Mali engagierte. Präsident Nicolas Sarcozy, der in seiner Rede von Dakar am 26. Juli 2007 die Misshandlung Afrikas beklagt und die Zukunft eines gemeinsamen »Eurafrique« beschworen hatte, war ein wesentlicher Initiator der Libyen-Intervention 2011, die der Region und insbesondere Mali so viel Leid brachte. Sein Nachfolger François Hollande versicherte noch im Herbst 2012, keine Truppen nach Mali entsenden zu wollen, und setzte auf eine afrikanische Lösung. Doch dann entschied er sich für eine Intervention, die bis heute anhält.

Die Operation »Serval« startete im Januar 2013 mit ungefähr 4000 französischen Soldaten. Der Kampf gegen die ebenso zahl-

picture alliance/dpa/Arnaud Roin

Französische Patrouille am 22. Januar 2013 im Rahmen der Operation »Serval«.

reichen Aufständischen dauerte nur wenige Monate. Paris verfolgte dabei vier Ziele: das Vordringen der Extremisten zu stoppen und ihre Gewaltherrschaft zu beenden, die Sicherheit und territoriale Integrität Malis wiederherzustellen und schließlich die entführten französischen Geiseln zu befreien. Die Operation war eingebettet in die Wahrnehmung eines größeren Bedrohungsszenarios: die Destabilisierung Westafrikas, des Sahel und Nordafrikas durch Extremisten und Kriminelle, unkontrollierte Räume und schwache Staaten. Serval endete 2014; für Paris war es ein Erfolg. Auf militärisch-taktischer Ebene war es das zweifellos. Auf politisch-strategischer Ebene kann hingegen nicht vorbehaltlos von einer bleibenden Stabilisierung des Landes und der Region gesprochen werden, denn sonst hätte Paris sein militärisches Engagement nicht verlängert (siehe den Beitrag von Torsten Konopka). Frankreich behielt seine Soldaten vor Ort und erweiterte sein militärisches Engagement mit der Operation »Barkhane«. Gleichsam wurde die 32 Jahre alte Operation »Épervier« beendet, ihre Infrastruktur und Kontingente wurden in »Barkhane« integriert.

»Barkhane« umfasst 4000 Einsatzkräfte, ein Hauptquartier in N'Djamena (Tschad) und zwei dauerhafte Basen in Gao (Mali)

und Niamey (Niger). Der Einsatz erstreckt sich über Mauretanien, Mali, Burkina Faso, Niger und den Tschad. Ein Enddatum
wurde nicht kommuniziert. Die Mission verfolgt offiziell drei
Ziele: die Unterstützung der Streitkräfte der fünf genannten
Partnerländer, die Stärkung der Koordination der internationalen militärischen Mittel und den direkten Kampf gegen terroris-
tische Bedrohungen. Die Operation ist der militärische Teil der
französischen Sahelstrategie. Sie soll Partnerstaaten so ertüchti-
gen, dass sie ihre Sicherheitsprobleme künftig selbst lösen können. Bevorzugter Rahmen dafür ist die auch international unterstützte Force Conjointe G5 Sahel (FC-G5S) der fünf genannten
Staaten. Diese entstand 2017 mit französischer Geburtshilfe
durch die 2014 gegründete Regionalorganisation G5-Sahel (siehe
den Beitrag von Denis M. Tull).

Bewertung und Ausblick

Frankreichs Politik im westlichen Sahel folgt primär einer sicherheitspolitischen Handlungslogik, auch wenn humanitäre und
wirtschaftliche Beweggründe eine Rolle in der erhofften langfristigen regionalen Stabilisierung spielen. Zugleich sieht sich
Frankreich aber mit mehreren Problemen konfrontiert. Erstens
ist die Finanzierung der FC-G5S nicht gesichert. Da die westlichen Sahelstaaten dazu nicht in der Lage sind, bedarf es eines
langfristigen internationalen Engagements. Dessen Realisierung
ist aber zweifelhaft. Zweitens verfügen die Streitkräfte der fünf
Länder über sehr unterschiedliche Fähigkeiten. Die Streitkräfte
von Burkina Faso, Niger und Mali zeigen viele Schwächen, die
von Tschad und Mauretanien sind besser aufgestellt. Die letzte-
ren beiden Länder liegen hingegen nicht im militärischen Gra-
vitationszentrum der Region. Drittens muss die FC-G5S gegen
eine Vielzahl sich stetig verändernder bewaffneter Gruppen
vorgehen. Die Gefahr besteht, dass sämtliche dieser Gruppen
als terroristisch eingestuft und berechtigte lokale Klagen damit
übergangen werden. Viertens besteht das Risiko, dass das internationale Engagement autoritäre Regime stärkt. Dadurch
werden, fünftens, nicht nur die eigentlichen Konfliktursachen
wie etwa ineffiziente, gewaltsame und deformierte staatliche In-

stitutionen vernachlässigt, sondern bestehende Konflikte möglicherweise verstärkt. Sechstens ist angesichts der verbreiteten Korruption nicht gesichert, ob die zivile Unterstützung wirklich bei der Bevölkerung ankommt. Siebtens handelt es sich um neopatrimoniale Staaten, d.h. die staatlichen Institutionen dienen statt dem Gemeinwohl primär der Versorgung der eigenen Klientel und der Machtsicherung (siehe den Beitrag von Rainer Tetzlaff). Die Regierenden zeigen darum oft nur eine geringe Neigung, ihre Machtposition durch echte Reformen zu gefährden. Paris möchte, achtens, seit einiger Zeit nicht mehr der alleinige »Feuerwehrmann« der Region sein. Es braucht internationale Partner zur Lastenteilung und Legitimation. Solange die Partnerstaaten in der Region schwach sind, sieht Paris zudem zu seinem System der Militärbasen keine Alternative. Von europäischem Boden ausgeführte Operationen und Interventionen würden höhere Kosten verursachen als die Nutzung lokal stationierter Kräfte.

Die aus diesen Problemen resultierende Gemengelage macht es unwahrscheinlich, dass sich an der auf das Militärische fokussierten französischen Politik im westlichen Sahel kurzfristig Änderungen ergeben. Aber auch ein verstärktes ziviles Engagement sollte nicht verkennen, dass nachhaltiger Wandel aus den Ländern der Region selbst kommen muss.

Hans-Georg Ehrhart

Als erste deutsche Regierungschefin hat Bundeskanzlerin Angela Merkel am 1. Mai 2019 Burkina Faso besucht (im Bild mit dem Präsidenten Burkina Fasos, Roch Marc Kaboré, beim Empfang vor dem Präsidentenpalast). Sie traf dort mit den Staatschefs der G5-Sahel zusammen, einer 2014 gegründeten Regionalorganisation der Staaten Burkina Faso, Mali, Mauretanien, Niger und Tschad. Der Besuch war als Signal des Beistands an die Länder der Sahelregion zu verstehen. Die Unterstützung der G5-Sahelgruppe, im August 2019 durch die »Partnerschaft für Sicherheit und Stabilität im Sahel« (P3S) dokumentiert, markiert eine erneute Ausweitung des deutschen Engagements in der Region. Es ergänzt bilateral ausgerichtete Entwicklungszusammenarbeit und die besonders seit der Zuspitzung der Sicherheitslage deutlich verstärkte militärische und zivile Hilfe im Verteidigungs- und Sicherheitssektor – unter anderem durch Ausbildungshilfe, die Lieferung von Gerät im Rahmen der Ertüchtigungsinitiative oder im Rahmen der deutschen Beteiligung an den europäischen und internationalen Missionen EUTM Mali (European Union Training Mission Mali), MINUSMA (Mission multidimensionelle integrée des Nations Unies pour la Stabilisation au Mali) sowie EUCAP Sahel Mali (European Union Capacity Building Mission in Mali) und EUCAP Sahel Niger (European Union Capacity Building Mission in Niger).

▰▰ Deutschland und die G5-Sahelstaaten

Die deutsche Unterstützung der Sahelstaaten war in den letzten Jahren einem deutlichen Wandel unterworfen. Deutschland unterhält zu den Ländern der G5-Sahelstaatengruppe traditionell gute bilaterale Beziehungen, die sich über Jahrzehnte im Wesentlichen auf die Entwicklungszusammenarbeit konzentriert haben. Anders als die ehemalige Kolonialmacht Frankreich wurde und wird Deutschland ganz überwiegend als verlässlicher und weniger von Eigeninteressen geleiteter Partner der Sahelstaaten angesehen. Zudem wird die Partnerschaft mit den Ländern der Region – anders als beispielsweise in Namibia – nicht durch eine eigene Kolonialvergangenheit belastet.

In den letzten Jahren sind jedoch zwei Themen in den Vordergrund der deutschen Politik im Sahelraum gerückt. Sie haben das deutsche Interesse an den regionalen Entwicklungen erheblich verstärkt und auch in der deutschen Öffentlichkeit sichtbarer und greifbarer gemacht: Zum einen hat die Migrations- und Flüchtlingskrise zu einem erhöhten deutschen Engagement in der Bekämpfung von Fluchtursachen und der Eindämmung illegaler Migrationsströme geführt; zum anderen leistet Deutschland vor dem Hintergrund einer zunehmend problematischen Sicherheitslage einen substanziellen Beitrag zu den Bemühungen der internationalen Staatengemeinschaft zur Stabilisierung der Region. Unterstrichen wird dies vor allem durch die Beteiligungen der Bundeswehr an der Stabilisierungsmission der Vereinten Nationen MINUSMA und der Mission der Europäischen Union EUTM Mali sowie der deutschen Unterstützung für die zivilen EU-Missionen EUCAP Sahel Mali und EUCAP Sahel Niger.

Multilaterales Engagement als Beitrag zur Lösung internationaler Krisen

Das verstärkte Engagement, vor allem die Entsendung deutscher Streitkräfte, folgt der übergeordneten Zielsetzung deutscher Politik, sich als verlässlicher internationaler Partner zu positionieren und die gemeinschaftlichen Anstrengungen zur Stabilisierung von Krisenregionen zu unterstützen. Das gilt hinsichtlich des deutschen Bestrebens, im Rahmen einer allgemeinen Reform der Vereinten Nationen einen ständigen Sitz im VN-Sicherheitsrat zu erhalten. Dies impliziert, dass Deutschland bei VN-Missionen einen sichtbaren und glaubwürdigen Beitrag auch und gerade durch die Entsendung eigener Kräfte leistet. Das deutsche Engagement zielt daher, in der Kontinuität deutscher Außenpolitik, auf die Stärkung multilateraler Lösungsansätze. Zum anderen soll durch das Engagement in der Region die gelebte Solidarität mit den Partnern Deutschlands in der EU und insbesondere mit Frankreich zum Ausdruck gebracht werden.

Frankreich hat 2013 im Rahmen der Militäroperation »Serval« einen Vormarsch extremistischer Gruppierungen auf den Süden Malis zurückgeworfen und ist seitdem im Rahmen der Operation »Barkhane« in allen G5-Sahelstaaten mit mehreren tausend Soldaten im Kampf gegen Dschihadisten engagiert (siehe den Beitrag von Hans-Georg Ehrhart). Frankreich leistet mit dieser Mission (sowie mit dem Einsatz von Spezialkräften) einen beträchtlichen militärischen Beitrag im Kampf gegen extremistische Gruppen, der nicht allein große finanzielle Belastungen verursacht, sondern seit 2013 (Operationen Serval und Barkhane) insgesamt rund 50 Soldaten das Leben gekostet hat. Anders als Frankreich beteiligt sich Deutschland nicht am aktiven Anti-Terror-Kampf, stellt aber beispielsweise im Rahmen von MINUSMA Hochwertfähigkeiten zur Verfügung. Einer breiteren Öffentlichkeit in Deutschland wurde dies im Juli 2017 durch den Absturz eines Tiger-Kampfhubschraubers im Norden Malis auf tragische Weise bewusst. Auch in der Ausbildungsmission EUTM Mali ist die Bundeswehr in bedeutendem Umfang vertreten. In der ersten Jahreshälfte 2019 führte die Mission mit Brigadegeneral Peter Mirow ein deutscher Befehlshaber.

Das gesamte deutsche militärische Engagement in der Region hat mittlerweile einen erheblichen Umfang erreicht. Zu den bereits genannten deutschen Kontingenten in der MINUSMA und EUTM Mali kommen der deutsche Lufttransportstützpunkt in Niamey sowie eine Reihe von bilateralen Maßnahmen hinzu, ebenso die seit Längerem existierende Beratergruppe der Bundeswehr in Mali (sie unterstützt die malischen Streitkräfte u.a.

Der deutsche Kommandeur der EUTM Mali von November 2018 bis Juni 2019, Brigadegeneral Peter Mirow (auf der Bank), hört einem Ausbilder zu, Ségou, 24. April 2019.

beim Aufbau von Pionierfähigkeiten) und Maßnahmen im Bereich der sogenannten Ertüchtigungsinitiative, wie beispielsweise die Ausstattung eines malischen Regiments mit gepanzerten Mannschaftstransportfahrzeugen. Zudem beteiligt sich Deutschland in Niger an der Ausbildung von Spezialkräften. Darüber hinaus ist ein deutscher Militärberater im malischen Verteidigungsministerium tätig; eine Maßnahme, die auch auf Niger ausgedehnt werden soll. Bis 2019 unterstützte Deutschland auch die École de Maintien de la Paix (EMP) in Bamako mit einem Offizier in der Leitung der Ausbildungsstätte.

Diplomatischer, wirtschaftlicher und kultureller Austausch

Die Herausforderungen Migration und Sicherheit sowie der selbst gestellte Anspruch, ein verlässlicher internationaler Partner zu sein, haben dazu geführt, dass die Sahelregion verstärkt ins Blickfeld der deutschen Außen-, Sicherheits- und Entwicklungspolitik gerückt ist. Dies zeigt sich nicht zuletzt in der seit mehreren Jahren deutlich gestiegenen Besuchsdiplomatie: Bundeskanzlerin Merkel wie auch die Bundesminister für Auswärtiges, für Verteidigung und für wirtschaftliche Zusammenarbeit und Entwicklung haben die Staaten der Region in den letzten Jahren – teils mehrfach – besucht. Umgekehrt hat sich ebenso die Besuchsdichte von Staatschefs und Regierungsmitgliedern der Sahelländer in Berlin erheblich erhöht. Auch Mitglieder des Deutschen Bundestages aller Fraktionen besuchen regelmäßig die Sahelregion, vor allem die Bundeswehrstandorte in Mali.

Die wirtschaftlichen Interessen Deutschlands in der Region sind hingegen gering. Die Ökonomie der meisten Sahelstaaten ruht im Wesentlichen auf zwei Säulen: Landwirtschaft (u.a. Viehzucht und Anbau von Baumwolle) und Rohstoffexporte (u.a. Eisenerz in Mauretanien, Gold in Burkina Faso und Mali, Erdöl in Niger und Tschad; siehe den Beitrag von Katja Werthmann). Konträr zum häufig genannten wirtschaftlichen Potenzial des afrikanischen Kontinents spielen die Staaten der G5-Sahel für die deutsche Wirtschaft nur eine sehr geringe bis überhaupt keine Rolle. Beispielsweise importierte Deutschland 2018 aus Mali nach Angaben des Statistischen Bundesamts Waren im Wert von lediglich rund 7,5 Mio. Euro. Der Warenwert der Exporte betrug 104 Mio. Euro. Deutsche Unternehmen sind in der Region nur in geringem Maße vertreten. Allerdings bemühen sich die Staaten des Sahel um mehr Engagement deutscher Unternehmen. Auf deutscher Seite organisiert u.a. der »Afrika-Verein der Deutschen Wirtschaft« Treffen von Unternehmen mit Vertretern aus den Staaten der Region. Der Tourismus spielt – spätestens seit der sich verschärfenden Sicherheitslage im Sahelraum zu Beginn der 2000er Jahre mit einer Reihe spektakulärer Entführungen – so gut wie keine Rolle mehr. Gleichwohl bleibt festzuhalten, dass Mali lange Jahre eine attraktive Touristendestination war. Reisende besuchten etwa Timbuktu oder die Felsenlandschaft von Bandiagara.

Auch der Kulturaustausch zwischen Deutschland und den Sahelstaaten befindet sich auf niedrigem Niveau, von einigen spektakulären Ausnahmen abgesehen wie dem nahe der burkinischen Hauptstadt Ouagadougou errichteten »Operndorf« des deutschen Regisseurs Christoph Schlingensief (1960–2010). Trotz geringer kultureller und wirtschaftlicher Verflechtungen ist das Ansehen Deutschlands in den Staaten des Sahel zumeist sehr hoch. In Mali verweisen offizielle Gesprächspartner beispielsweise des Öfteren darauf, dass die Bundesrepublik Deutschland als erster Staat die Republik Mali anerkannt hat. Deutschlands hohes Ansehen speist sich ebenfalls aus der von den meisten Regierungen und Bürgern als verlässlich und partnerschaftlich wahrgenommenen Entwicklungszusammenarbeit und einem grundsätzlich positiven Deutschlandbild.

G5-Sahel, Sahelallianz und Entwicklungszusammenarbeit

Deutschland hat, an der Seite Frankreichs, die G5-Sahelstaatengruppe seit ihrer Gründung unterstützt. Dieser 2014 ins Leben gerufene Bund der Staaten Burkina Faso, Mali, Mauretanien, Niger und Tschad will die beiden zentralen Herausforderungen der Region – Sicherheit und Entwicklung – gemeinsam verwirklichen (siehe den Beitrag von Denis M. Tull). Deutschland hat sich mehrfach klar zur weiteren Unterstützung des G5-Ansatzes bekannt. Mit Blick auf die erheblichen grenzüberschreitenden Herausforderungen (u.a. Sicherheitslage, Infrastrukturentwicklung, Bekämpfung organisierter Kriminalität) kann neben bilateralen Maßnahmen ein dezidiert regionaler Lösungsansatz eine Chance für die nachhaltige Entwicklung der Staaten der Region sein. Auf einer Geberkonferenz in der mauretanischen Hauptstadt Nouakchott (Sitz des Ständigen Sekretariats der G5-Sahel) am 6. Dezember 2018 wurden seitens der internationalen Staatengemeinschaft unter Beteiligung Deutschlands erhebliche finanzielle Zusagen zur Unterstützung der »Prioritären Investitionsprojekte« von G5-Sahel abgegeben. Auf dem Treffen der Außen- und Verteidigungsminister der EU mit ihren Partnern aus den G5-Sahelstaaten am 14. Mai 2019 wurde dieser Kurs einer Stärkung von G5-Sahel ausdrücklich bekräftigt.

Gebündelt werden die Anstrengungen zur Entwicklung der Region – nicht allein bei der Unterstützung von G5-Sahel – in der 2017 ins Leben gerufenen »Sahelallianz«. Dieses internationale Koordinierungsinstrument, das über ein mit Unterstützung der deutschen Gesellschaft für Internationale Zusammenarbeit (GIZ) aufgebautes Sekretariat in Brüssel verfügt, wurde maßgeblich von Frankreich, Deutschland und der EU initiiert. Der Sahelallianz gehören mittlerweile auch weitere bedeutende entwicklungspolitische Akteure in der Region wie die Weltbank und die Afrikanische Entwicklungsbank an. Die Sahelallianz hat sich eine Reihe von Schwerpunkten gesetzt. Diese umfassen die Kernbereiche Bildung und Jugendbeschäftigung, Landwirtschaft, ländliche Entwicklung und Ernährungssicherheit, Energie und Wasser, gute Regierungsführung, Dezentralisierung und Grundversorgung sowie innere Sicherheit. Bisher wurden Projekte und Initiativen der Mitglieder der Sahelallianz in einem Volumen von ca. 7,5 Milliarden Euro erfasst.

Daneben verfolgt Deutschland auch weiterhin eine intensive bilaterale Kooperation mit den Staaten der Region. Letztere konzentriert sich vor allem auf Burkina Faso, Mali sowie Niger und besteht in geringerem Umfang auch mit Mauretanien. Mit dem Tschad ist sie 2012 beendet worden, allerdings gibt es nun Planungen für neue Projekte vor dem Hintergrund des verstärkten deutschen Engagemts in der Region. Seit Anfang der 1960er Jahre hat Deutschland den Ländern der Sahelregion technische und finanzielle Mittel in erheblichem Umfang zur Verfügung gestellt. Hinzu kommt die Förderung der Arbeit deutscher nichtstaatlicher Organisationen (NGOs). Deutschland unterstützt zudem in allen Staaten Vorhaben der multilateralen Entwicklungszusammenarbeit, wie z.B. die Arbeit des World Food Programme (WFP), und der EU. Auch die deutschen politischen Stiftungen sind im Sahel präsent, sowohl die Friedrich-Ebert-Stiftung wie auch die Konrad-Adenauer-Stiftung verfügen über Büros in Bamako.

Die prioritären Sektoren der deutschen Entwicklungszusammenarbeit in den G5-Sahelstaaten sind Landwirtschaft, Dezentralisierung, Wasser und Abwasser sowie Bildung. In diesen Sektoren ist die deutsche Entwicklungszusammenarbeit bereits seit Längerem tätig. In Mali engagiert sich beispielsweise die GIZ seit 1960. Mit Stand 2018 arbeiten allein in diesem Land weit über 300 internationale und lokale Mitarbeiterinnen und Mitarbeiter in Projekten der GIZ.

Die besondere Herausforderung des deutschen entwicklungspolitischen Engagements im westlichen Sahel ist die prekäre Sicherheitslage. Vor diesem Hintergrund hat sich die deutsche Entwicklungszusammenarbeit erheblich fortentwickelt. Lag der Schwerpunkt für einige Jahrzehnte auf einer klassischen technischen und finanziellen »Entwicklungshilfe«, alleinig getragen von der GIZ und der Kreditanstalt für Wiederaufbau (KfW), so hat sich in den letzten Jahren ein vernetzter, stärker politisch flankierter Ansatz herausgebildet. Zur Stabilisierung und Entwicklung der fragilen Staaten sollen die Instrumente der Außen-, Entwicklungs- und Sicherheitspolitik ineinandergreifen und sich gegenseitig unterstützen. Für den Sahel wurde bereits vor längerer Zeit die vom Auswärtigen Amt koordinierte »Task Force Sahel« gegründet, in der sich Vertreter der zuständigen Ministerien und Organisationen kontinuierlich zu aktuellen Entwicklungen und strategischen Fragen austauschen.

Ausblick

Deutschland zeigt nach wie vor ein erhebliches Interesse an einer Stabilisierung der Sahelregion. Der Besuch von Bundeskanzlerin Angela Merkel in Burkina Faso, Niger und Mali im Mai 2019 brachte dies deutlich zum Ausdruck. Merkel kündigte eine verstärkte Unterstützung der G5-Sahel an. Angesichts einer sich zuletzt stetig verschlechternden Sicherheitslage im Sahelraum wird es allerdings einen langen Atem brauchen. Die regionalen Problemlagen verlangen nach einem Gesamtkonzept für die Region Westafrika und nach einer Vernetzung der deutschen Einzelengagements. Mit der G20-Initiative »Compact with Africa« und dem deutschen »Reformpartnerschaften«-Ansatz mit Ländern wie Côte d'Ivoire (Elfenbeinküste) oder Ghana existieren bereits ergänzende Initiativen zur Stärkung von Entwicklung und wirtschaftlicher Zusammenarbeit mit den Nachbarstaaten der Sahelregion.

Thomas Schiller

picture alliance/AP Photo

Die Krisenspirale in Mali und dem engeren regionalen Umfeld stellt einen Härtetest für die Eigenanstrengungen afrikanischer Akteure dar, gewaltsame Konflikte vor Ort zu lösen. Mehr als zehn Jahre nach Beginn der Krise in Mali ist die Bilanz afrikanischer Konfliktregelungsmechanismen ernüchternd, denn sie sind letztlich kaum in Erscheinung getreten. In der Anfangsphase versuchte die Westafrikanische Wirtschaftsgemeinschaft (Economic Community of West African States, ECOWAS) aktiv einzuwirken, jedoch mit viel zu wenig Entschlossenheit und Durchschlagskraft, auch in Anbetracht der außerordentlich komplexen Lage im Land. Das ebnete der immer weiter ausufernden Internationalisierung des Krisenmanagements den Weg, an dessen Spitze sich Frankreich und ab 2013 die Europäische Union und die Vereinten Nationen stellten. In der Folge spielten afrikanische Akteure nur noch eine marginale Rolle. Mit der Gründung der Organisation der G5-Sahelstaaten (Mauretanien, Mali, Niger, Burkina Faso und der Tschad) und dem Aufbau einer gemeinsamen Truppe, der Force Conjointe du G5 Sahel (FC-G5S) schienen die afrikanischen Akteure im Sahelgürtel zumindest den politischen Willen zu zeigen, das Heft des Handelns in die Hand zu nehmen. Aber so attraktiv diese Lösung auch scheinen mag, so wenig Substanz hat sie zu bieten.

Afrikanische Lösungen für afrikanische Probleme: Von AFISMA zu G5-Sahel

Die Krise in Mali und dem regionalen Umfeld hat lokale und nationalstaatliche Ursachen, etwa die Verteilungskonflikte, den Separatismus und die Durchdringung des Staates seitens krimineller Netzwerke. Sie gründet aber ebenso in externen oder transnationalen Ereignissen und Strukturen, wozu beispielsweise der Libyen-Konflikt, die NATO-Intervention und der Dschihadismus zu zählen sind.

ECOWAS

ECOWAS galt seit den frühen 1990er Jahren dank ihrer Interventionen in Liberia und Sierra Leone als Pionier afrikanischer Konfliktlösungsmechanismen. Auch ihr konsistentes Vorgehen gegen verfassungswidrige Regierungswechsel (Militärputsche) im Laufe der letzten beiden Jahrzehnte hat das Profil der Organisation geschärft. Die Reaktionen der ECOWAS auf die Mali-Krise waren erwartungsgemäß eine Verurteilung der im Januar 2012 einsetzenden Rebellion des separatistischen Mouvement national de libération de l'Azawad (MNLA), Mediationsinitiativen und schließlich eine Verurteilung des am 21./22. März 2012 erfolgten Militärputschs, der eine Suspendierung der ECOWAS-Mitgliedschaft Malis zur Folge hatte. Die einhellige internationale Verurteilung des Putsches führte zwar dazu, dass eine Übergangsregierung in Bamako die Amtsgeschäfte übernehmen konnte. Aber die Putschisten übten hinter den Kulissen weiterhin beträchtlichen Einfluss aus und genossen zudem einen nicht unbeträchtlichen gesellschaftlichen Rückhalt. Die komplizierte interne Gemengelage erschwerte es ECOWAS und anderen internationalen Akteuren, lösungsorientierte Handlungsansätze zu entwickeln.

Im Juni 2012 verkündete die ECOWAS die Bereitschaft, ihre Standby-Brigade einzusetzen, um Mali bei der Rückeroberung des Nordens zu unterstützen, vorausgesetzt die Vereinten Nationen (VN) würden die finanziellen Lasten tragen. Dagegen wandten sich aber nicht nur die Putschisten in Bamako, sondern auch die Nachbarländer Algerien und Mauretanien, die nicht Mitglieder der ECOWAS sind. Auch der Sicherheitsrat der VN zeigte sich skeptisch und wies das Ansinnen zurück.

Das Ringen um eine Intervention setzte sich über die nächsten Monate fort. Im November 2012 billigte der VN-Generalsekretär ein von der ECOWAS und der Afrikanischen Union (AU) entwickeltes Operationskonzept. Am 20. Dezember genehmigte der VN-Sicherheitsrat eine afrikanisch geführte internationale Unterstützungsmission (African-led International Support Mission to Mali, AFISMA). Sie wurde damit beauftragt, »alle erforderlichen Maßnahmen« zu ergreifen, um die malischen Behörden bei der Wiederherstellung der staatlichen Ordnung in Nordmali zu unterstützten, das von »terroristischen, extremistischen und bewaffneten Gruppen« kontrolliert wurde. Mit der dschihadistischen Offensive Richtung Süden ab Januar 2013 wurden diese Pläne weitgehend obsolet. Auf malisches Bitten hin intervenierte Frankreich militärisch und eroberte in kurzer Zeit den Norden zurück. Die wenigen, bereits vor Ort befindlichen AFISMA-Truppen unterstützten die französische Operation »Serval«.

Frankreichs Eingreifen hatte in Mali neue Fakten und damit einen gänzlich neuen Kontext geschaffen, in dem die Stabilisierung und die Unterstützung eines Friedensprozesses zwischen Regierung und Tuareg-Rebellen im Vordergrund standen. Dies und die vielen ungeklärten institutionellen, finanziellen und politischen Fragen, die um AFISMA kreisten, bewogen den VN-Sicherheitsrat letztlich dazu, die AFISMA-Mission vorzeitig zugunsten einer VN-Mission zu beenden. Am 25. April 2013 verabschiedete der VN-Sicherheitsrat die Resolution 2100, mit der die Entsendung der Stabilisierungsmission in Mali (Mission multidimensionelle integrée des Nations Unies pour la Stabilisation au Mali, MINUSMA) genehmigt wurde. MINUSMA übernahm am 1. Juli von der AFISMA, deren 6587 Militär- und Polizeikräfte in die neue VN-Mission überführt wurden. Ende 2018 stellten die westafrikanischen Länder (einschließlich Tschad) mit einem Personalbestand von über 8000 Männern und Frauen knapp 60 Prozent des Kontingents der MINUSMA.

Infolge der Entsendung der VN-Mission spielten ECOWAS und AU kaum noch eine sichtbare Rolle in Bamako, auch wenn die AU ab August 2013 mit einer eigenständigen politischen Mission vor Ort vertreten war (Mission de l'Union africaine pour le Mali et le Sahel, MISAHEL), die die Umsetzung der AU-Strategie für den Sahel voranbringen sollte. Auch der 2013 aus der Taufe gehobene Nouakchott-Prozess der AU, an dem elf Länder der Region teilnehmen und der die sicherheitspolitische Kooperation unterstützten sollte, hat keine erkennbare Wirkung entfaltet.

Man kann die marginale Rolle der afrikanischen Organisationen sowohl als selbstverschuldet betrachten, aber auch als das Ergebnis einer Marginalisierung durch internationale Akteure. Fest steht, dass die weitgehende Abwesenheit afrikanischer institutioneller Akteure bei der Konfliktlösung in Mali seit 2013 und damit das Fehlen einer substanziellen internationalen (VN) und regionalen Zusammenarbeit zweifellos die Krisenreaktion und die Stabilisierungsbemühungen in Mali geschwächt haben. Dies gilt umso mehr, als die MINUSMA in einem von Terrorismus geprägten Umfeld, in dem sie selbst zur Zielscheibe wurde und zahlreiche Opfer zu beklagen hatte, nur einen begrenzten Beitrag bei der Stabilisierung Malis leisten konnte. Genau dies hat afrikanische Kritiker auf den Plan gerufen. Mit ihren begrenzten Ressourcen und einem ungeeigneten Mandat wurde MINUSMA zu einem nützlichen Sündenbock für malische und regionale Führer, die die politische Sackgasse in Mali, die stetige Verschlechterung der Sicherheitslage und ihre Auswirkungen auf die Nachbarländer beklagen (siehe den Beitrag von Signe M. Cold-Ravnkilde).

G5-Sahel

Der Marginalisierung regionaler Konfliktlösungsakteure wurde 2014 scheinbar eine neue Entwicklung entgegengesetzt. Der 2014 gegründete G5-Sahel ist ein subregionaler Zusammenschluss, der es sich zum Ziel gesetzt hat, Entwicklungs- und Sicherheitsherausforderungen durch eine verstärkte grenzüberschreitende Zusammenarbeit zu begegnen. Während sozioökonomische Fragen bis heute kaum Aufmerksamkeit erhalten haben, beschloss der G5 den Aufbau einer gemeinsamen Truppe (Force Conjointe du G5 Sahel, FC-G5S), die zur Bekämpfung von extremistischen

Im Rahmen der Operation »Barkhane« operieren afrikanische Soldaten der G5-Staaten an der Seite französischer Truppen, Burkina Faso, 7. November 2019.

Gruppen und organisierter Kriminalität in ihren gemeinsamen Grenzgebieten eingesetzt werden soll. Damit reagierten sie auf die sich verschlechternde Sicherheitslage in Mali und deren Übergreifen auf die Nachbarländer. Das Vorgehen ist zweifellos inspiriert vom Modell der 2015 gegründeten Multinational Joint Task Force (MNJTF) zur Bekämpfung von »Boko Haram«, bei der Truppen aus Nigeria, dem Tschad, Benin, Kamerun und Niger kooperieren.

Der AU-Friedens- und -Sicherheitsrat genehmigte den Einsatz der Truppe am 13. April 2017 mit einer Truppenstärke von 5000 Soldaten. Nach intensiven politischen Verhandlungen begrüßte der VN-Sicherheitsrat den G5 als neues Modell der »regionalen Zusammenarbeit bei der Terrorismusbekämpfung«. Er blieb damit aber hinter dem von Frankreich angestrebten Mandat nach Kapitel VII der VN-Charta zurück, das auch eine Finanzierung der Truppe durch die Vereinten Nationen ermöglicht hätte. Für das erste Jahr wurde das Budget der FC-G5S auf rund 500 Mio. Euro beziffert, das weitgehend von internationalen Gebern gestemmt werden sollte. Bis Mitte 2019 hatte die FC-G5S nur eine Handvoll kosmetischer Operationen durchgeführt, und auch diese nur mit tatkräftiger Unterstützung der französischen Operation »Barkhane« und mit logistischer Hilfe seitens der MINUSMA. Engpässe bei Ausstattung und Budget hemmen die Operationalisierung ebenso wie Meinungsverschiedenheiten zwischen den G5-Mitgliedern und auswärtigen Partnern. Das Fehlen institutioneller Kapazitäten und die Zerstörung ihres Hauptquartiers in Sévaré durch einen Anschlag im Juni 2018 haben die Operationalisierung weiter verlangsamt. So oder so steht fest, dass das politische Kapital, das von auswärtiger Seite (Frankreich, EU) in die G5 investiert wurde, zu teils falschen, teils überzogenen Erwartungen geführt hat. Die FC-G5S wird zumindest in den kommenden drei bis fünf Jahren eine weitgehend leere Hülle bleiben.

Ausblick

Das Mantra der afrikanischen Lösungen für afrikanische Probleme ist eine Vision, die ganz überwiegend an einer Mauer politischer und ökonomischer Realitäten abprallt. Die Rahmenstruktur aus Afrikanischer Union und subregionalen Organisationen ist in der Regel nicht stark genug, um selbstständig zu handeln. Ein Mangel an Kapazitäten, eine hohe Außenabhängigkeit von Mitteln externer Partner und politische Divergenzen bilden dabei die größten Hindernisse.

Im Falle Malis wurde zudem sichtbar, dass der Zuschnitt der Organisationen und ihrer Mitgliedschaften der Problemlage nicht immer angemessen ist. Als Nichtmitglieder der ECOWAS waren die Schlüsselakteure Algerien und zu einem geringeren Grad Mauretanien nicht bereit, die ECOWAS-Initiativen mitzutragen. Auch das Verhältnis zwischen ECOWAS und AU beim Management der Mali-Krise war nicht konfliktfrei. Die Zuständigkeiten zwischen kontinentaler Organisationen und ihren subregionalen Säulen harrt weiterhin einer Klärung. Diese Problematik hat durch die Gründung des G5, aber auch durch die gegen Boko Haram gerichtete MNJTF im Tschadseebecken weiteren Vorschub erhalten. Diese eher informellen Ad-hoc-Allianzen bestehen außerhalb der offiziellen panafrikanischen Sicherheitsarchitektur, und es bleibt völlig unklar, in welchem Verhältnis sie zu subregionalen Wirtschaftsgemeinschaften (Regional Economic Communities, RECs) und AU stehen. Indem sie Antworten auf Konflikte geben sollen, die einzelne RECs übersteigen, liegen sie quer zum Zuschnitt der afrikanischen Sicherheitsarchitektur. Richtig ist, dass der Sicherheitsrat der AU diese Ad-hoc-Formate nach langem Ringen legitimiert hat. Gleichwohl stellen diese informellen Organismen eine politische Herausforderung für die AU dar.

Tatsächlich hat die Billigung des FC-G5S durch den AU-Friedens- und Sicherheitsrat und den VN-Sicherheitsrat bei der AU-Kommission Fragen über die anhaltende Relevanz der Afrikanischen Architektur für Frieden und Sicherheit (African Peace and Security Architecture, APSA) und deren Wahrnehmung durch internationale Partner aufgeworfen. Einerseits entsprechen die regionalen Ad-hoc-Koalitionen dem Geist der kollektiven Sicherheit der APSA, sie stärken die nationalen Kapazitäten zur Bekämpfung von organisiertem Verbrechen und Terrorismus und werden daher als Initiativen zur Beendigung bewaffneter Konflikte begrüßt. Andererseits hat sich die G5-Sahel nicht innerhalb der formalen APSA positioniert. Regionale Ad-hoc-Koalitionen wie die regionale gemeinsame Task Force gegen die Lord´s Resistance Army (LRA) in Zentralafrika, die MNJTF gegen Boko Haram im Tschadseebecken und nun die FC-G5S überschreiten die geographischen Grenzen der RECs und stellen damit die Relevanz der RECs als ausführende Organisationen der APSA in Frage. Während die Bedrohungen, mit denen die G5-Sahelstaaten konfrontiert sind, technisch gesehen überwiegend innerhalb der geographischen Grenzen der ECOWAS liegen, wurde die ECOWAS bei den Diskussionen um die FC-G5S nicht einmal konsultiert. Dass dies auf ECOWAS-Ebene als Versuch der Marginalisierung gedeutet wird, ist nur allzu nachvollziehbar. Die Herausbildung von informellen Strukturen außerhalb und jenseits der Kontrolle des für Frieden und Sicherheit zuständigen Gremiums könnte für die APSA auch negative finanzielle Auswirkungen haben. Dies wäre zumindest dann denkbar, wenn sich diese Formate als pragmatische und effektive Antworten auf drängende Herausforderungen erwiesen, was allerdings in Anbetracht der Anlaufschwierigkeiten der G5, aber auch der anhaltenden Probleme im Tschadseebecken noch nicht auf der Hand liegt. Auch deshalb sehen Diplomaten der AU und der ECOWAS die G5 eher als Konkurrent denn als Ergänzung. Und je mehr die Mali-Krise über die Grenzen der G5 hinausdrängt in Richtung Küstenanrainer (Ghana, Côte d'Ivoire, Benin usw.), desto mehr stellt sich die Frage, ob ECOWAS nicht doch der geeignetere institutionelle und politische Rahmen wäre, um grenzüberschreitenden Sicherheitsproblemen entgegenzutreten.

Externe Akteure, die händeringend nach Partnern für die Beilegung regionaler Krisen suchen, können Teil des Problems werden. Je mehr Bedeutung die auswärtigen Partner solchen Strukturen zuweisen und je mehr Ressourcen sie mobilisieren, desto mehr laufen sie Gefahr, regionales »Ownership« zu unterlaufen. Die unbeabsichtigte Folge im Fall der G5-Sahel war, dass die Regierungen der G5-Staaten einen beträchtlichen Teil ihrer Aufmerksamkeit nur noch finanziellen Fragen und der Höhe der finanziellen Zuwendungen der Geber widmen, anstatt realistische Ziele zu formulieren und Eigenmittel zu generieren.

Denis M. Tull

Während weite Landesteile der G5-Staaten extrem dünn besiedelt sind, wachsen viele urbane Zentren der Region rasant. Eine wesentliche Ursache für das städtische Wachstum ist der rapide allgemeine Bevölkerungsanstieg im westlichen Sahel. Zudem bieten Städte meist die Aussicht auf größere wirtschaftliche Chancen. Auch internationale Organisationen und Unternehmen – im Bild Fußball spielende Jugendliche vor der für Bamako charakteristischen Silhouette der Westafrikanischen Zentralbank – sowie militärische Einrichtungen sind meist in den größeren Städten untergebracht. Angesichts dessen sind es vor allem die Städte der Region, in denen sich auch in den G5-Staaten tätige Ausländer aufhalten. Die folgenden Abschnitte porträtieren vier Städte des westlichen Sahel: Bamako, Koulikoro und Gao in Mali sowie Niamey im Niger.

Städteporträts Bamako, Koulikoro, Gao und Niamey

Bamako

Bamako gehört zu einer der am schnellsten wachsenden Städte der Welt und erstreckt sich über eine Fläche, die etwa einem Drittel Berlins entspricht. Der Großraum Bamako ist der Bevölkerungsschwerpunkt der Republik Mali. Nach unterschiedlichen Schätzungen beherbergt der urbane Großraum derzeit über drei Millionen Einwohner. Damit ist die malische Hauptstadt in den letzten 60 Jahren um das zehnfache gewachsen – und dieser Trend setzt sich nach aktuellen Schätzungen ungebremst fort. Dieses Wachstum ist einerseits, mit sechs Kindern pro Frau, das Resultat einer der höchsten Geburtenraten der Welt. Andererseits resultiert es aus der schlechten Sicherheitslage im Norden und im Zentrum des Landes und der damit einhergehenden Armut, die wiederum zu einer Abwanderung nach Bamako führt. Diese Bevölkerungsexplosion stellt ein enormes Problem für Bamako dar, dessen Infrastruktur in keiner Weise auf die Versorgung von so vielen Menschen ausgelegt ist, was sich aller Wahrscheinlichkeit nach auch in naher Zukunft nicht ändern wird.

Ein städtisch organisierter Nahverkehr ist nicht vorhanden. Er wird durch zu Kleinbussen umgebaute Transporter vom Typ Mercedes 270 ersetzt, die von privaten Unternehmern betrieben werden. Diese je nach Bedarf am Straßenrand haltenden und häufig überfüllten »Busse« stellen die günstigste Fortbewegungsart dar und gewährleisten einen Großteil des Personennahverkehrs. Eine weitere Gruppe häufig anzutreffender Fahrzeuge sind gelbe Mercedes 190. Sie dienen als Taxis und ergänzen den städtischen Nahverkehr. Der technische Zustand der meisten Fahrzeuge ist katastrophal. Regelmäßig legen liegengebliebene Autos ganze Straßenzüge lahm. Ebenfalls sind von Eseln gezogene Karren ein häufig anzutreffendes Bild. Auf den Straßen Bamakos dominieren jedoch die »Jakartas«, asiatische Motorroller, die eine Geschwindigkeit von bis zu 120 km/h erreichen und fast ausschließlich ohne Helm gefahren werden. Wie Bienen bewegen sich diese etwa 700 Euro teuren und als Bausatz gekauften Motorroller durch den Verkehr. Aufgrund der rasanten Fahrweise kommt es in Bamako jeden Tag durchschnittlich zu fünf Jakarta-Verkehrstoten.

Das Stadtbild ist von ein- und zweistöckigen Häusern und Lehmhütten geprägt. In dem Stadtteil »Commune 4« nördlich des Nigers befinden sich die höchsten Gebäude Bamakos, darunter Regierungsgebäude (die »Cité de Gouvernement«), internationale Hotelketten, neue Apartmentblocks, Bank- und Finanzgebäude und einige Botschaften. In diesem Teil der Stadt herrscht eine rege Bautätigkeit, sodass die »Skyline« weiter wächst. Aber auch in anderen Teilen der Stadt ist die Bautätigkeit aufgrund des Bevölkerungswachstums ungebrochen hoch.

Der Verkehr läuft über mehrere Hauptachsen, die beim Durchqueren der Hauptstadt kaum vermeidbar sind. Sie sind gut geteert und zweispurig befahrbar. Der Großteil der durch die Wohnviertel führenden Nebenstraßen ist dagegen nicht befestigt und aufgrund der Enge nicht zur Durchfahrt zu empfehlen. Eine Hauptverkehrsachse führt vom Flughafen über die Brücke »Pont du Roi Fahd« (im Volksmund »Neue Brücke«) in die Commune 4 und stellt neben der »Pont des Martyrs« (im Volksmund »Alte Brücke«) und der »Chaussée de Sotuba« im Stadtzentrum die einzige Verbindung zwischen dem nordwestlichen und dem

picture alliance/dpa/Britta Pedersen

Männer und Frauen auf ihren asiatischen Motorrollern sind ein häufiges Bild auf den Straßen der malischen Hauptstadt.

südöstlichen Teil der durch den Niger geteilten Hauptstadt dar. Etwa acht Kilometer stromabwärts werden die nordostwärtigen Vororte Bamakos durch die neue dritte Flussbrücke – die von China finanzierte »Pont Chinois« – miteinander verbunden. Die »Pont des Martyrs« führt als Route Nationale 7 (RN7) ins Zentrum Bamakos auf die »Grande Mosquée« und den Basar »Grand Marché« zu – ein Labyrinth von Ständen und Händlern, wo von Lebensmitteln, Textilien, Elektronik über Kunsthandwerk bis zu lebendem Vieh alles gekauft werden kann.

In der Nähe befindet sich auch der Bahnhof Bamakos, an dem ursprünglich der aus Koulikoro kommende Zug in Richtung Dakar (Senegal) bestiegen werden konnte. Heute existiert nur noch die Verbindung ins 500 Kilometer entfernte Kayes im westlichen Teil Malis. Die Fahrt dorthin dauert etwa 18 Stunden und der Zustand der Gleise erlaubt der letzten Zugverbindung Malis kaum eine Geschwindigkeit von mehr als 30 km/h. An einer Rehabilitierung der Eisenbahnlinie Dakar–Bamako wird seit Jahren gearbeitet. Nördlich des Zentrums liegen der äußerst sehenswerte Zoo Bamakos und das Nationalmuseum. Neben diesem erhebt sich auf einer Anhöhe der von großen Teilen Bamakos aus sichtbare Präsidentenpalast.

Die Verkehrsachsen Bamakos werden immer wieder durch Kreisverkehre unterbrochen, in deren Mitten sich verschiedene Wahrzeichen der Stadt befinden, etwa das »Monument de l'Indépendance«, der »Tour d'Afrique« oder der »Rond Point de l'Eléphant« (Elephantenstatue). Für die mehrheitlich analphabetische Bevölkerung stellen diese Symbole wichtige Orientierungspunkte dar. Ampeln existieren, müssen häufig allerdings auch von Polizisten besetzt werden, sodass der Verkehr geregelt fließt, soweit dies angesichts der hohen Verkehrsdichte im Stadtbereich überhaupt möglich ist. An diesen Knotenpunkten laufen Bettler und fliegende Händler zwischen den Verkehrsteilnehmern herum, um ihre Waren anzupreisen. An allen Straßenrändern findet man Zigarettenverkäufer und Stände mit in Flaschen abgefülltem Benzin für die Jakartas.

Die staatlichen Behörden kümmern sich seit Kurzem vermehrt um die Beseitigung des überall anzufindenden Plastikmülls. Häufiger als zuvor sieht man Straßenreiniger, die der Situation aber kaum Herr werden. Müllentsorgung findet oft

Die sozialisierende Kraft der Musik

Die Vielfalt der Musikgenres und Stile im westlichen Sahel ist groß. Mit ihren Polyrhythmen oder ihrer Blues-Pentatonik ist sie für unsere Ohren oft ungewohnt und dennoch faszinierend. Der polyrhythmische Mbalax wurde durch den senegalesischen Weltstar Youssou N'Dour (*1959) bekannt, die Blues-Pentatonik etwa durch den Malier Ali Farka Touré (1939–2006) oder heute durch den nigrischen Gitarristen Mdou Moctar (*1985). Einer der wesentlichen Unterschiede zwischen der europäischen und afrikanischen Musiktradition besteht darin, dass die europäische Musiktradition durch Notierung in eine Kunstmusik überführt wurde, aus der später Gebrauchs- und Unterhaltungsmusik entstanden. Die Aufführung notierter Musik beruht auf Interpretation und Nachvollzug. In der afrikanischen Tradition hingegen ist Musik Quelle unmittelbaren gemeinschaftlichen Handelns. Sie entsteht in enger Beziehung zur Lebenssituation. Individuum und Gemeinschaft treten dadurch in einen gegenseitigen Austausch, durch den kulturelle Errungenschaften weitergegeben, aber auch gesellschaftliche Veränderungen eingeleitet werden. Dieser nonverbale Austausch vollzieht sich durch rhythmisch-melodische Formeln, die einerseits festen rituellen Regeln einer Gemeinschaft folgen, andererseits jedoch Variationen und Innovationen der einzelnen Mitglieder zulassen, fördern oder auch fordern.

Die Musiker und Musikerinnen der Sahelregion teilen auf diese Weise Momente des Glücks sowie ihre Sorgen und setzen sich mit den sich wandelnden Lebensbedingungen auseinander, durch die sich auch ihre Traditionen verändern. Uns geben sie einen tiefen Einblick in ihren Lebensalltag, wie Etran Finatawa (Die Sterne der Tradition), eine der bekanntesten Musikgruppen im Niger. Sie besingen die Wüstenlandschaft, erzählen vom no-

picture alliance/DALLE APRF

Der nigrische Gitarrist Mdou Moctar spielt ein Konzert in Paris, 27. Mai 2017.

madischen Lebensalltag mit ihren Tieren, von Freudenfesten und von den Dürren, die ihre Herden bedrohen. Sie begleiten ihre Gesänge mit traditionellen Instrumenten wie der einsaitigen Imzad oder der durchdringenden Tuareg-Trommel Tendé. Die ausschließlich von Frauen hergestellte und gespielte Imzad wurde 2013 als immaterielles Weltkulturerbe anerkannt. Dieses Instrument prägt die Musik der Tuareg in Algerien, Mali und Niger.

EK

durch Verbrennen des Abfalls in den Abendstunden statt, sodass Bamako immer wieder in giftigen Rauchwolken versinkt. Besonders die ärmeren Viertel leiden weiterhin unter Bergen von Müll, die ein großes Gesundheitsrisiko darstellen. Einwohner der Stadt berichten hingegen, dass die zuvor regelmäßigen Stromausfälle zuletzt seltener geworden sind.

Angesichts der nach wie vor bestehenden infrastrukturellen und sozialen Probleme der Hauptstadt ist es bemerkenswert, dass Bamako eine überaus lebendige Kulturlandschaft besitzt. Nicht nur an Wochenenden finden in den großen Stadien und auch Wohnvierteln teils organisierte, teils völlig spontane Open Air Festivals, Tanzwettbewerbe und Konzerte statt. Die Musikszene des Landes mit ihrer jahrhundertealten Tradition hat neben Gao mit seinem »Gao-Pop« ihren Schwerpunkt in Bamako und erreicht internationale Präsenz.

Eines der auffälligsten Phänomene Malis ist das selbstbewusste, stolze und doch stets freundliche Auftreten der Frauen. Verschleierte Frauen sieht man hier deutlich seltener als in islamisch geprägten Gesellschaften anderer Weltregionen, etwa des Nahen Ostens oder Süd- und Zentralasiens. Das ausgeprägte Modebewusstsein der Malierinnen mit ihrer »couture malienne« ist in ganz Afrika legendär. Aus Tradition betreiben die malischen Frauen mit gewohnt ausgezeichnetem Geschäftssinn einen Großteil der Marktstände und Kleingeschäfte auf den Basaren und sie nehmen völlig selbstverständlich mit ihren Jakartas am Straßenverkehr teil.

Koulikoro

Bis zum Ende der Kolonialzeit war Koulikoro eine regional bedeutende Hafenstadt, in der die flussaufwärts über den Niger kommenden Waren entladen und mit der Bahn in Richtung Dakar weitertransportiert wurden. Fährt man heute durch die Stadt, so kann man in den Anhöhen noch Reste der kolonialen Vergangenheit in Form des Post- und Telegraphenamts, des ehemaligen Rathauses und der Gouverneursvilla sehen. Diese Bauten im prunkvollen Kolonialstil sind der lebende Beweis dafür, dass der Distrikt Koulikoro zur Kolonialzeit einer der strategisch und wirtschaftlich wichtigsten im Lande war. Nach der Unabhängigkeit Malis verlor Koulikoro langsam an Bedeutung. In den letzten Jahrzehnten hat die Stadt dank des Baubooms in Bamako als Abbaugebiet für Sand und Kies jedoch wieder an Bedeutung gewonnen. Auf der Route Nationale 27 (RN27) zwischen Bamako und Koulikoro sind die mit Sand beladenen Lastkraftwagen ein ständiges Bild. Für die Hafenstadt sind sie die wichtigste Einnahmequelle; und sie gewährleisten zahlreichen Menschen eine stete Beschäftigung. Die neu ausgebaute RN27

picture alliance/ZUMAPRESS.com/Alison Baskerville

Das Flussbett des Niger in und um Koulikoro ist Abbaugebiet für Sand und Kies.

und die über den Niger führende »Pont de Kayo«, die beide von chinesischen Firmen fertiggestellt wurden, waren wichtige Infrastrukturprojekte für die Stadt.

Von Bamako kommend, nicht weit von der neuen Mautstation der RN27, befindet sich das aus den 1970er Jahren stammende, teilweise renovierte Gefängnis. Zu seinen Insassen gehören für den Völkermord in Ruanda verantwortliche Militärs und andere Beteiligte, aber auch im Norden Malis festgesetzte Kämpfer. Bei der Einfahrt nach Koulikoro sieht man am Niger die Reste der Hafenanlage und eine »tank farm« (staatliche Raffinerie). Vor Fertigstellung der »Pont de Kayo« war die einzige Möglichkeit zur Überquerung des Niger eine motorisierte Flussfähre. Auch heute stellt diese ehemalige Pionierfähre, ein Geschenk der Bundesrepublik Deutschland, ein wichtiges Verkehrsmittel für die Bevölkerung dar.

In der Nähe findet man gleichfalls ein Denkmal für die im ersten Weltkrieg gefallenen Malier, die in die »Force Noire« als »Tirailleurs Sénégalais« eingegliedert waren (siehe Infokasten auf S. 50). Fährt man durch den unteren Teil der Stadt, so trifft man auf die im Umland Bamakos typischen einstöckigen Häuser und Lehmhütten mit unzähligen Läden und Verkaufsständen. Die Hauptstraße ist an vielen Stellen jedoch kaum zweispurig befahrbar; das verlangt häufig Geduld. Nach der Durchquerung der 60 000 Einwohner beherbergenden Stadt trifft man bei der Ausfahrt auf das »Centre d'Entraînement de Koulikoro« (Koulikoro Training Center, KTC). Hier finden infanteristische Kurse für Soldaten der malischen Streitkräfte statt, die von Ausbildern der EUTM Mali durchgeführt werden.

Wahrzeichen der Stadt ist die hochragende Klippe des »Mont Keita«, der in der Bevölkerung kultische Verehrung als Wohnort von Geistern und Naturgöttern genießt.

Gao

Eine Schönheit ist das am östlichen Niger-Ufer gelegene Gao (arabisch Kaukau) mit seinen mehr als 80 000 Einwohnern sicher nicht, eher ein staubiger Flecken am Rande der Sahara, in dem die Temperaturen im Mai und Juni leicht über 40 Grad Celsius steigen.

Musik und Protest – Rap und Demokratie

Die soziopolitische Bedeutung von Musik in Westafrika ist groß. Das gilt auch für die dort einsetzende Demokratisierung. Dem sich seit 1980 entfaltenden Rap kommt hierbei eine Sonderrolle zu: Er hat sich zu einem Instrument der Bewusstseinsstiftung entwickelt, das zur Bildung einer aktiven, sich ihrer selbst bewussten Zivilgesellschaft beigetragen hat. Wortschöpfungen wie »conscientiser« und »conscientisation«, abgeleitet vom französischen »conscience« (Bewusstsein), sind Ausdruck dieser Entwicklung. Wie die Rapper dies erreicht haben, lässt sich ausgehend von der im Senegal zum Vorbild gewordenen Rap-Szene auch in anderen Sahelländern beobachten. Im Senegal haben seit den 1980er Jahren zunächst Didier Awadi (*1969), Daara-J oder Xuman mit seinem »Journal Rappé« (auf Wolof) sowie v.a. die Gruppe Keurgi aus Kaolak zur Politisierung der Zivilgesellschaft beigetragen. Letztere mobilisierte die Bevölkerung 2012 mit der von ihnen begründeten Bewegung »Y-en-marre« zur Abwahl Abdoulaye Wades (*1926), als dieser durch eine Verfassungsänderung seine Amtszeit zu verlängern versuchte.

Auch in Mali haben Rapper wie Ramses und Djodama (Tatapound), Master Soumy oder Cosky und Mogoni (Kirakono) seit den 1990ern die Aufgabe der kritischen Beobachtung und Information übernommen. Durch informelle Gemeinschaftsbildungen schufen sie darüber hinaus kleine Strukturen, in denen die arbeitslosen Jugendlichen Ausbildung und Arbeit finden konnten; der Kalamene-Clan beispielsweise eröffnete ein kleines Straßenfrisörgeschäft. Mit solchen Initiativen wurden die Rapper auch zu sich sozial und politisch agierenden Instanzen. 2012, während des Staatsstreichs, proklamierten Amkoullel und Mylmo mit ihrem ins Netz gestellten Song »SOS« den humanitären Ausnahmezustand und begründeten zusammen mit Master Soumy »Les sofas de la république«, eine Bewegung für die Demokratie des Landes. Als »Ça Suffit!« mit Songs in der Sprache der Bambara folgte, die die korrupten Politiker und ihre Machenschaften beim Namen nannten, konnten die »sofas« (auf Mande: Krieger) über die Medien Druck ausüben und die Zivilgesellschaft mobilisieren. Amkoullel und Master Soumy haben heute einen Bekanntheitsgrad, der mit dem eines Politikers vergleichbar ist. Doch wird den Rappern mehr Sympathie entgegengebracht.

Auch in Burkina Faso hat Rapmusik zu einer Stärkung des politischen Bewusstseins beigetragen, insbesondere die Songs von Smockey (d.i. Serge Bambara, *1971), der Missmanagement und Korruption der Regierung Blaise Campaoré (*1951) kritisierte. Als Campaoré, vergleichbar mit Wade, durch eine Verfassungsänderung seine Amtszeit um eine fünfte Kandidatur verlängern wollte, gründete Smockey 2013 zusammen mit dem Reggae-Musiker Sams'K Le Jah und mit Unterstützung des senegalesischen Rappers Thiat (d.i. Cheikh Oumar Cyrille Touré von der Gruppe Keurgi) nach dem Vorbild von Y-en-marre die Bewegung »Le balai citoyen«. Campaoré wurde in der Folge mithilfe der Bewegung in Gang gesetzten kurzen, aber heftigen Proteste 2014 gestürzt.

EK

Etwa 320 Kilometer in südwestlicher Richtung trennen die Handelsstadt Gao vom legendären Timbuktu am linken Niger-Ufer. Bis zur Hauptstadt Bamako im Süden sind es über 900 Kilometer. Die wirtschaftliche und soziale Anbindung an das Nachbarland Niger ist daher für viele Bewohner der Region wichtiger.

Sicher ist die Stadt zur Zeit nur aus der Luft zu erreichen. Die Straße von Süden aus Mopti gilt aufgrund wiederholter Anschläge mit Sprengfallen als ebenso gefährlich wie eine Schifffahrt auf dem Niger. Einst war die Stadt im siebten Jahrhundert von Fischern gegründet worden. Damit ist Gao eines der ältesten Handelszentren Westafrikas. Hier trafen sich die Händler aus dem Norden mit denen aus dem Inneren Afrikas. Stoffe, Waffen und Glas kamen aus dem Norden, ebenso wie Perlen, Salz oder Pferde. Aus den Tiefen des afrikanischen Kontinents wurden Sklaven, Gold oder Elfenbein umgeschlagen.

Schon im neunten Jahrhundert berichteten Reisende von einem mächtigen Reich, das sie Kaukau nannten. Es soll eines der wohlhabendsten Reiche Westafrikas gewesen sein, der Schatz des Königs habe hauptsächlich aus Salz bestanden. Doch der Aufstieg zum regionalen Machtzentrum kam wohl erst im elften Jahrhundert, als Gao die pulsierende Residenzstadt des Songhai-Reichs wurde. Zuvor hatte ein Flüchtling aus dem Jemen ein neues Reich gegründet: die Zaghe-Dynastie. Laut

Überlieferung konvertierte ihr 15. Herrscher, Kosoy, bereits um 1010 zum Islam. Seine Insignien der Macht waren ein Schwert, ein Schild und der Koran. Schon früh empfanden sich die Zaghe-Könige von Gao also als Teil des islamischen Weltreichs.

Obwohl die Songhai die Gegend von Gao bereits um 800 v.Chr. besiedelt hatten, sprachen sie erst seit Kosoys Machtübernahme von einem Songhai-Reich. In den folgenden dreihundert Jahren blühte die islamische Handelsstadt auf und weckte Begehrlichkeiten des benachbarten Mali-Reichs, dessen Herrscher Mansa Musa Gao 1325 unterwarf. Wenige Jahrzehnte später konnten die Songhai die Macht allerdings wieder zurückgewinnen.

1591 beendete eine marokkanische Invasion die Herrschaft der Songhai-Dynastien und leitete den Niedergang Gaos ein (siehe den Beitrag von Arno Sonderegger). Nördlich des heutigen Zentrums erinnert noch immer ein Grabmal an Mohammed Touré, den Begründer der Askia-Dynastie. Mittlerweile gehört es zum Weltkulturerbe der UNESCO. Mit 17 Metern Höhe ist es das größte präkoloniale Gebäude der Gegend. Es sieht aus wie eine Pyramide aus Lehmziegeln, die zur Stabilisierung von Holzpfählen durchbohrt ist. Ein wenig erinnert das Gebilde an einen überdimensionierten Termitenbau. Zum Grabmal gehören noch ein Friedhof, ein Versammlungsplatz und eine Moschee.

Touristisch hat Gao sonst nicht besonders viel zu bieten. Auf den Barken am Flussufer wehen bunte Fahnen, und noch immer ist der Markt nebenan belebt. Hühner flattern durcheinander, Ziegen meckern, Händler preisen lautstark ihre Waren an. In den nur wenige Meter entfernten Marktgassen werden Lederwaren, Stoffe oder chinesischer Tinnef angeboten. Auf den kaum befestigten Straßen verkehren die in Mali typischen Mopeds, Frauen tragen überwiegend bunte Gewänder und sind nur selten verschleiert. Doch es ist nicht mehr wie vor dem Krieg, in dem Tuareg-Rebellen Gao zur Hauptstadt ihres Staates »Azawad« erklärten. Gao – das schließt auch seine Umgebung mit ein – gilt als eine der gefährlichsten Städte Malis. Irgendwo in der Wüste lauern noch immer Anhänger der Gruppen Ansar Dine und AQIM, und in den Dörfern der Umgebung haben sie ihre Unterstützer. Wiederholt wurde die Stadt mit Raketen beschossen. Im Januar 2017 raste mitten in der Stadt ein Selbstmordattentäter mit seinem Wagen in einen Militärstützpunkt und tötete dabei mindestens 54 Menschen. Die al-Qaida-Miliz al-Mourabitoun bekannte sich später zu der Tat und erklärte all jenen den Krieg, die »von den Franzosen geködert wurden«. Im Juni 2018 wurden in Gao französische Soldaten auf Patrouille angegriffen. Immer häufiger sieht man bewaffnete Zivilisten auf den Straßen der Stadt.

Auf der westlichen Flussseite liegt die berühmte rote Wanderdüne von Koyma. Früher spazierten hier Touristen. Heute lauern dort nach Ansicht der Einwohner Gaos die Islamisten, da sich die dortigen Dörfer auf die Seite der Radikalen geschlagen hätten. Das alte Hotel Atlantide, ein imposantes Gebäude im Kolonialstil unweit des Piers gelegen, ist verwaist. Früher wurden im Innenhof Kinofilme gezeigt. Heute ist das Gebäude heruntergekommen und geschlossen. Touristen lassen sich hier schon lange nicht mehr blicken. Schließlich sind Ausländer ein beliebtes Ziel von Entführungen.

Auch die Alltagskriminalität blüht. »Täglich zwingen Bewaffnete in Gao Autofahrer aus ihren Autos, zerren Mopedfahrer von ihren Zweirädern oder schießen sie einfach herunter und nehmen die Fahrzeuge mit«, schrieb »die tageszeitung« im No-

Eine deutsch-malische Kolonne fährt durch die Straßen Gaos während einer gemeinsamen Patrouille, 19. Juli 2019.

vember 2018: »Leute werden ausgeraubt oder entführt. Händler werden erschossen.« Zudem gilt Gao als Durchgangslager für Kokain, das aus Lateinamerika stammt, von Tuareg nach Nordafrika transportiert wird und von dort nach Europa gelangt. Den Handel organisieren arabische Händler. Ein Viertel, das nicht weit vom Camp Castor entfernt liegt, in dem auch Soldaten der Bundeswehr untergebracht sind, wird im Volksmund »Kokain Bougou« genannt. Dabei sei Gao, so der Entwicklungshelfer Henner Papendieck, nachgerade »eine Insel relativer Sicherheit«: »Alles darum herum ist wirklich Feindesland.«

Nach der blutigen Eroberung Ende Juni 2012 galt Gao als die Hauptstadt der Islamisten. Dieben wurden die Hände abgehackt, Ehebrecherinnen gesteinigt, kleine Sünder auf offener Straße ausgepeitscht. Der legendäre Mali-Blues durfte nicht mehr öffentlich gespielt werden. Kunst und Tanz wurden ebenso verboten wie das Rauchen. Erst Anfang 2013 wurden die Islamisten von den Franzosen vertrieben. Jahre später ist nicht mehr viel von den Spuren des Kriegs zu sehen. Internationale Programme haben ganze Arbeit geleistet – aus Luxemburg, von der Europäischen Union, der UNESCO. Zerstörte Häuser wurden wiederaufgebaut und Bombenkrater zugeschüttet. Und doch ist Gao eine verwundete Stadt.

Immer wieder patrouillieren die gepanzerten Landcruiser der von der Bevölkerung positiv wahrgenommenen Vereinten Nationen auf den Straßen. Olivgrüne Laster der malischen Armee donnern über die Schlaglochpisten und am Stadtrand kontrollieren lokale Milizen den Verkehr.

Niamey

Als der Deutsche Heinrich Barth (1821–1865) als erster Europäer 1850 die Stadt Agadez betrat, war die Stelle am Fluss Niger, an der heute die Stadt Niamey liegt, vermutlich nicht mehr als die Ansammlung einiger armseliger Hütten, die möglicherweise von Angehörigen der Songhai, den Zarma oder Fulani (Peul/Fulbe) bewohnt waren – sicher weiß man es nicht mehr. Denn nur wenig ist davon noch erkennbar. Lediglich die Namen einiger Stadtteile erinnern noch an die Zeit vor der französischen

Kolonialisierung. Diese kann letztlich als Initialzündung für den rasanten Aufstieg des modernen Niamey zur größten Stadt des Landes und somit auch zum politischen wie wirtschaftlichen Zentrum der Republik Niger angesehen werden.

Mit der Ausdehnung des französischen Kolonialgebiets nach Süden wurde 1902 in Niamey ein Militärposten eingerichtet, der sich schnell zum Verwaltungssitz des französischen Militärgouvernements entwickelte. Er existierte von 1922 bis 1958 unter der Bezeichnung »Colonie du Niger« und wurde die meiste Zeit von Niamey aus verwaltet. Der eigentliche Aufstieg der Stadt aber begann erst nach der Unabhängigkeit des Landes; die Bevölkerung stieg von zunächst 30 000 (1960) auf heute über eine Million Einwohner an. Diese rasante Entwicklung – aktuell ist weit über die Hälfte der Menschen unter 20 Jahre alt – prägt bis heute das Stadtbild von Niamey.

Zentral für das Bild der Stadt ist der Fluss Niger, der das extreme Klima deutlich besser ertragen lässt als in weiten Teilen des Landes, welches vor allem durch die unfruchtbare Trockensavanne der Sahelzone gekennzeichnet ist. Zwei, in naher Zukunft sogar drei Brücken erlauben die Überquerung des drittgrößten afrikanischen Stroms, um die in den letzten Jahrzehnten entstandenen neuen Stadtviertel auf der westlichen Seite des Flusses zu erreichen. Dort liegen die Universität, ein 2017 eingeweihtes Kraftwerk sowie weitläufige landwirtschaftliche Anbauflächen, die aufgrund der guten Bewässerung reiche Ernte für eine immer

picture alliance/Geoff Renner/robertharding/Geoff Renner

Marktszene in Niamey.

größer werdende Bevölkerung versprechen. Nicht selten verirren sich Flusspferde bis in das Stadtgebiet, ohne allerdings den Flusslauf zu verlassen, der bei Hochwasser mindestens einmal im Jahr für zum Teil verheerende Überflutungen sorgt.

Das eigentliche Zentrum der Stadt liegt auf der Ostseite des Flusses. Am Flussufer, weithin sichtbar, befinden sich die wenigen, aber gut gesicherten Hotels, in denen internationale Gäste und Vertreter von Hilfsorganisationen gern gesehene Gäste sind. Unmittelbar daran schließt das Regierungsviertel mit dem Präsidentenpalast und den Ministerien an, die jeglichen Luxus vermissen lassen. Denn das Land, und damit auch Niamey, sind selbst im afrikanischen Vergleich arm. Alle Botschaften und die vornehmeren Wohngebiete befinden sich ebenfalls hier. Das Nationalmuseum und das Ministerium für Bergbau – auch im Zentrum gelegen – stehen symbolisch für den kurzen Boom, den die Republik in den 1970er Jahren durch den Abbau von Uran erlebt hat.

Weiter nach Norden liegt das gesellschaftliche Zentrum der Stadt, der große Markt. Ein heilloses Durcheinander von kleinen Geschäften und engen Gassen, in denen alles zum täglichen Gebrauch erstanden werden kann. Supermärkte und Apotheken sind der Oberschicht, Diplomaten oder Vertretern von Hilfsorganisationen vorbehalten, während die Stadtbevölkerung auf dem Markt oder an kleinen Verkaufsständen am Straßenrand einkauft.

Überhaupt findet das Leben häufig auf den von Müll gesäumten Straßen statt. Hier wird billiges Benzin in alten Flaschen für die vielen Motorräder aus chinesischer Produktion angeboten, welche die staubigen und schlechten Straßen der Stadt prägen. Daneben sind es vor allem klapprige Kleinwagen, die als Taxi auf Handzeichen Menschen in der Stadt umherfahren. LKW – zumeist abenteuerlich überladen und nach europäischen Maßstäben nur eingeschränkt fahrtüchtig – verbinden die Häfen an der Westafrikanischen Küste mit den Bevölkerungszentren in Zinder, Dosso, Diffa, Agadez und darüber hinaus. Eine Bahnstrecke ist geplant, aber der sogenannte Blaue Zug, der in der Nähe der Pferderennbahn steht, wartet vergeblich auf ein Signal zur Abfahrt. Denn Korruption und Fehlplanung verzögern die Anbindung an die Hafenstadt Cotonou in Benin seit Jahren.

Im ganzen Stadtgebiet werden auf offenen Feuern morgens in die Stadt gebrachte Hühner und Ziegen gebraten, die zum

Verzehr angeboten werden und die Luftqualität – neben dem vom Wind aufgewirbelten Sand der nahen Sahelzone – bis zum Unerträglichen verschlechtern.

Zwei Straßen unterscheiden sich signifikant vom Rest des Stadtbilds. Zunächst ist das die Ringstraße, die es ermöglicht, teilweise zweispurig vom Westen in den Osten der Stadt zu gelangen, ohne das überfüllte Stadtzentrum durchqueren zu müssen. Die hier genutzten solarbetriebenen Straßenlaternen liefern in den meist sehr dunklen Nächten ein trübes Licht, welches kaum dazu beiträgt, die Unfallgefahr zu verringern. Die andere Hauptverkehrsachse verläuft vom Präsidentenpalast bis zum internationalen Flughafen »Diori Hamani«, dem gegenüber – angelehnt an eine nigrische Kaserne – Frankreich einen Luftwaffenstützpunkt betreibt. Seit 2016 haben hier auch deutsche Soldaten ihr Lager eingerichtet. Entlang dieser Straße, durchgehend geteert, teilweise von Bäumen gesäumt, wird lebhaft der Eindruck einer sauberen, lebensfrohen und den Nationalfarben zugetanen Stadt aufrechterhalten, bei denen selbst die zahlreichen Kasernen von Armee, Polizei und Gendarmerie ein wenig von ihrem Schrecken verlieren. Man kommt nicht umhin sich zu fragen, ob dieser Aufwand dazu dient, entweder die internationalen Besucher, die Politiker des Landes oder die aus dem Osten einströmende Landbevölkerung von der Schönheit der Stadt zu überzeugen. Abseits des Wegs wird man schnell eines Besseren belehrt, sodass man auch in der Stadt auf ein geländegängiges Fahrzeug zurückgreifen sollte. Und spätestens in der Regenzeit verwandelt sich manche Straße in ein riesiges Wasserloch, dessen Tiefe von außen nicht mehr zu ermessen ist.

Niamey ist anders als andere afrikanische Metropolen. Armut, Dreck und Staub werden nicht durch den wenigen zur Schau gestellten Reichtum der wenigen Eliten verdrängt. Vielmehr leiden alle Menschen unter den täglich mehrfach zu verzeichnenden Stromausfällen, der schlechten Luft und den schlechten Straßen. Und das wird sich aufgrund der ungebremsten Bevölkerungsentwicklung kaum ändern.

Lucas Michaelis (Bamako und Koulikoro),
Thilo Thielke (Gao) und Dirk Hamann (Niamey)

Geschichte im Überblick

Dieser chronologische Überblick beinhaltet eine Auswahl der wichtigsten historischen, politischen und sicherheitspolitischen Ereignisse. Bezüglich der Daten variieren die Angaben je nach Quelle. Nicht immer kann daher eine völlige Zuverlässigkeit garantiert werden.

Vorkoloniale Reiche	
ca. 33 000 v.Chr.	Erste Spuren der Besiedelung der Region.
ca. 4000 v.Chr.	Erste Spuren einer Viehzüchterkultur.
ab ca. 2000 v.Chr.	Beginn des Ackerbaus.
um 300 v.Chr.	Herausbildung erster Städte (Djenné-Djeno).
um 300 n.Chr.	Mandinka-Völker gründen an der Kreuzung der Handelsstraßen von Nordafrika zur Guinea-Küste und vom Atlantik zum Nil den Staat Ghana.
um 800	Ankunft des Islam im westlichen Sahel.
	Gründung der Dynastie der Cisse Tunkara unter Kaya Maghan Cisse aus der Ethnie der Soninke. Aufstieg Ghanas zum Handelszentrum durch Kontrolle des transsaharischen Handels von Gold, Salz und Sklaven.
872	Erste Erwähnung des Kanem-Reichs der Zaghawa (später Kanem-Bornu), nördlich des Tschadsees.
um 1000	Größte Machtentfaltung des Ghana-Reichs.
1235−1255	Sundiata Keita erobert Ghana und gründet das Reich Mali.
1312−1337	Unter König Mansa Musa erreicht Mali den Höhepunkt seiner Macht. Die Städte Djenné, Timbuktu und Gao sind bedeutende Handelszentren der islamischen Welt.

Vorkoloniale Reiche

Ende 13. Jh. Nördlich des Sahel vermischen sich einwandernde Araber mit den ansässigen Berbern. Unter ihren Nachfahren sind die Mauren des heutigen nördlichen und zentralen Mauretaniens.

1335 Gründung des Reichs Songhai mit Gao als Hauptstadt.

um 1400 Die Sufi-Bewegung breitet sich in der westlichen Sahara aus. Machtverfall Malis.

Mitte 15. Jh. Beginn des europäischen Sklavenhandels in Afrika.

1464–1528 Machtzuwachs des Songhai-Reichs unter Sonni Ali und Mohammed Touré, dem späteren Askia Mohammed I.

16. Jh. Blütezeit Songhais unter Askia Daoud. Größte Machtausdehnung Kanem-Bornus. Das Hausa-Reich greift von seinem Zentrum im heutigen Nord-Nigeria in das heutige Territorium Nigers aus.

um 1600 Machtverfall Songhais. Gründung des Königreichs Wadai (Ouaddai, heute Tschad).

Kolonialherrschaft

ab 1879 Vordringen französischer Kolonialtruppen auf das Gebiet des heutigen Mali; 1883 Eroberung Bamakos.

1895 27. Oktober: Formale Gründung der Föderation Französisch-Westafrika (Afrique occidentale française, AOF), bestehend aus Mauretanien, Senegal, Französisch-Sudan (heute Mali), Französisch-Guinea (heute Guinea), Côte d'Ivoire (Elfenbeinküste), Obervolta (heute Burkina Faso), Dahomey (heute Benin) und Niger. Hauptstadt wird Dakar.

1898 Ende der Widerstandsbewegung unter Samory Touré gegen die französische Fremdherrschaft.

1900 Schlacht bei Kousséri (heute Kamerun) zwischen den französischen Truppen unter François Lamy und dem Herrscher Rabih az-Zubayr ibn Fadl Allah. Anschließend Gründung der Stadt Fort Lamy (heute N'Djamena im Tschad).

1909–1911 Unterwerfung des Wadai-Königreichs durch Frankreich.

Kolonialherrschaft

1910 **15. Januar:** Gründung der Föderation Französisch-Äquatorialafrika (Afrique Équatoriale Française, AEF) bestehend aus den Gebieten Moyen Congo (heute Republik Kongo), Oubangui-Chari-Tchad (ZAR/Tschad) und Gabun.

1940 **26. August:** Gouverneur Félix Eboué stellt Tschad als erste Kolonie hinter das Freie Frankreich von Charles de Gaulle.

1958 **September:** Referendum in den französischen Kolonien zur »Communauté Française«.

1959 **25. März:** Französisch-Sudan schließt sich mit dem Senegal zur Mali-Föderation zusammen; Modibo Keïta wird Präsident der Föderation.

Burkina Faso

1960 **5. August:** Unabhängigkeit als Republik Obervolta unter Präsident Maurice Yaméogo.

1966 **3. Januar:** General Sangoulé Lamizana putscht sich an die Macht. 1978 Wahl zum Präsidenten.

1980 **25. November:** Lamizana wird durch Außenminister Oberst Saye Zerbo gestürzt.

1982 **7. November:** Zerbo wird durch eine Gruppe junger Offiziere gestürzt. Major Jean-Baptiste Ouédraogo wird neuer Machthaber.

1983 **Mai:** Verhaftung des Premierministers Hauptmann Thomas Sankara. Durch einen Aufstand von Sankaras Gefolgsleuten um Hauptmann Blaise Compaoré gelingt die Freilassung Sankaras.

4. August: Blutiger Staatsstreich durch Sankara.

1984 **3. August:** Umbenennung Obervoltas in Burkina Faso, »Land der ehrenwerten Menschen«

1985 **Dezember:** »Weihnachtskrieg« mit Mali um den Agacher-Streifen. Der Internationale Gerichtshofs (IGH) teilt das Gebiet 1986 zwischen beiden Seiten auf.

1987   **15. Oktober:** Staatsstreich und Ermordung Sankaras durch Compaoré, der neuer Machthaber wird.

1991   **2. Juni:** Verfassungsreferendum. Begrenzung des Präsidentenamtes auf zwei siebenjährige Amtszeiten.

        1. Dezember: Nachdem die Vorbereitungen zur Präsidentschaftswahl von Gewalt und Betrugsvorwürfen überschattet werden, boykottiert die Opposition die Wahlen. Compaoré wird Präsident. Wiederwahl 1998.

1998   Präsident Compaoré soll in die Ermordung des Journalisten Norbert Zongo verwickelt sein. Es kommt zu anhaltenden Protesten und Unruhen. Zongo wird zum Symbol der Opposition.

2000   **11. April:** Verfassungsänderung, Begrenzung des Präsidentenamtes auf zwei fünfjährige Amtszeiten. Die Änderungen erlauben Compaoré erneut zu kandidieren.

2005   **13. November:** Wiederwahl Compaorés.

2010   **21. November:** Compaoré gewinnt erneut die Wahlen und tritt seine vierte Amtszeit als Präsident an.

2014   **Herbst:** Der Versuch Compaorés, seine Amtszeit durch eine erneute Verfassungsänderung zu ermöglichen, führt zu landesweiten Demonstrationen.

        30. Oktober Demonstranten stürmen das Parlamentsgebäude. Mehrere Menschen sterben.

        31. Oktober: Generalstabschef General Nabéré Honoré Traoré erklärt Compaoré für abgesetzt. Der Präsident flüchtet aus Burkina Faso.

        1. November: Der stellvertretende Kommandeur der Präsidialgarde, Oberstleutnant Isaac Yacouba Zida, übernimmt die Macht.

        18. November: Auf internationalen Druck übergibt Zida die Macht an eine Übergangsregierung unter Michel Kafando.

Burkina Faso

2015	**16. Sepember:** Nach dem Versuch, die Präsidialgarde aufzulösen, putschen die Spezialkräfte unter General Gilbert Diendéré. Die AU verhängt Sanktionen. Den Putschisten fehlt die Unterstützung der Bevölkerung und der regulären Armee. Am 23. September wird Kafando wieder eingesetzt.
	29. November: Roch Marc Christian Kaboré wird zum Präsidenten gewählt.
2016	**15. Januar:** Bei einem Angriff auf ein von Ausländern frequentiertes Hotel und Restaurant in Ouagadougou sterben 29 Menschen.
	16. Dezember: Bei einem Angriff auf ein Armeecamp an der malischen Grenze sterben zwölf Sicherheitskräfte. Es ist der erste Angriff, für den die Gruppe Ansarul Islam Verantwortung übernimmt.
2017	**13. August:** Bei einem Angriff auf ein türkisches Restaurant in Ouagadougou werden 18 Menschen getötet.
2018	**2. März:** 16 Menschen sterben bei einem Angriff auf die französische Botschaft und das Armeehautquartier in Ouagadougou, darunter acht Angreifer.
	25. Mai: Burkina Faso bricht mit Taiwan und nimmt diplomatische Beziehungen zu China auf.
2019	**6. November:** Bei einem Angriff auf einen Konvoi einer kanadischen Bergbaugesellschaft sterben mindestens 37 Menschen.

Mali

1960	**20. August:** Mit der Proklamation der Unabhängigkeit des Senegal scheitert die Mali-Föderation.
	22. September: Die Republik Mali wird unter Präsident Modibo Keïta unabhängig.
1963–1964	Die Armee beendet eine lokale Rebellion von Tuareg in der heutigen Region Kidal mit äußerster Gewalt.
1968	**19. November:** Verhaftung Keïtas und Machtübernahme durch Leutnant Moussa Traoré nach einem Putsch.

1972–1974	Saheldürre: 80 000 Menschen flüchten in die Gao-Region.
1974	Referendum über neue Verfassung; Rückkehr zur Zivil-regierung.
1979	**19. Juni:** Wahl Traorés zum Präsidenten.
1983–1985	Erneute Dürreperiode im Norden
1985	**Dezember:** »Weihnachtskrieg« mit Burkina Faso um den Agacher-Streifen.
1988	Gründung der Tuareg-Bewegung »Mouvement Populaire de Libération de l'Azawad« (MPLA) durch Iyad ag Ghali.
1990	**28. Juni:** Mit dem Angriff der MPLA auf Ménaka beginnt der zweite Tuareg-Konflikt.
1991	**6. Januar:** Friedensabkommen zwischen der Regierung und Tuareg-Rebellen. Danach Aufsplitterung der Rebellion entlang ethnischer Linien.
	26. März: Nach Unruhen in Bamako Sturz von Präsident Traoré. Machtübernahme durch Oberstleutnant Amadou Toumani Touré.
1992	**11. April:** Ein Teil der Tuareg-Rebellen und die Regierung schließen einen Friedensvertrag (Pacte National).
	12./26. April: Wahl von Alpha Oumar Konaré zum ersten demokratisch legitimierten Staatspräsidenten. 1997 Wiederwahl.
1994	**April/Mai:** Aufgrund der anhaltenden Unsicherheit in der Region Gao bildet sich die überwiegend aus Songhai bestehende Selbstverteidigungsmiliz »Ganda Koy«.
1995	**11. Januar:** Die ethnischen Gruppen im Norden schließen den »Accord de Bourem« zur Beilegung des Konflikts.
1996	**26./27. März:** Als Zeichen der Beendigung der zweiten Tuareg-Rebellion werden in Timbuktu symbolisch 3000 Waffen in der »Flame de la Paix« (Flamme des Friedens) verbrannt.
Ende der 90er Jahre:	Erste al-Qaida-Sympathisanten kommen nach Nordmali.

2002	**12. Mai:** Wahl von Amadou Toumani Touré zum Präsidenten. 2007 Wiederwahl.
2003	**Mitte Februar bis Ende März:** 32 europäische Touristen, darunter 16 Deutsche, werden in Algerien entführt. Nach der Befreiung von 17 Geiseln im Mai werden die restlichen in den Norden Malis verschleppt. Im Juli stirbt eine deutsche Geisel infolge der Strapazen. In der zweiten Hälfte der 2000er Jahre wiederholte Entführungen.
2006	**23. Mai:** Ausbruch des dritten Tuareg-Konflikts durch Angriffe auf Militärcamps in Kidal und Ménaka.
	4. Juli: Friedensvertrag zwischen Regierung und Rebellen. Ein Teil der Rebellen um Ibrahim ag Bahanga erkennt den Vertrag nicht an.
2009	**21. Januar:** Zerstörung des Rebellen-Hauptquartiers durch malisches Militär. Flucht Ibrahim ag Bahangas nach Libyen im Februar, Tod im Oktober 2011.
	4. Juli: Anschlag auf einen Militärkonvoi durch »Al-Qaeda in the Islamic Maghreb« (AQIM) mit rund 20 Toten.
	20. Juli: Unterzeichnung eines Abkommens mit der wichtigsten Tuareg-Gruppierung »Alliance Démocratique du 23 mai 2006 pour le Changement« (ADC) zur Kooperation im Kampf gegen AQIM.
2011	**Oktober:** Tuareg-Söldner aus Libyen kehren nach der Niederlage Gaddafis nach Mali zurück. Gründung der Unabhängigkeitsbewegung »Mouvement National de Libération de l'Azawad« (MNLA).
	Oktober: Abspaltung des »Mouvement pour l'unicité et le jihad en Afrique de l'Ouest« (MUJAO) von AQIM.
	Dezember: Gründung der Gruppe »Ansar Dine« durch Iyad ag Ghali.
2012	**17. Januar:** Beginn der vierten Tuareg-Rebellion durch eine Offensive der MNLA auf Ménaka. Nach Rückzug der malischen Armee fällt die Stadt am 31. Januar

2012

24. Januar: In Aguelhok sollen Ansar Dine und MNLA zwischen 70 und 153 Soldaten hingerichtet haben.

21./22. März: Militärmeuterei, Putsch und Sturz von Präsident Touré wegen angeblicher Untätigkeit gegen die Rebellion. Machtübernahme durch eine Junta unter Hauptmann Amadou Haya Sanogo. Die Afrikanische Union (AU) und die Economic Community of West African States (ECOWAS) riefen Sanktionen aus.

30. März bis 1. April: Nach Rückzug der malischen Armee nehmen MNLA und Ansar Dine die Stadt Kidal ein. Es folgen Gao und Timbuktu. Es kommt zu Vergewaltigungen und Plünderungen. In der Folge bildet sich in der Region Timbuktu das spätere »Mouvement arabe de l'Azawad« (MAA).

2. April: In Timbuktu kommt es zwischen Ansar Dine und der MNLA zu Spannungen. In der Folge werden die meisten MNLA-Truppen aus der Stadt verdrängt.

6. April: Die MNLA proklamiert den unabhängigen Staat Azawad; die Autonomieerklärung wird international zurückgewiesen.

8. April: Rücktritt Tourés. Dioncounda Traoré wird am 12. April Übergangspräsident.

30. April/1. Mai: Bei einem Putschversuch von Anhängern Tourés sterben rund 20 Angehörige der malischen Fallschirmjäger.

Juni: Die MNLA bricht mit Ansar Dine. Nach Protesten gegen die Einführung der Scharia kommt es zu Zusammenstößen zwischen beiden Gruppen. In Timbuktu werden Weltkulturerbestätten zerstört. Islamisten vertreiben die MNLA aus Gao. MNLA-Truppen ziehen auch aus Timbuktu ab.

21. Dezember: Der VN-Sicherheitsrat autorisiert mit Resolution 2085 die Ausbildung malischer Streitkräfte sowie die Aufstellung einer ECOWAS-Militärmission zur Unterstützung Malis bei der Rückgewinnung des Nordens.

2013 **8.–10. Januar:** Einnahme der Stadt Konna durch Islamisten. Präsident Traoré bittet Frankreich um Unterstützung.

11. Januar: Frankreich greift nach Billigung des VN-Sicherheitsrates in den Kampf ein (Operation »Serval«). Ende Januar Einnahme von Gao und Timbuktu.

17. Januar: Der Europäische Rat beschließt die Entsendung einer rund 500 Soldaten umfassenden Ausbildungsmission (European Union Training Mission Mali, EUTM Mali) unter französischer Führung.

17./18. Januar: Die Bundeswehr unterstützt die Militärintervention mit zwei Transall-Flugzeugen. Zeitgleich treffen die ersten afrikanischen Truppen in Mali ein.

29./30. Januar: Französische Truppen rücken in Kidal ein. Separatisten verweigern malischen Truppen den Zugang, offiziell wegen Bedenken vor Übergriffen gegen die dortige Bevölkerung.

18. Februar: Auf Beschluss der EU-Außenminister beginnt offiziell die EU-Mission EUTM Mali. 20 der 27 EU-Staaten beteiligen sich.

Ende Februar: Ende der großen Militäroperation. Es folgen Anschläge auf französische und afrikanische Truppen im Nordosten.

28. Februar: Der Deutsche Bundestag beschließt die Beteiligung mit bis zu 180 deutschen Soldaten an EUTM Mali. Separater Beschluss für eine deutsche Hilfe für die ECOWAS-geführte African-led International Support Mission to Mali (AFISMA). Bis zu 150 deutsche Soldaten und drei Transall-Flugzeuge unterstützen beim Transport afrikanischer Kampftruppen, ein Airbus vom Typ A310 MRTT bei der Luftbetankung französischer Kampfflugzeuge.

25. April: Der VN-Sicherheitsrat beschließt mit der Resolution 2100 (2013) die Aufstellung der 11 200 Soldaten umfassenden »Mission multidimensionelle intégrée des Nations Unies pour la Stabilisation au Mali« (MINUSMA).

Mai: Gründung des »Haut Conseil de l'Azawad« (HCA) in der Region Kidal. Später Umbenennung in »Haut conseil pour l'unité de l'Azawad« (HCUA).

18. Juni: Vereinbarung von Ouagadougou zwischen der malischen Regierung und der MNLA/HCUA über einen Waffenstillstand, die Stationierung malischer Truppen in Kidal und die Abhaltung von Wahlen.

27. Juni: Der Bundestag beschließt die Überführung der deutschen Unterstützung von AFISMA zu MINUSMA.

1. Juli: Offizieller Beginn der VN-Mission MINUSMA unter ruandischer Führung. Über 6100 Soldaten und fast 400 Polizisten werden von AFISMA übernommen.

28. Juli/11. August: Ibrahim Boubacar Keïta (IBK) wird zum Präsidenten gewählt. Die Wahl verläuft friedlich.

2014

16. Februar: Burkina Faso, Mali, Mauretanien, Niger und Tschad verständigen sich als »G5-Staaten« auf eine engere Zusammenarbeit im Kampf gegen »Terrorismus« und grenzübergreifende Kriminalität.

15. April: Die EU beschließt die Aufstellung der zivilen Mission EUCAP (European Union Capacity Building) Sahel Mali zur Ausbildung und Beratung der malischen Polizei, Nationalgarde und Gendarmerie.

16. bis 21. Mai: Beim Besuch des Premierministers in Kidal kommt es nach gewalttätigen Protesten zu Gefechten zwischen MNLA/HCUA und malischen Truppen. Die Rebellen nehmen Regierungspersonal als Geiseln, acht Zivilisten sterben. Malische Sicherheitskräfte beginnen am 21. Mai eine Offensive auf Kidal. Laut MINUSMA sterben dabei 33 malische Soldaten. In der Folge Rückzug aus Kidal und weiteren Gebieten im Norden, die von der MNLA eingenommen werden.

14. Juni: In Algier beschließen die CPA, die aus Pro-Regierungsmilizen bestehende CMFPR sowie eine Splittergruppe der MAA den Zusammenschluss zur »Plateforme d'Alger du 14 juin 2014«.

1. August: Ende der Operation »Serval«, die in der Operation »Barkhane« aufgeht.

14. August: Gründung der Pro-Regierungsmiliz GATIA (Groupe Autodéfense Touareg Imghad et Alliés).

Ende Dezember: Gefechte zwischen CMA und Plateforme n den Regionen Gao und Timbuktu.

2015

5. Januar: AQIM-Islamisten greifen die Stadt Nampala an und töten elf malische Soldaten. Es ist der erste Angriff seit Mitte Januar 2013 südlich von Timbuktu.

14. Mai: Adnan Abu Waleed al-Sahrawi, ein Kommandeur von al-Mourabitoun (2011 gegründete Splittergruppe von AQIM) erklärt seine Loyalität gegenüber dem »Islamischen Staat« (ISIS/IS). Gründung der Gruppe «Islamic State in the Greater Sahara» (ISGS).

15. Mai: In Bamako unterzeichnen die Regierung, die Plateforme sowie Repräsentanten zweier weiterer Splittergruppen einen Friedensvertrag. Die CMA schließt sich dem Vertrag am 20. Juni an. Die Umsetzung erfolgt nur stockend. In der Folge bilden sich immer mehr bewaffnete Gruppen, um am Friedensprozess teilzuhaben.

2017

18. Januar: Bei einem Selbstmordanschlag in Gao sterben mehr als 50 Menschen, rund 100 werden verletzt

2. März: Zusammenschluss von AQIM, Ansar Dine, al-Mourabitoun und anderen zur »Jama'a Nusrat ul--Islam wa al-Muslimin« (JNIM).

26. Juli: Beim Absturz eines Tiger-Hubschraubers der MINUSMA sterben zwei deutsche Soldaten. Es sind die ersten Toten der Bundeswehr in Mali.

2018

29. Juli/12. August: Wiederwahl Ibrahim Boubacar Keïtas.

2019

23. März: Vermeintliche Dogon-Milizen töten in Ogossagou 157 Angehörige der Fulani. Bereits zuvor war es von beiden Seiten wiederholt zu tödlichen Übergriffen gekommen. In der Folge wird die Armeeführung entlassen.

1. November: Bei einem ISGS-Angriff auf einen Armeeposten in Indelimane sterben 54 Soldaten und ein Zivilist.

Die Armee zieht sich aus weiteren Vorposten an der Grenze zu Niger und Burkina Faso zurück.

25. November: Zusammenstoß zweier Helikopter der Operation »Barkhane«, 13 französische Soldaten sterben.

2020   **29. März/19. April:** Bei den Parlamentswahlen kommt es zugunsten der Regierungspartei zu Unregelmäßigkeiten. Ab Juni Massenproteste in Bamako, die den Rücktritt des Präsidenten fordern. Bei Protesten im Juli sterben vermutlich über zehn Personen.

18./19. August: Meuternde Soldaten nehmen die Regierungsspitze und hohe Militärs gefangen. Ibrahim Boubacar Keïta erklärt im Fernsehen seinen Rücktritt. Die AU und die ECOWAS belegen Mali kurzzeitig mit Sanktionen. Die EU stellt vorübergehend ihre Ausbildung ein.

25. September: Colonel-Major a.D. Bah N'Daw wird zum Präsidenten, und einer der Putschisten, Oberst Assimi Goïta, zum Vizepräsidenten einer 18-monatigen Übergangsregierung erkoren.

6. Oktober: Im Austausch gegen 200 Gefangene lässt JNIM vier Geiseln frei, darunter den malischen Oppositionsführer Soumaïla Cissé. Das befeuert die Debatte um eine Lösung des Konflikts zwischen malischer Regierung und Extremisten auf dem Verhandlungsweg.

Mauretanien

1960   **28. November:** Unabhängigkeit als Islamische Republik Mauretanien.

1961   **20. August:** Moktar Ould Daddah wird ohne Gegenkandidat zum Präsidenten gewählt. In der Folge Aufbau eines Einparteienstaats und mehrfache Wiederwahl.

1975–1979   **Westsahara-Konflikt:** Einmarsch mauretanischer und marokkanischer Truppen in der Westsahara. Guerillakampf der sahrauischen Unabhängigkeitsbewegung POLISARIO (Frente Popular de Liberación de Seguia y Río de Oro) vor allem gegen mauretanische Truppen. 1979 verzichtet Mauretanien auf jegliche Gebietsansprüche und zieht seine Truppen ab.

1978	**10. Juli:** Putsch durch Oberstleutnant Moustapha Ould Mohammed Salek.
1979	**3. Juni:** Rücktritt Saleks. Oberstleutnant Mohamed Mahmoud Ould Louly wird Präsident.
1980	**4. Januar:** Oberstleutnant Mohamed Khouna Ould Haidalla putscht sich an die Macht.
1984	**12. Dezember:** Absetzung Haidallas durch Premierminister Maawiya Ould Sid'Ahmed Taya. Taya wird Präsident.
1989	Grenzstreitigkeiten mit Senegal enden in gewaltsamen Zusammenstößen. 40 000 Senegalesen werden des Landes verwiesen. Die diplomatischen Beziehungen werden für drei Jahre abgebrochen.
1991	**12. Juli:** Verfassungsreferendum. Rückkehr zum Mehrparteiensystem.
1992	**24. Januar:** Taya gewinnt die Präsidentschaftswahlen.
1994	Verhaftungen und Repressionen gegen mutmaßliche Islamisten.
1997	**12. Dezember:** Wiederwahl Tayas mit 91 % der Stimmen. Zum wiederholten Male Vorwürfe der Wahlfälschung.
1999	**27. Oktober:** Mauretanien nimmt diplomatische Beziehungen mit Israel auf.
2000	**28. Dezember:** Rückzug aus der ECOWAS.
2005	**April/Mai:** Massenverhaftungen mutmaßlicher Islamisten.
	3./4. Juni: Die islamistische »Groupe salafiste pour la prédication et le combat« (GSPC) tötet 15 mauretanische Soldaten an einem abgelegenen Außenposten.
	3. August: Oberst Ely Ould Mohamed Vall übernimmt nach einem Putsch die Macht. Es folgen internationale Sanktionen gegen die Junta.
2006	**17. Februar:** Die mauretanische Ölproduktion läuft an.
2007	**25. März:** Sidi Mohamed Ould Cheikh Abdellahi gewinnt Präsidentschaftswahlen. Amtsübernahme am 19. April.

2007	**9. August:** Gesetz gegen Sklaverei.
	24. Dezember: Vier Mitglieder einer französischen Familie werden vermutlich durch die islamistische Gruppe AQIM erschossen. Die Rallye Paris–Dakar wird abgesagt.
2008	**6. August:** Putsch durch Oberst Mohamed Ould Abdel Aziz. Es folgen internationale Sanktionen gegen die Junta.
	15. August: Bei einem AQIM-Hinterhalt sterben zwölf Soldaten.
2009	**18. Juli:** Abdel Aziz gewinnt die Präsidentschaftswahlen. Wiederwahl 2014 unter Boykott der Opposition.
	8. August: Erster Selbstmordanschlag in Marokko in der Nähe der französischen Botschaft in Nouakchott. Drei Menschen werden verwundet.
2010	Angebliche Vereinbarung zwischen Mauretanien und AQIM zur Einstellung der Anschläge.
2019	**22. Juni:** Der frühere Generalstabschef Ghazouani gewinnt die Präsidentschaftswahlen. Abdel Aziz durfte nicht erneut antreten. Mauretanien gelingt der erste friedliche Machtwechsel.

Niger

1960	**3. August:** Unabhängigkeit als Republik Niger. Hamani Diori wird Präsident. Diori wird 1965 und 1970 als einziger Kandidat wiedergewählt.
1974	**15. April:** Der Stabschef der Streitkräfte, Oberstleutnant Seyni Kountché, putscht sich an die Macht. Einführung einer Einparteienherrschaft.
1987	**10. November:** Kountché erliegt einem Krebsleiden. Der vorherige Chef des Stabes der Streitkräfte, Ali Saibou, wird Präsident.
1989	**10. Dezember:** Saibou gewinnt als einziger Kandidat die Präsidentschaftswahlen.

1990	**Mai:** Bei Auseinandersetzungen zwischen Tuareg und Sicherheitskräften sterben einige Hundert Tuareg. In der Folge Gründung der »Front de libération de l'Aïr et de l'Azaouak« (FLAA) und Rebellion.
1992	**26. Dezember:** Verfassungsreferendum; Mehrparteiensystem, Amtszeitbegrenzung des Präsidenten auf zwei Amtszeiten zu je fünf Jahren.
1993	**Februar/März:** Parlaments- und Präsidentschaftswahlen. Bildung einer Koalitionsregierung. Mahamane Ousmane wird Präsident.
1995	**24./25. April:** Friedensvereinbarung zwischen der Regierung und aufständischen Tuareg. Splittergruppen fühlen sich nicht an die Vereinbarung gebunden.
1996	**27. Januar:** Oberst Ibrahim Baré Maïnassara putscht sich an die Macht. Im Juli Wahl zum Präsidenten.
1997	**28. November:** Friedensvertrag zwischen der Regierung und aufständischen Tuareg- und Tubu-Gruppen. Ein weiterer Vertrag folgt 1998.
1999	**9. April:** Maïnassara kommt unter ungeklärten Umständen in einer Luftwaffenbasis zu Tode. Major Daouda Mallam Wanké übernimmt die Macht.
	24. November: Wanké übergibt die Macht an Mamadou Tandja, Gewinner der Präsidentschaftswahlen. Wiederwahl 2004.
2007	**8. Februar:** Erneute Rebellion von Tuareg-Gruppen im Norden. Sie endet im April 2007 auf Vermittlung Gaddafis.
2008	Mit der Geiselnahme von zwei kanadischen Diplomaten führt AQIM erstmals eine Lösegeldentführung in Niger durch. In der Folge wiederholt Entführung von Europäern und Nordamerikanern.
2010	**18. Februar:** Nachdem Tandja die Verfassung für eine dritte Amtszeit ändern wollte, putscht die Armee um Major Salou Djibo. Die AU verhängt Sanktionen.

2011	**31. Januar/12. März:** Mahamadou Issoufou wird zum Präsidenten gewählt. Der Targi Brigi Rafini wird Premierminister.
	28. November: Die Ölraffinerie in Zinder startet die Produktion.
2013	**23. Mai:** Bei MUJAO-Anschlägen in Agadez und Arlit auf einen Stützpunkt der Armee und eine französische Uranmine sterben über 20 Menschen. Es sind die ersten Selbstmordanschläge in Niger.
2015	**16./17. Januar:** Nach den Anschlägen auf die Zeitung »Charlie Hebdo« in Paris kommt es in Niger zu Protesten gegen die Abbildung von Mohammed-Karikaturen. Bei den Protesten sterben zehn Menschen.
	9. Februar: Nach der Zunahme von Übergriffen der Gruppe »Boko Haram« auf die Region Diffa beschließt das Parlament die Beteiligung an der Multinational Joint Task Force (MNJTF).
	11. Mai: Das Parlament verabschiedet ein Gesetz, das die Migration de facto kriminalisiert.
2016	**21. Februar/8. März:** Wiederwahl von Issoufou. Oppositionskandidat Hama Amadou war zuvor wegen des Verdachts auf Menschenschmuggel festgenommen worden.
2017	**4. Oktober:** Bei einem ISGS-Hinterhalt in Tongo Tongo sterben neun Soldaten, darunter vier US-Amerikaner.
2018	**Januar:** Das italienische Parlament stimmt der Stationierung von 470 Soldaten in Niger zu. Ziel ist die Eindämmung von illegaler Migration und Menschenschmuggel.
2019	**10. Dezember:** Bei einem ISGS-Angriff auf ein Camp der Armee in Inates sterben mindestens 71 Soldaten.
2020	**9. Januar:** Bei einem ISGS-Angriff auf eine Militärbasis in Chinagodrar sterben mindestens 89 Soldaten. Der Generalstabschef wird entlassen.

1960	**11. August:** Unabhängigkeit unter François Tombalbaye. Aufbau eines Einparteienstaates.
1962	**23. April:** Wahl Tombalbayes zum Präsidenten.
1966	**22. Juni:** Gründung der später in Frolinat umbenannten, von Libyen unterstützten Rebellengruppe.
1968	**Ab August:** Auf Ersuchen Tombalbayes französische Militärintervention gegen die Rebellen im Norden. Französische Kampfeinheiten bleiben bis 1972 im Tschad.
1973	**Mai:** Libysche Truppen besetzen den Aouzou-Streifen.
	6. November: Umbenennung der Hauptstadt Fort Lamy in N'Djamena.
1975	**13. April:** Militärputsch durch General Félix Malloum. Tombalbaye wird erschossen.
1976	**18. Oktober:** Bruch der Rebellenkoalition im Norden, aus der die pro-libyschen Truppen Goukouni Oueddeis und die anti-libyschen Truppen unter Hissène Habré hervorgehen.
1978	**Januar/Februar:** Sudan vermittelt Waffenstillstandsabkommen zwischen tschadischer Regierung und Habré. Libyen unterstützt eine Frolinat-Großoffensive. Französische Truppen intervenieren aufseiten der tschadischen Regierung und bleiben bis Mai 1980.
1979	**Februar/April:** Habré verdrängt Malloum. Goukouni gewinnt Gebiete im Norden.
	18. August: Unter Beteiligung Habrés und Goukounis bilden elf Konfliktparteien eine Übergangsregierung.
1980	**März:** Habré überwirft sich mit Goukouni, in der Folge neunmonatige Schlacht um N'Djamena.
	Juni bis Oktober: Libyen interveniert zugunsten Goukounis mit einigen Tausend Soldaten.
	15. Dezember: N'Djamena fällt an Goukouni. Habré reorganisiert seine Truppen in Darfur, Sudan.

1981	**29. Oktober:** Auf internationalen Druck fordert Goukouni den libyschen Truppenabzug, der ab November erfolgt. Der Aouzou-Streifen bleibt von Libyen besetzt.
	14. November: Beginn einer Mission der Organisation of African Unity (OAU) mit über 3000 Soldaten aus Zaïre, Nigeria und dem Senegal.
1982	**Mai/Juni:** Habrés Truppen marschieren aus dem Sudan in den Tschad ein, schlagen Goukounis Truppen vernichtend und erobern N'Djamena.
	21. Oktober: Habré wird zum Präsidenten vereidigt.
1983	**Juni bis August:** Gegenoffensive Goukounis im Norden mit libyscher Luftunterstützung. Frankreich, die USA und Zaïre unterstützen Habré. Goukounis Vormarsch wird gestoppt und das Land faktisch am 16. Breitengrad geteilt.
1984/1985	Verheerende Dürre.
1986	**Februar:** Offensive Goukounis. Mit der Operation »Épervier« zur Unterstützung Habrés bleiben französische Truppen permament im Tschad stationiert.
1987	**Januar bis September:** »Toyota-Krieg« gegen Libyen. Am 11. September Waffenstillstand. Libysche Truppen bleiben im Aouzou-Streifen.
1989	**1. April:** Angeblicher Putschversuch, Flucht des dafür beschuldigten Idriss Déby Itnos in den Sudan, der fortan libysche Unterstützung erhält.
	31. August: Friedensvertrag zwischen Libyen und Tschad.
1990	**September bis Dezember:** Habré schickt Truppen gegen Déby-Rebellion in den Sudan. Vernichtende Niederlage Ende November.
1990	**Dezember:** Déby nimmt N'Djamena ein und wird zum Präsidenten ernannt.
1991	**1. Oktober:** Abschaffung des Einparteiensystems.
1993	**Januar:** Kämpfe im Süden zwischen Regierung und »Comité de Sursaut National pour la Paix et la Démocratie« (CSNPD). Bis 1995 weitere Kämpfe mit Rebellen.

1994   **3. Februar:** Der Internationale Gerichtshof in Den Haag spricht dem Tschad den Aouzou-Streifen zu. Libyen zieht seine Truppen bis zum 30. Mai vollständig ab.

1996   **2. Juni/3. Juli:** Déby gewinnt die Präsidentschaftswahlen. Wiederwahl 2001.

1998   **Oktober:** Rebellion des »Mouvement pour la Democratie et la Justice au Tchad« (MDJT) in der Tibesti-Region.

2000   **Oktober:** Baubeginn der Tschad-Kamerun-Pipeline. Kontrakt mit der Weltbank über Nutzung der Einnahmen. Beginn des Erdölexports Oktober 2003. Ab Dezember 2005 Abbruch des Kontrakts und Nutzung der Öleinnahmen für das Militär.

2003   **Frühjahr:** Konflikt in der Darfur-Region im Westen des Sudan. Hunderttausende Menschen fliehen in den Tschad. Sudanesischen Rebellengruppen (darunter Justice and Equality Movement, JEM) rekrutieren im Osten des Tschad Kämpfer aus der Ethnie der Zaghawa.

14. Dezember: Friedensvertrag zwischen der Regierung und MDJT.

2005   **6. Juni:** Verfassungsreferendum: Abschaffung Amtszeitbegrenzungen.

Zweite Jahreshälfte: Gründung zahlreicher Rebellengruppen durch ehemalige Soldaten und militante Dissidenten, darunter die »Front Uni pour le Changement (Démocratique)« (FUC bzw. FUCD) und die mehrheitlich aus Bideyat-Zaghawa bestehende spätere Rebellenkoalition »Rassemblement des forces pour le changement« (RFC). Mehrere Gruppen erhalten Unterstützung von der sudanesischen Regierung.

2006   Gründung weiterer Rebellengruppen und -koalitionen, darunter die »Union des Forces pour la Démocratie et le Développment« (UFDD).

13. April: FUC-(FUCD)-Rebellen greifen mit mehreren Tausend Kämpfern N'Djamena an. Sie werden von französischen Truppen zurückgeschlagen.

3. Mai: Déby gewinnt die Präsidentschaftswahlen.

2006 **26. Juli:** Vereinbarung zwischen Sudan und Tschad, bewaffneten Gruppen keine Rückzugsräume auf ihrem Staatsgebiet zur Verfügung zu stellen.

24. Dezember: Friedensvertrag zwischen der Regierung und den FUC-(FUCD)-Rebellen. Andere Gruppen führen den Kampf fort.

2007 **25. September:** VN-Resolution 1778 zur »Mission des Nations Unies en République Centrafricaine et au Tchad« (MINURCAT) im Tschad und in der Zentralafrikanischen Republik zum Schutz von Flüchtlingen aus Darfur. Parallel Mandatierung einer EU-Mission: EUFOR Tschad/RCA beginnt am 28. Januar 2008. Am 15. März 2009 Übergabe an MINURCAT. Am 31. Dezember 2010 endet MINURCAT.

2008 **Januar/Februar:** Offensive der UFDD und RFC. Einige Tausend Rebellen belagern den Präsidentenpalast in N'Djamena. Déby übersteht die Belagerung mit Unterstützung Frankreichs und sudanesischer JEM-Rebellen.

2009 **18. Januar:** Zusammenschluss verschiedener Rebellengruppen (u.a. UFDD und RFC) zur »Union des Forces de la Résistance« (UFR).

25. Juli: In Libyen unterzeichnet die Regierung des Tschad ein Friedensabkommen mit drei Rebellengruppen.

2010 **15. Januar:** Vereinbarung zwischen dem Tschad und dem Sudan über die Normalisierung ihrer Beziehungen.

22. April: Friedensvertrag zwischen Regierung und dem »Mouvement pour la Démocratie et Justice au Tchad« (MDJT) in Tripolis. Amnestie für alle Rebellen. Im Mai weist der Tschad die sudanesische Rebellengruppe JEM aus.

2011 **25. April:** Déby gewinnt Präsidentschaftswahlen. Viele Oppositionsführer boykottieren die Wahl.

2012 **18. Dezember:** Entsendung von bis zu 2000 tschadischen Soldaten in die Zentralafrikanische Republik. Abzug im April 2014.

2013	**Januar:** Entsendung von 2000 tschadischen Soldaten nach Mali.
2015	**Ab Januar:** Militäreinsatz gegen »Boko Haram«. Beginn der Stationierung von ca. 2500 Soldaten in Kamerun, später auch in Niger.
	12./13. Februar: »Boko Haram«-Kämpfer greifen erstmals tschadisches Territorium an und töten mindestens fünf Menschen in Ngouboua.
	15. Juni: Selbstmordattentat auf Einrichtungen der Polizei in N'Djamena mit über 20 Toten.
2016	**10. April:** Déby gewinnt Präsidentschaftswahlen.
2018	**30. April:** Verfassungsänderung. Amtszeitbegrenzung auf zwei fünfjährige Amtszeiten.
2019	**20. Januar:** Wiederaufnahme diplomatischer Beziehungen mit Israel, die 1972 abgebrochen worden waren.
	3. Februar: Französische Kampflugzeuge bombardieren den Vormarsch der UFR-Rebellen südlich der libyschen Grenze.
2020	**23. März:** Bei einem Angriff von »Boko Haram« auf einen Militärstützpunkt sterben 98 Soldaten. In der Folge bis 9. April Großoffensive der tschadischen Armee, bei der offiziell 52 Soldaten und rund 1000 Extremisten gestorben sein sollen.

Die hier dargebotene Literaturliste ist lediglich eine Auswahl vor allem neuerer Publikationen. Soweit vorhanden, sind bei Buchtiteln die deutschen Übersetzungen aufgeführt. Die genannten Werke sind zum Teil im Buchhandel vergriffen. Bitte wenden Sie sich in diesem Fall an Bibliotheken oder suchen Sie nach antiquarischen Ausgaben (z.B. bei www.zvab.com).

Wissenschaftliche Literatur (Auswahl)

Albrecht, Peter, Signe Marie Cold-Ravnkilde and Rikke Haugegaard, Friction and Inequality Among Peacekeepers in Mali. African and European Soldiers in Mali. In: The RUSI Journal, 162 (2017), 2

Ali, Nouhou, Westafrika zwischen Klimavariabilität, irregulärer Migration nach Europa und Ernährungsunsicherheit, Dissertation, Freiburg i.Br. 2016, https://d-nb.info/1122594208/34

Arieff, Alexis, Crisis in Mali, Washington, DC, 14.1.2013 (= CRS Report for Congress, R42664), http://fpc.state.gov/documents/organization/203726.pdf

Azevedo, Mario J, and Samuel Decalo, Historical Dictionary of Chad, 4. ed., Lanham 2018

Barrera, Bernard, Opération Serval. Notes de guerre, Mali 2013, Paris 2015

Barth, Hans Karl, Mali. Eine geographische Landeskunde, Darmstadt 1986

Beeler-Stücklin, Sabrina, Institutioneller Wandel und Ressourcenkonflikte. Fischerei, Viehzucht und Landwirtschaft im Nigerbinnendelta von Mali, Köln 2009

Benjaminsen, Tor A., and Boubacar Ba, Farmer-herder Conflicts, Pastoral Marginalisation and Corruption. A Case Study from the Inland Niger Delta of Mali. In: The Geographical Journal, 175 (2009), 1, S. 71−81

Benjaminsen, Tor A., and Boubacar Ba, Why Do Pastoralists in Mali Join Jihadist Groups? A Political Ecological Explanation. In: Journal of Peasant Studies, 46 (2019), 1, S. 1−20

Benjaminsen, Tor A., Does Supply-Induced Scarcity Drive Violent Conflicts in the African Sahel? The Case of the Tuareg Rebellion in Northern Mali. In: Journal of Peace Research, 45 (2008), 6, S. 819−836

Berge, Gunvor, In Defense of Pastoralism. Form and Flux among Tuaregs in Northern Mali, Dissertation, Universität Oslo 2000

Bøås, Morten, and Liv-Elin Torheim, The Trouble in Mali – Corruption, Collusion, Resistance. In: Third World Quarterly, 34 (2013), 7, S. 1279−1292

Bøås, Morten, Crime, Coping, and Resistance in the Mali-Sahel Periphery. In: African Security, 8 (2015), 4, S. 299−319

Boisvert, Marc-André, Failing at Violence: The Longer-lasting Impact of Pro-government Militias in Northern Mali since 2012. In: African Security, 8 (2015), 4, S. 272−298

Bolzman, C., O.T. Gakuba and I. Guissé, Migrations des jeunes d'Afrique subsaharienne: quels défis pour l'avenir?, Paris 2011

Brüne, Stefan [u.a.] (Hrsg.), Frankreich, Deutschland und die EU in Mali. Chancen, Risiken, Herausforderungen, Baden-Baden 2015

Cabot, Charlène, Climate Change, Security Risks and Conflict Reduction in Africa. A Case Study of Farmer-Herder Conflicts over Natural Resources in Côte d'Ivoire, Ghana and Burkina Faso 1960−2000, Berlin 2017

Chauzal, Grégory, and Thibault van Damme, The Roots of Mali's Conflict. Moving beyond the 2012 Crisis, Den Haag 2015 (= CRU Report), http://www.clingendael.nl/publication/roots-malis-conflict-moving-beyond-2012-crisis

Chivvis, Christopher S., The French War on al Qa'ida in Africa, New York 2016

Cooper, Barbara M., Countless Blessings. A History of Childbirth and Reproduction in the Sahel, Bloomington 2019

Debos, Marielle, Le métier des armes au Tchad. Le gouvernement de l'entre-guerres, Paris 2013

Dittmann, Andreas, Transformationsprozesse in afrikanischen Entwicklungsländern, Berlin 2010

Eickhoff, Karoline, National Ownership and Security Sector Reform in Mali. External Actors' Sensemaking and Field Practices in View of Conflicting Demands, Wiesbaden 2020

Englisch, Charlie, The Book Smugglers of Timbuktu. The Quest for this Storied City and the Race to Save Its Treasures, London 2018

EUFOR TCHAD/RCA Revisited. Hrsg. vom Bundesministerium für Landesverteidigung, Wien 2011

Fischer, Anja [u.a.] (Eds.), The Tuareg Society within a Globalized World. Saharan Life in Transition, London [u.a.] 2010

Fischer, Rudolf, Gold, Salz und Sklaven. Die Geschichte der grossen Sudanreiche Gana, Mali, Songhai, 3., überarb. und erw. Aufl., Feldbrunnen/Schweiz 2013

Fleury, Jean, La France en guerre au Mali. Les combats d'AQMI et la révolte des Touareg, Paris 2013

Frémeaux, Jacques, Le Sahara et la France, Paris 2010

Galy, Michel, La guerre au Mali. Comprendre la crise au Sahel et au Sahara. Enjeux et zones d'ombre, Paris 2013

Garnier, Emmanuel, L'empire des sables. La france au Sahel 1860–1960, Paris 2018

Grebe, Jan, Rüstung und Militär in Westafrika. Regionale Sicherheitskooperation in der ECOWAS und die Rolle externer Akteure, Wiesbaden 2016

Haas, Hein de, Irregular Migration from West Africa to the Maghreb and the European Union: An Overview of Recent Trends, Geneva 2008, https://publications.iom.int/system/files/pdf/mrs-32_en.pdf

Hammer, Joshua, The Bad-ass Librarians of Timbuktu and Their Race to Save the World's Most Precious Manuscripts, New York 2016

Hanke, Stefanie, Systemwechsel in Mali. Bedingungen und Perspektiven der Demokratisierung eines neopatrimonialen Systems, Hamburg 2001

Hanne, Olivier, Jihâd au Sahel. Menaces, opération Barkhane, coopération regional, Paris 2015

Hansen, Stig Jarle, Horn, Sahel and Rift. Fault-lines of the African Jihad, London 2019

Harding, Leonhard, Mali: Rebellion, Terror, Heiliger Krieg oder Kampf um bessere Lebensbedingungen?, Berlin, Münster 2020 (= Afrikanische Studien, 61)

Harmon, Stephen, Terror and Insurgency in the Sahara-Sahel Region. Corruption, Contraband, Jihad and the Mali War of 2012–2013, Dorchester 2014

Harsch, Ernest, Burkina Faso. A History of Power, Protest and Revolution, London 2017

Hofbauer, Martin, und Philipp Münch (Hrsg.), Wegweiser zur Geschichte: Mali. Im Auftrag des ZMSBw, 2., aktual. Aufl. bearb. von Torsten Konopka, Paderborn [u.a.] 2016

Idrissa, Rahmane, Historical Dictionary of Niger, 5. ed., Lanham 2020

Idrissa, Rahmane, The Politics of Islam in the Sahel. Between Persuasion and Violence, London, New York 2017

Imperato, Pascal James, Historical Dictionary of Mali, 4. ed., Lanham 2008

Ingerstad, Gabriella, and Magdalena Tham Lindell, Stabilizing Mali. Neighbouring States´ Political and Military Engagement, 2015 (= FOI, Swedish Defence Research Agency), http://foi.se/en/Search/Abstract/?rNo=FOI-R--4026--SE

Kane, Ousmane, Beyond Timbuktu. An Intellectual History of Muslim West Africa, Cambridge 2016

Karlsrud, John, and Adam C. Smith, Europe's Return to UN Peacekeeping in Africa? Lessons from Mali, New York 2015, https://www.ipinst.org/wp-content/uploads/2015/07/IPI-E-pub-Europes-Return-to-Peacekeeping-Mali.pdf

Keenan, Jeremy, The Dying Sahara. US Imperialism and Terror in Africa, London 2013

Keita, Kalifa Basile, Conflict and Conflict Resolution in the Sahel. The Tuareg Insurgency in Mali, Carlisle Barracks, PA 1998, http://www.strategicstudiesinstitute.army.mil/pdffiles/PUB200.pdf

Kimminich, Eva, Rap: More Than Words, Frankfurt a.M. 2004

Klute, Georg, Die Rebellionen der Tuareg in Mali und Niger, Habilitationsschrift, Universität Siegen 2002

Klute, Georg, Post-Gaddafi Repercussions, Global Islam or Local Logics? Anthropological Perspectives on the Recent Events in Northern Mali, Basel 2012

Klute, Georg, Semiotics and the Political Economy of Tourism in the Sahara African Hosts and Their Guests: Cultural Dynamics of Tourism, London 2012

Klute, Georg, Tuareg-Aufstand in der Wüste. Ein Beitrag zur Anthropologie des Krieges und der Gewalt, Köln 2013

Koenig, Nicole, EU Security Policy and Crisis Management. A Quest for Coherence, London 2016

Koepf, Tobias, Frankreichs ›neue‹ militärische Interventionspolitik in Subsahara-Afrika (2002−2009). Eine konstruktivistische Analyse, Baden-Baden 2013

Kogelmann, Franz, Ausprägungen und Einfluss des Islam. In: Afrika   Schwerpunktthemen, Bonn 2009 (= Informationen zur politischen Bildung, 303), S. 45−48, http://www.bpb.de/system/files/pdf/ES3BIB.pdf

Kogelmann, Franz, und John Chesworth (Hrsg.), Sharī'a in Africa Today, Leiden, Boston 2014

Köhler, Florian, Transhumant Pastoralists, Translocal Migrants. Space, Place and Identity in a Group of Fulbe Wodaabe in Niger, Dissertation, Halle-Wittenberg 2016

Krings, Thomas, Ernährungssicherung im Sahel von Afrika. In: Mitteilungen der Geographischen Gesellschaft in München, 90 (2008), S. 25−41

Krings, Thomas, Migration von Westafrika nach Europa: nur ein Ausdruck von Umweltflucht? In: Rüdiger Glaser, Klaus Kremb und Axel W. Drescher (Hrsg.), Afrika, Darmstadt 2010, S. 80−88

Krings, Thomas, Sahelländer. Mauretanien, Senegal, Gambia, Mali, Burkina Faso, Niger, Darmstadt 2006

Lackenbauer, Helené [u.a.], »If our men won't fight, we will«. A Gendered Analysis of the Armed Conflict in Northern Mali, Stockholm 2015 (= FOI, Swedish Defence Research Agency), http://foi.se/templates/Pages/DownloadReport.aspx?FileName=\f8d45f40-f42f-4a5d-86e8-524c2ece7f39. pdf&rNo=FOI-R--4121--SE

Lecocq, Baz [u.a.], One Hippopotamus and Eight Blind Analysts: A Multivocal Analysis on the 2012 Political Crisis In the Divided Republic of Mali. In: Review of African Political Economy, 40 (2013), 137, S. 343–357

Lecocq, Baz, Disputed Desert. Decolonisation, Competing Nationalisms and Tuareg Rebellions in Northern Mali, Leiden 2010

Leininger, Julia, Die ambivalente Rolle islamischer Akteure im Demokratisierungsprozess in Mali. In: Julia Leininger und Mirjam Künkler (Hrsg.), Konstruktiv, destruktiv oder obstruktiv? Religiöse Akteure in Demokratisierungsprozessen, Wiesbaden 2013, S. 163–188

Lober, Johanna, Auf dem Weg zu einer neuen Form des Zusammenlebens. Der innermalische Diskurs über nationale Versöhnung und Erwartungen an die Ausgestaltung eines nationalen Versöhnungsprozesses, Bamako 2016, http://library.fes.de/pdf-files/bueros/mali/12356.pdf

Lohmann, Annette, Who Owns the Sahara? Old Conflicts, New Menaces. Mali and the Central Sahara between the Tuareg, Al Qaida and Organized Crime, Abuja 2011, http://library.fes.de/pdf-files/bueros/nigeria/08181.pdf

MacEachern, Scott, Searching for Boko Haram. A History of Violence in Central Africa, New York 2018

Magassa, Hamidou, Islam und Demokratie in Westafrika. Der Fall Mali. In: Michael Bröning und Holger Weiss (Hrsg.), Politischer Islam in Westafrika. Eine Bestandsaufnahme, Berlin 2006, S. 116–151

Mugumya, Geofrey, Exchanging Weapons for Development in Mali. Weapon Collection Programmes Assessed by Local People, Geneva 2004 (= United Nations Publication, UNIDIR/2004/16)

Murrey, Amber [Ed.], A Certain Amount of Madness. The Life, Politics and Legacies of Thomas Sankara, London 2018

Notin, Jean-Christophe, La Guerre de la France au Mali, Paris 2014

Ould Ahmed Salem, Zekeria, Prêcher dans le desert. Islam politique et changement social en Mauretanie, Paris 2013

Pelckmans, Lotte, Travelling Hierachies. Roads in and out of Slave Status in a Central Malian Fulbe Network, Leiden 2011, http://hdl.handle.net/1887/17911

Pezard, Stephanie, and Michael Shurkin, Achieving Peace in Northern Mali. Past Agreements, Local Conflicts, and the Prospect for a Durable Settlement, RAND Corporation, 2015, http://www.rand.org/content/dam/rand/pubs/research_reports/RR800/RR892/RAND_RR892.pdf

Poulton, Robin Edward, and Ibrahim ag Youssouf, A Peace of Timbuktu. Democratic Governance, Development and African Peacemaking, New York 1998

Poulton, Robin Edward, and Raffaella Greco Tonegutti, The Limits of Democracy and the Postcolonial Nation State. Mali's Democratic Experiment Falters, while Jihad and Terrorism Grow in the Sahara, New York 2016

Prasse, Karl-Gottfried, and Ghabdouane Mohamed, L'histoire du Niger, Köln 2019

Roche, Christian, Histoire des relations des pays du Sahel avec la France, Paris 2018

Rocksloh-Papendieck, Barbara, und Henner Papendieck, Die Krise im Norden Malis. Aktuelle Lage, Ursachen, Akteure und politische Optionen, Berlin 2012, http://library.fes.de/pdf-files/iez/09526.pdf

Rupley, Lawrence, Historical Dictionary of Burkina Faso, 3. ed., Lanham 2013

Salifou, André, Histoire du Niger, Paris 2010

Scheele, Judith, Smugglers and Saints of the Sahara. Regional Connectivity in the Twentieth Century, New York 2012

Schlichte, Klaus, In the Shadow of Violence. The Politics of Armed Groups, Frankfurt a.M. 2009

Schlichte, Klaus, Krieg und Vergesellschaftung in Afrika. Ein Beitrag zur Theorie des Krieges, Münster [u.a.] 1996

Schmidt, Siegmar, Eine europäische Sicherheitspolitik für Sub-Sahara Afrika? In: Johann Frank und Walter Matyas (Hrsg.), Strategie und Sicherheit 2013. Chancen und Grenzen europäischer militärischer Integration, Wien 2013, S. 265−276

Schulz, Dorothea E., Culture and Customs of Mali, Santa Barbara [u.a.] 2012

Schulze, Reinhard, Geschichte der islamischen Welt von 1900 bis zur Gegenwart, München 2016

Shurkin, Michael, Stephanie Pezard and S. Rebecca Zimmerman, Mali's Next Battle. Improving Counterterrorism Capabilities, Santa Monica 2017, https://www.rand.org/content/dam/rand/pubs/research_reports/RR1200/RR1241/RAND_RR1241.pdf

Skeppström, Emma [u.a.], European Union Training Missions: Security Sector Reform or Counter-insurgency by Proxy? In: European Security, 24 (2015), 2, S. 353−367

Soares, Benjamin F. [u.a.] (Eds.), Islam and Muslim Politics in Africa, New York [u.a.] 2007

Solomon Hussein, Terrorism and Counter-terrorism in Africa. Fighting Insurgency from Al Shabaab, Ansar Dine and Boko Haram, Basingstoke [u.a.] 2015

Strazzari, Francesco, Azawad and the Rights of Passage. The Role of Illicit Trade in the Logic of Armed Group Formation in Northern Mali, Oslo 2015 (= NOREF Report, January 2015), http://www.clingendael.nl/sites/default/files/Strazzari_NOREF_Clingendael_Mali_Azawad_Dec2014.pdf

Tamboura, Abdoulaye, Le conflict et ses enjeux géopolitique au Mali. Géopolitique d'une rebellion armée, Paris 2016

Tetzlaff, Rainer, Afrika. Eine Einführung in Geschichte, Politik und Gesellschaft. Lehrbuch. Grundwissen Politik, Wiesbaden 2018

Tetzlaff, Rainer, Der Islam, die Rolle Europas und die Flüchtlingsfrage. Islamische Gesellschaften und der Aufstieg Europas in Geschichte und Gegenwart. In: WIFIS aktuell. Wissenschaftliches Forum für Internationale Sicherheit e.V., Opladen, Berlin, Toronto 2016

Thurston, Alexander, and Andrew Lebovich, A Handbook on Mali's 2012−2013 Crisis, Working Paper, Nr. 13-001, September 2, 2013

Tull ,Denis M., Mali und G5: Ertüchtigung des Sicherheitssektors. Politische Hindernisse für eine effektive Kooperation der Regierung und ihrer Partner. In: SWP-Aktuell 2017/A 76, Dezember 2017

Tull, Denis M., VN-Peacekeeping in Mali. Anpassungsbedarf für das neue Minusma-Mandat. In: SWP-Aktuell 2019/A 23, April 2019

Wegemund, Regina, Die Tuareg in Mali und Niger. Rebellion einer Ethnie, vergleichbare Konfliktursachen, unterschiedlicher Verlauf. In: Internationales Afrikaforum, 36 (2000), 4, S. 379−387

Werthmann, Katja, Bitteres Gold. Bergbau, Land und Geld in Westafrika, Köln 2009

Whitehouse, Bruce, and Francesco Strazzari, Introduction: Rethinking Challenges to State Sovereignty in Mali and Northwest Africa. In: African Security, 8 (2015), 4, S. 213−226

Whitehouse, Bruce, The Force of Action. Legitimizing the Coup in Bamako, Mali.
   In: Africa Spectrum, 47 (2012), 2/3, S. 93−110, http://hup.sub.uni-hamburg.de/
   giga/afsp/article/view/552/550

Wiedemann, Charlotte, Mali und das Ringen um Würde. Meine Reise in einem
   verwundeten Land, München 2014

Wing, Susanna D., Constructing Democracy in Transitioning Societies of Africa.
   Constitutionalism and Deliberation in Mali, New York [u.a.] 2008

Wing, Susanna D., French Intervention in Mali: Strategic Alliances, Long-term
   Regional Presence? In: Small Wars & Insurgencies, 27 (2016), 1, S. 59−80

Belletristik, Erinnerungsliteratur, Reiseberichte, Bildbände

Ba, Amadou Hampaté, Die Kröte, der Marabut und der Storch und andere Ge-
   schichten aus der Savanne, Wuppertal 2013

Baur, Thomas [u.a.], Sahel-Länder Westafrika: Mauretanien, Mali, Niger, Burkina
   Faso, Senegal, Gambia [Reiseführer für individuelles Entdecken], Bielefeld
   2010 (= Reise Know-How)

Cropp, Wolf-Ulrich, Magisches Afrika – Mali. Faszinierendes Land am Niger,
   Niederwerrn 2011

Dayak, Mano, Die Tuareg-Tragödie. Mit einem Nachw. von Michael Stührenberg,
   Bad Honnef 1996

Dayak, Mano, Geboren mit Sand in den Augen. Die Autobiografie des Führers der
   Tuareg-Rebellen. In Zusammenarb. mit Louis Valentin, Zürich 2011

Friedl, Harald A., Reise Know-How KulturSchock Tuareg, Bielefeld 2015

Hentschel, Tim, Bambara für Mali. Wort für Wort, Bielefeld 2009 (= Reise Know-
   How Kauderwelsch, 194)

Nagel, Hauke Olaf, Trommler in der Nacht. Reportagen aus Mali, Kiel 2005

Obert, Michael, Regenzauber. Auf dem Fluss der Götter, München 2004

Obert, Michael, Regenzauber. Auf dem Niger ins Innere Afrikas, München 2005

Pannke, Peter, und Horst A. Friedrichs, Mali. Reise durch ein magisches Land,
   München 2008

Rohlfs, Gerhard, Quer durch Afrika: Reise vom Mittelmeer nach dem Tschad-See
   und zum Golf von Guinea, [Saarbrücken] 2010

Rosshaupter, Erich, und Ekkehard Rudolph, Die Kinder der Sonne. Reise zu den
   Dogon in Westafrika. Nachwort von Ellis Kaut, München 1996

Selby, Bettina, Timbuktu! Eine Frau in Schwarzafrika allein mit dem Fahrrad
   unterwegs, München [u.a.] 1999

Stührenberg, Michael, und Pascal Maitre, Sahara-Expedition. In: Geo, Teil 1: Unter
   den Söhnen des Windes. Von Timbuktu nach Taoudenni, 3/2002, S. 24−52;
   Teil 2: Im Reich der blauen Reiter. Von Kidal bis ins Air-Gebirge, 4/2002,
   S. 156−191; Teil 3: Im Treibsand des Wandels. Von Arlit bis auf das Djado-
   Plateau, 5/2002, S. 30−60

Trillo, Richard, und Jim Hudgens, The Rough Guide to West Africa, New York 2008

Trotha, Désirée von, Im Auge der Zeit. Bilder und Notizen aus der Sahara, München 2015

Trotha, Désirée von, Wo sich Himmel und Erde berühren. Tuareg in der Weite der
   Wüste, München 2003

Wahl, Volker, Dogonblut, Norderstedt 2014

Walter, Ralf, Mali. Eine Reise nach Timbuktu, Hamburg 2011

Dokumente

Agreement on Peace and Reconciliation in Mali emanating from the Algiers process, 20 August 2015, S/2015/364/Add.1, http://www.undocs.org/S/2015/364/Add.1

Deutscher Bundestag, Drucksache 17/12367, vom 19. Februar 2013, http://dipbt.bundestag.de/doc/btd/17/123/1712367.pdf [Antrag der Bundesregierung zur Beteiligung an EUTM Mali]

Deutscher Bundestag, Drucksache 17/12368, vom 19. Februar 2013, http://dipbt.bundestag.de/doc/btd/17/123/1712368.pdf [Antrag der Bundesregierung zur Unterstützung von AFISMA]

Deutscher Bundestag, Drucksache 17/13754, vom 5. Juni 2013, https://dip21.bundestag.de/doc/btd/17/137/1713754.pdf [Antrag der Bundesregierung zur Beteiligung an MINUSMA]

Friedrich-Ebert-Stiftung, Mali-Mètre: enquête d'opinion »Que pensent les Maliens?«, Bamako 2012 (fortlaufend), http://library.fes.de/pdf-files/bueros/mali/10100/

Rat der Europäischen Union, Beschluss 2013/34/GASP des Rates vom 17. Januar 2013 über eine Militärmission der Europäischen Union als Beitrag zur Ausbildung der malischen Streitkräfte (EUTM Mali). In: Amtsblatt der Europäischen Union vom 18. Januar 2013, http://eur-lex.europa.eu/legal-content/DE/TXT/PDF/?uri=CELEX:32013D0034&from=EN

United Nations Security Council, Resolution 2085, vom 20. Dezember 2012, http://www.undocs.org/S/RES/2085(2012) [Aufstellung von AFISMA]

United Nations Security Council, Resolution 2100, vom 25. April 2013, http://www.undocs.org/S/RES/2100(2013) [Aufstellung von MINUSMA]

United Nations Security Council, Resolution 2391, vom 8. Dezember 2017, http://www.undocs.org/S/RES/2391(2017) [Unterstützung der FC-G5S durch MINUSMA]

Filme

Einen Überblick über die ältere Kinoproduktion in Afrika liefert: S.A. Russell, Guide to African Cinema (= Reference Guides to the World's Cinema), London u.a. 1998. Eine nützliche Internetadresse ist: http://www.filme-aus-afrika.de/DE/film-db/a-z/film-details/w/231/

Abouna. Drama, Regie: Mahamat-Saleh Haroun, Tschad u.a. 2002

A Story of Sahel Sounds. Musik-Dokumentarfilm, Regie: Florian Kläger, Markus Milcke, Tobias Adam. Deutschland, Niger, USA 2016

African Blues. Musikdokumentation. Frankreich, Mali, 2003

Agadez nomade FM. Dokumentation, Regie: Christian Lelong, Pierre Mortimore. Frankreich, Niger 2003

Akounak Tedalat Taha Tazoughai/Rain the Color Blue With a Little Red in It. Drama, Regie: Christopher Kirkley. Niger, USA 2015

Arlit, deuxième Paris/Arlit, ein zweites Paris. Dokumentation, Regie: Idrissou Mora-Kpai. Benin, Frankreich 2005

Bamako [dt. Titel: Das Weltgericht von Bamako]. Drama, Regie: Abderrahmane Sissako. USA, Mali, Frankreich 2006

Budapest to Bamako, Ungarn 2007–2009 [mehrteilige Dokumentation über Auto-
rallye nach Mali]

Burkinabè Bounty: Agroecology in Burkina Faso. Dokumentation, Regie: Iara Lee.
Burkina Faso, USA, Bulgarien, Italien 2018

Burkinabe Rising: The Art of Resistance in Burkina Faso. Dokumentation, Regie:
Iara Lee. Burkina Faso, USA, Bulgarien 2017

Dambé. The Mali Project, Regie: Dearbhla Glynn. Irland 2008 [Dokumentation
über ein Musikfestival in Mali]

Daratt, Regie: Mahamat-Saleh Haroun. Tschad, Frankreich, Österreich 2006

Frontières. Drama, Regie: Apolline Traoré, Burkina Faso 2017

The Fruitless Tree/L'arbre sans fruit, Regie: Aïcha Elhadj Macky. Niger, Frankreich
2016

Global Home. Dokumentarfilm, Regie: Eva Stotz. Japan, Mali, USA, Türkei, Paläs-
tinensische Autonomiegebiete, Deutschland 2012

Grigris' Glück. Thriller/Drama, Regie: Mahamat-Saleh Haroun. Tschad, Frankreich
2013

Heremakono/Reise ins Glück. Drama, Regie: Abderrahmane Sissako. Frankreich,
Mauretanien 2002

Hissène Habré, une tragédie tchadienne/Hissène Habré – Die Tragödie des
Tschad. Dokumentarfilm, Regie: Mahamat-Saleh Haroun, Frankreich 2016

Indigènes/Days of Glory/Tage des Ruhms. Drama/Action, Regie: Rachid Bou-
chareb, Frankreich, Belgien, Algerien, Marokko 2006

Je chanterai pour toi, Regie: Jacques Sarasin. Frankreich, Mali 2001 [musikalische
Reise durch Malis Geschichte seit 1960]

Le Masque de San. Drama, Regie: Jacques Sarasin. Mali, Schweiz, Frankreich 2014

L'œil du cyclone/Im Auge des Sturms. Drama, Regie: Sékou Traoré. Burkina Faso,
Frankreich 2015

Mali Blues. Musikdokumentation von Lutz Gregor mit Fatoumata Diawara. Mali,
Deutschland 2016

Mali und die Kunst des Teilens, Regie: Walter Größbauer und Claudia Pöchlauer.
Österreich 2009 [Dokumentation über die Herausforderung humanitärer Hilfe]

Mali. Bundeswehr Exclusive. Deutschland, Mali 2017 ff. [mehrteilige Dokumentation auf Youtube über den Mali-Einsatz der Bundeswehr]

Mille Soleils/A Thousand Suns, Regie: Mati Diop. Senegal, Frankreich 2013

Moolaadé – Bann der Hoffnung. Sozialdrama, Regie: Ousmane Sembene. Senegal,
Frankreich, Burkina Faso, Marokko, Kamerun, Tunesien 2004

Night of Truth. Fiktion, Regie: Fanta Régina Nacro. Frankreich, Burkina Faso 2004

Notre étrangère/The Place in Between, Regie: Sarah Bouyain. Burkina Faso 2010

Rêves de poussière/Dreams of Dust. Regie: Laurent Salgues. Frankreich 2008

Salafistes/Salafists. Kriegsfilm/Dokumentarfilm, Regie: François Margolin, Lemine
Ould M. Salem. Frankreich, Mali, Mauretanien, Tunesien 2016

Sanmatenga. Goldgräber in Burkina Faso, Regie: Katja Werthmann. Burkina Faso,
Deutschland 2002

Sembene! Dokumentarfilm, Regie: Samba Gadjigo, Jason Silverman. Senegal 2015

Serval, une brigade au combat, Ministère de la Défense, Paris 2015, http://www.
defense.gouv.fr/actualites/articles/documentaire-serval-une-brigade-au-
combat [Dokumentantion des französischen Verteidigungsministeriums. In
Englisch unter https://www.youtube.com/watch?v=QO3iXNtLkug]

This African Life, Regie: Lisa Thompson. USA 2008 [Dokumentation über das
Leben in einem malischen Dorf]

Timbuktu. Le chagrin des oiseaux. Drama, Regie: Abderrahmane Sissako. Mali,
   Mauretanien, Frankreich 2014 [oscarnominierter Spielfilm über die Besetzung
   Timbuktus durch Islamisten]
Un homme qui crie/Ein Mann, der schreit, Regie: Mahamat-Saleh Haroun. Frank
   reich, Belgien, Tschad 2010
Vice News Ground Zero – Mali 2013, http://www.vice.com/de/video/mali [Kurz-
   dokumentation über Kämpfe in Gao im Februar 2013]
With the Nomads, Regie: Julian Richards. Großbritannien 2006 [Dokumentation
   über das Leben der Tuareg]
Woodstock in Timbuktu. Die Kunst des Widerstandes, Regie: Désirée von Trotha.
   Deutschland 2013 [Dokumentation über das 11. internationale »Festival au
   Désert« und über die Musik der Tuareg]
Yaaba/Großmutter. Drama, Regie: Idrissa Ouedraogo, Frankreich 1989
Yeleen/Das Licht. Drama, Regie: Souleymane Cissé, Mali u.a. 1987 [Jury-Preis der
   Filmfestspiele in Cannes 1987]

Internet

http://allafrica.com [aktuelle Nachrichten zu allen Ländern Afrikas]
http://eucap-sahel-mali.eu/ [Internetauftritt der zivilen EU Mission in Mali]
http://maliactu.net/ [aktuelle Nachrichtenseite zu Mali, auf Französisch]
http://malijet.com/ [aktuelle Nachrichtenseite zu Mali, auf Französisch]
http://www.ethnologue.com/country/ [Informationen zu Sprachen]
http://www.eutmmali.eu/ [Internetauftritt der EUTM Mali]
http://www.fr.alakhbar.info/ [aktuelle Nachrichten aus Mauretanien, auf Franzö-
   sisch]
http://www.maliweb.net/ [aktuelle Nachrichtenseite zu Mali, auf Französisch]
http://www.securitycouncilreport.org/un-documents/malisahel/ [VN-Dokumente
   für Mali/Sahel]
http://www.studiotamani.org/ [aktuelle Nachrichten zu Mali, auf Französisch]
http://www.un.org/en/peacekeeping/missions/minusma/ [Internetauftritt der VN-
   Mission MINUSMA]
http://zmsbw.de/ [Zentrum für Militärgeschichte und Sozialwissenschaften der
   Bundeswehr]
https://lefaso.net/ [aktuelle Nachrichten aus Burkina Faso, auf Französisch]
https://minusma.unmissions.org/en [Internetauftritt der VN-Mission MINUSMA]
https://www.cartercenter.org/countries/mali.html [Berichte des unabhängigen
   Beobachters des Carter Center des malischen Friedensvertrags]
https://www.clingendael.org/research-program/sahel-programme [Newsletter
   »Echoes of the Sahel« des Clingendael Instituts]
https://www.g5sahel.org/ [Internetauftritt des Sekretariats der G5]
https://www.niameyetles2jours.com/ [aktuelle Nachrichten aus dem Niger, auf
   Französisch]
https://www.nigertribune.com/ [dito]
https://www.studiokalangou.org/, [dito]
https://www.studioyafa.org/ [aktuelle Nachrichten aus Burkina Faso, auf Franzö-
   sisch]
https://www.un.org/securitycouncil/sanctions/2374/panel-experts/reports [Beri-
   chte des Mali Sanctions Committee, Panel of Experts]

Das Register verzeichnet Personen, Orte (nebst Ländern und Regionen), Organisationen sowie ethnische Gruppen des westlichen Sahel. Die Namen von Personen aus der Sahelzone und aus dem arabischen Kulturkreis folgen oftmals nicht dem in Europa geläufigen Muster von Vor- und Familienname. Die Sortierung erfolgt dann nach dem Vornamen, der zumeist mit einem Zusatz versehen ist, z.B. Usman dan Fodio, d.h.: Usman, Sohn des Fodio. Bei Namen mit arabischem Artikel (al-, el-, az- usw.) sind die Artikel kein Ordnungskriterium (Muammar al-Gaddafi z.B. ist folglich unter G zu finden). Gleiches gilt für geografische Bezeichnungen. Nicht aufgenommen wurden die fünf Länder des westlichen Sahel, der Begriff G5 (G5-Sahel, G5S), Frankreich und die Vereinten Nationen.

Autorinnen und Autoren

Signe Marie Cold-Ravnkilde, PhD, Department of Migration and Global Order, Danish Institute for International Studies, Kopenhagen

Prof. Dr. Andreas Dittmann, Institut für Geographie, Justus-Liebig-Universität Gießen

Dr. Hans-Georg Ehrhart, Institut für Friedensforschung und Sicherheitspolitik an der Universität Hamburg

Marc Engelhardt, Genf

Jan Henrik Fahlbusch (JHF), Deutsche Welthungerhilfe e.V., Bonn

Dr. Gerald Hainzl, Institut für Friedenssicherung und Konflikt-management an der Landesverteidigungsakademie des Österreichischen Bundesheeres, Wien

Oberstleutnant i.G. Dirk Hamann, M.A.S., Direction générale des relations internationales et de la stratégie, Paris

Rikke Haugegaard, Institute for the Study of Military History, Culture and War, Royal Danish Defence College

Dr. Julius Heß, Berlin

Prof. Dr. Eva Kimminich (EK), Angewandte Kulturwissenschaft und Kultursemiotik, Universität Potsdam

Prof. em. Dr. Georg Klute, Kulturwissenschaftliche Fakultät/ Ethnologie, Universität Bayreuth

Dr. Franz Kogelmann, Exzellenzcluster Africa Multiple, Universität Bayreuth

Oberstleutnant Dr. Dieter H. Kollmer (DHK), Zentrum für Militärgeschichte und Sozialwissenschaften der Bundeswehr, Potsdam

Hauptmann Torsten Konopka (TK), M.A., Zentrum für Militärgeschichte und Sozialwissenschaften der Bundeswehr, Potsdam

Prof. Dr. Thomas Krings (i.R.), Albert-Ludwigs-Universität Freiburg (Geographie)

Prof. Dr. Baz Lecocq, Humboldt-Universität zu Berlin (Asien- und Afrikawissenschaften)

Oberstleutnant a.D. Dr. Karl-Heinz Lutz, Potsdam

Oberstleutnant Dr. Lucas Michaelis, Zentrum für Militärgeschichte und Sozialwissenschaften der Bundeswehr, Potsdam (Arbeitsgruppe BMVg im Bundesarchiv-Militärarchiv, Freiburg i.Br.)

Fransje Molenaar, PhD, Clingendael's Conflict Research Unit, The Hague/NL

Dr. Philipp Münch (PM), Zentrum für Militärgeschichte und Sozialwissenschaften der Bundeswehr, Potsdam

Dr. Michael Pesek, IGK »Arbeit und Lebenslauf in globalgeschichtlicher Perspektive«, Humboldt-Universität zu Berlin

Dr. Martin Rink (MR), Zentrum für Militärgeschichte und Sozialwissenschaften der Bundeswehr, Potsdam

Jonas Schaaf, M.Sc., Institut für Geographie, Justus-Liebig-Universität Gießen

Thomas Schiller, Konrad-Adenauer-Stiftung e.V., Regionalprogramm Sahel, Bamako

Anna Schmauder, M.A., Clingendael's Conflict Research Unit, The Hague/NL

Prof. Dr. Siegmar Schmidt, Abteildung Politikwissenschaft, Universität Landau

Diplom-Kfm. Volker Schubert (VS), Hauptstadt-Korrespondent Politik

Prof. Dr. Reinhard Schulze (RS), Forum Islam und Naher Osten, Universität Bern

Wendpanga Eric Segueda (WES), PhD Candidate, Goethe-Universität Frankfurt a.M.

Mag. Dr. Arno Sonderegger (AS), Priv.-Doz., Institut für Afrikawissenschaften, Universität Wien

Prof. em. Dr. Rainer Tetzlaff, Universität Hamburg (Geschichte und Politologie)

Thilo Thielke (†), Kapstadt, Südafrika

Dr. Denis M. Tull, Forschungsgruppe Naher/Mittlerer Osten und Afrika, Stiftung Wissenschaft und Politik, Berlin

Prof. Dr. Katja Werthmann, Institut für Afrikastudien, Universität Leipzig

Fanella Akoth Würth (FAW), Bataillon Elektronische Kampfführung 911, Stadum